데이터가
한눈에 보이는
시각화

데이터 시각화 기초부터 분석 사례,
다양한 차트 유형까지 알아보는

데이터가 한눈에 보이는 시각화

데이터 시각화 기초부터 분석 사례, 다양한 차트 유형까지 알아보는

지은이 강원양, 임준원, 최현욱, 뉴스젤리

펴낸이 박찬규   엮은이 이대엽   디자인 북누리   표지디자인 Arowa & Arowana

펴낸곳 위키북스   전화 031-955-3658, 3659   팩스 031-955-3660

주소 경기도 파주시 문발로 115 세종출판벤처타운 311호

가격 25,000   페이지 272   책규격 175 x 235mm

초판 발행 2020년 06월 19일

ISBN 979-11-5839-204-8 (93000)

등록번호 제406-2006-000036호   등록일자 2006년 05월 19일

홈페이지 wikibook.co.kr   전자우편 wikibook@wikibook.co.kr

이 도서의 국립중앙도서관 출판시도서목록 CIP는
서지정보유통지원시스템 홈페이지(http://seoji.nl.go.kr)와
국가자료공동목록시스템(http://www.nl.go.kr/kolisnet)에서 이용하실 수 있습니다.
CIP제어번호 CIP2020022947

데이터가 한눈에 보이는 시각화

데이터 시각화 기초부터 분석 사례, 다양한 차트 유형까지 알아보는

강원양, 임준원, 최현욱, 뉴스젤리 지음

위키북스

최근 1~2년 사이에 데이터 시각화에 대한 사람들의 관심이 급격히 증가한 것을 체감하고 있습니다. 데이터를 활용하고 싶은데 어떻게 해야 하냐는 질문보다 데이터를 시각화해서 활용해보고 싶은데, 어떻게 하는 것이 좋을 것 같냐는 질문을 현장에서 자주 받습니다. 콕 집어 데이터 시각화를 궁금해하는 사람이 늘어나는 것이 신기하고 왠지 모르게 좋습니다.

"데이터를 활용할 수 있는 가장 쉬운 방법은 데이터 시각화입니다."

제 일은 데이터 시각화를 이야기하고, 데이터 시각화로 이야기하는 것입니다. 데이터 시각화를 한다고 하면 컴퓨터 좀 다룰 줄 안다는 공대생이라고 생각하실 수도 있지만 저는 역사를 전공한 인문대생입니다. 언젠가 한 음식점 사장님이 역사도 데이터 아니겠냐고 제게 되물으셨던 기억을 떠올려보면 데이터와 접점이 아예 없었던 것은 아니겠지만 어쨌든 지금 보고 계신 책은 인문대생이 쓴 데이터 시각화 책입니다.

"누구나 데이터 시각화를 통해 데이터를 쉽게 활용할 수 있습니다."

처음 일을 시작할 때를 떠올려보면 데이터가 무엇인지조차도 잘 모르는 상태였지만 데이터 시각화를 통해 데이터를 이해할 수 있었습니다. 숫자로 가득한 파일을 하나의 차트로 요약할 수 있다는 것이 흥미롭고 또 숫자만 들여다보고 있어도 잘 보이지 않던 데이터의 의미를 쉽게 파악할 수 있다는 점이 유용하다고 생각했습니다. 데이터 시각화로 스토리텔링 콘텐츠도 만들고, 데이터 분석 리포트도 쓸 수 있었습니다. 제 경험담이니 데이터 활용을 위해 시각화에 손을 막 대기 시작하신 분이라면 곧 비슷한 경험을 하실 수 있으리라 생각합니다.

"나이, 전공, 분야에 상관없이 누구나 데이터 시각화로 데이터와 가까워질 수
있기를 바랍니다."

2014년부터 줄곧 데이터 시각화 일을 해오던 지난 2017년 여름, 당시 팀장님은 제게 지금 회
사에서 맡은 역할을 무엇이라고 생각하냐는 질문을 하셨습니다. 잠깐 고민하다 '데이터도 모
르던 제가 데이터 시각화를 경험하면서 데이터를 활용할 수 있게 됐으니, 아직 데이터 시각화
의 가치를 모르는 사람들에게 이를 알리는 것이 제 역할이 아닐까'라고 답했습니다.

그때 즈음부터 뉴스젤리 블로그에 데이터 시각화를 주제로 쓴 글을 여러 차례 꾸준히 올렸습
니다. 시각화 이론, 활용 사례, 시각화 콘텐츠 제작 후기 등 시각화 콘텐츠를 제작하고, 프로
젝트를 진행하면서 배우고 알게 된 것들을 정리했습니다. 다양한 주제의 글을 썼지만 무엇보
다도 데이터를 잘 모르는 사람도 쉽게 이해할 수 있는 친절한 글을 쓰기 위해 노력했습니다.
글을 통해 간접적으로나마 제가 경험한 데이터 시각화의 유용함을 전달하고 싶었습니다.

그런 노력 덕분인지, 아니면 데이터를 하나도 모르던 인문대생이 직접 경험하면서 알게 된 것
을 기록한 글이어서 그랬는지 시각화에 대해 궁금증을 갖고 계셨던 분들이 글을 많이 읽어주
시고 좋은 평가를 해주셨습니다. 여러 분의 좋은 평가 덕분에, 또 무엇보다 먼저 출판 제의를
주신 위키북스 덕분에 제가 좋아하는 '데이터 시각화'를 주제로 책을 내게 됐습니다. 데이터를
활용하고 싶고, 데이터 시각화가 궁금하신 분이라면 언제라도 집어들 수 있는 책이 될 수 있
기를 조심스럽게 바라봅니다.

이 책은 기본적으로 데이터 시각화 전문기업 뉴스젤리의 블로그를 통해 제가 발행한 글을 토
대로 했습니다. 글을 정리하면서 도움이 될 수 있는 사례와 글을 최대한 덧붙였습니다. 데이
터를 이야기하는 글이지만 쉽게 읽힐 수 있게 노력했습니다.

많은 시각화 사례의 경우 웹 페이지에서 움직이는 이미지나 영상으로 보면 더욱 직관적일 테지만 글과 이미지만으로도 충분히 내용을 이해할 수 있도록 자료를 정리하고자 했습니다. 시각화 사례를 보면서 자신이 활용하고자 하는 데이터를 어떤 식으로 시각화할 수 있을지 떠올려보면 실제 데이터를 활용할 때 더욱 도움이 되리라 생각합니다. 책의 부록으로 시각화 목적에 따른 차트 유형과 차트 유형마다 설명과 사례를 넣었습니다. 필요한 상황마다 적합한 시각화 유형을 선택하는 데 도움이 될 수 있기를 바랍니다.

이렇게 책의 서문을 쓰다 보니 집필을 시작할 때가 떠오릅니다. 2018년 겨울, 선뜻 먼저 찾아와 출판 제의를 해주신 위키북스와 출판을 허락해주신 뉴스젤리에 감사합니다.

마지막으로 무엇보다도 이렇게 글을 쓰고 책까지 낼 수 있었던 데는 지난 시간 동안 시각화 콘텐츠를 함께 만들며 가까이에서 많은 가르침과 도움을 주셨던 동료들이 있었기에 가능한 일이라고 생각합니다. 정말 감사합니다. 특별히, 실무를 하면서도 좋아하는 글쓰기를 꾸준히 이어나갈 수 있도록 적극 지원해주시고, 든든한 버팀목이 되어주신 최현욱 이사님께 진심으로 감사의 인사를 드립니다.

대표 저자
강원양

이 책에서 인용한 시각화 사례는 최대한 원작자의 허락을 구하고, 출처를 표기하려고 노력하였습니다. 다만 원작자와 연락이 닿지 못한 일부 시각화 사례의 경우 이 책에서 다루는 주제를 좀 더 부각시키거나 주장의 타당성을 입증할 목적으로만 해당 시각화 사례를 인용하였습니다. 만약 이와 관련된 저작권 문제가 있다면 출판사로 연락 주시기 바랍니다.

이름을 불러주기 전에는 누군가의 꽃이 되지 못하는 것처럼 데이터는 시각화해서 인간의 시각 정보로 내용을 파악해야만 그 데이터에게 의미가 생긴다. 이 책은 빅데이터 시대, 넘쳐나는 데이터를 시각화하고 이를 어떻게 요약해서 사람들의 언어로 보여지게 할 것인지를 다루는 본격적인 데이터 시각화 전문서로서 데이터 시각화 전문 스타트업이 오랫동안 현장에서 익혀온 내용을 알기 쉽고 보기 좋게 정리해뒀다. 마케터와 전략기획자, 스타트업 창업자에게 특히 더 유용할 것이다.

– 명승은(벤처스퀘어 대표)

데이터를 무시하고 성공한 기업은 거의 없다. 이 책은 데이터의 기초부터 사례 분석까지 누구나 쉽게 이해할 수 있도록 구성되어 있다. 따라서 실무자와 관리자는 물론 CEO에게도 적극 추천한다.

– 권대욱(휴넷 회장, 남자의 자격 청춘합창단 단장)

1

왜 데이터
시각화를
알아야 할까?

데이터 시각화를 직접 만들기 위해서는 무엇을 준비해야 할까? 가장 먼저 데이터를 준비해야 한다. 시각화하고자 하는 데이터를 찾고, 적합한 형태로 데이터를 만들어야 한다. 데이터가 준비되면 그다음에서야 시각화 차트를 만들 수 있다. 물론 원리에 대한 이해가 선행돼야 한다. 또 다양한 시각화 차트 유형을 이해하고 있다면 활용도 높고 효과적인 시각화를 만들 수 있다. 하나씩 알아보자.

1.1

빅데이터의 시대
누구에게나 필요한
데이터 리터러시

인터넷 사용이 급격하게 확산되면서 정보 포화 상태에 이른 '정보의 홍수' 시대에는 자기에게 맞는 정보를 선별해 활용할 줄 아는 검색 능력이 필수 기본 역량이었다. 지금 우리는 데이터의 중요성에 대한 인식과 더불어 데이터 활용을 위한 다양한 시도가 이뤄지는 빅데이터 시대에 살고 있다. 그렇다면 이 시대에 우리가 갖춰야 할 역량은 과연 무엇일까?

선택이 아닌 기본 역량, 데이터 리터러시

패스트패션(Fast Fashion)의 선두주자라고 할 수 있는 글로벌 브랜드 자라(ZARA)는 빅데이터 시대에 기본이 되는 역량을 바탕으로 혁신을 이뤄내어 무려 영업 이익률 57%라는 높은 기록을 달성했다. 자라의 혁신을 가능하게 한 역량을 사례를 통해 알아보자.

그림 1.1 자라 홈페이지 [1]

자라는 1년을 15개 시즌으로 나누어 제품을 디자인하고, 완성된 제품은 단 4시간 안에 재단, 포장, 출하하는 과정을 거쳐 전 세계 2,200여 개 매장으로 직송한다. 빠른 속도로 제품을 생산하고 관리하는데도, 시장에서 신제품 실패율 1% 미만이라는 놀라운 기록을 갖고 있다. 같은 업계 경쟁사의 실패율이 17~20% 수준[2]임을 감안하면 매우 낮은 수준이다. 이처럼 자라가 놀라운 실적을 기록할 수 있었던 배경에 **데이터 리터러시(Data Literacy)**라 불리는 데이터 활용 역량이 있다.

> 66 우리에겐 고객과 시장에서 얻은 데이터가 있고,
>
> 이를 기반으로
>
> 고객이 흥미를 느낄 수 있는 패션 아이템을 제공할 뿐이다. 99
>
> — 자라의 모회사 인디텍스(Inditex) 회장 파블로 아일라(Pablo Isla)[3]

---

1 자라 코리아(ZARA Korea, 웹사이트), 2019. 04. 06, https://www.zara.com/kr/

2, 3 이승준, 「자라(Zara)는 어떻게 디지털트랜스포메이션 전략을 추진하였는가?–"More Data, Fewer Bosses!"」, Digital Retail Trend, 2017. 08. 22, https://bit.ly/2TnCkbs

유행에 민감한 패션 사업에서 중요한 이슈 중 하나는 상품의 재고 관리다. 자라는 상품 재고 관리에 판매 데이터를 활용한다. 특히 소비자의 관점에서 데이터를 분석하는데, 예를 들어 단순히 상품 단위를 기준으로 판매량을 수집하는 것이 아니라 상품 특성별로도 데이터를 수집한다. 상품의 사이즈, 색깔, 착용감, 사소한 디자인 등 특성별로 수집한 판매 데이터 분석 결과는 매장별로 정확한 수요를 예측하는 데 활용된다. 매장별로 소비자의 특성을 데이터로 파악하고, 이에 적합한 제품을 적정량으로 공급한다.

또 제품의 디자인, 주문, 생산에서 데이터를 분석하고 실시간으로 반영한다. 기존 패션 업체들이 스타 디자이너와 브랜드 충성도에 의존해 '흥행 사업'을 하던 것과 다른 면모다. 자라는 데이터 기반으로 고객 맞춤, 속도, 가성비에 따른 공급망 사업으로 접근했다는 점에서 데이터를 활용하는 능력으로 업의 본질을 재정의했다는 평을 받고 있다.[4]

자라의 데이터 활용 사례는 단순히 데이터를 수집하고 보유하는 것에서 더 나아가 '**데이터를 어떻게 활용할 것인가?**'라는 고민과 관점이 필요하다는 것을 시사한다. 요약하면 데이터를 보고 읽는 능력인 데이터 리터러시의 필요성이라고 할 수 있다. 많은 양의 데이터를 보유했다고 해서 데이터를 잘 활용한다는 것을 의미하지 않는다. 또 데이터를 활용한다고 해서 데이터로 충분한 가치를 만들어내고 있다고 할 수도 없다. 그렇다면 데이터를 잘 활용하고, 충분한 가치를 만들어 내는 데 필요한 데이터 리터러시는 구체적으로 무엇일까?

데이터 리터러시는 단어 그대로 데이터를 보고 읽을 줄 아는 역량이다. 데이터 활용을 위한 전반적인 과정에 필요한 역량으로, 데이터를 기술적으로 다루는 부분부터 데이터의 숨겨진 의미를 해석하고 전달하는 부분까지, 데이터 활용의 전체 범위를 아우른다. 이 역량을 가진 사람은 데이터를 목적에 맞게 활용할 수 있고 데이터의 의미를 정확하게 해석해낼 수 있다. 여기서 말하는 데이터는 고도의 기술을 필요로 하는 빅데이터뿐만 아니라 우리가 흔히 보는 단순 지표나 통계자료도 포함한다. 따라서 데이터 리터러시는 데이터 관련 분야에 종사하는 전문가에게만 필요한 것이 아니라 우리 모두에게 필요한 역량이다.

---

4 김성남, 「지식의 시대 가고 '데이터 학습'의 시대. 인재교육, '데이터 리터러시'에 초점을」, 동아비즈니스리뷰 228호, 2017. 07. https://dbr.donga.com/article/view/1201/article_no/8184

그림 1.2 데이터 리터러시의 하위 역량[5]

데이터 리터러시의 하위 역량은 데이터 수집, 관리, 가공 및 분석, 시각화, 기획 역량으로 나뉜다. 한 가지씩 알아보자. 데이터 수집은 빠른 시간 내 데이터를 검색하고 선별해서 필요한 데이터를 확보하는 것이다. 데이터 관리는 수집한 데이터를 분석 가능한 형태로 구조화하고 정제하는 것을 말한다. 데이터 가공 및 분석은 데이터를 목적에 맞는 분석 방법을 활용해 의미 있는 결과를 도출하는 것을 의미한다. 데이터 시각화는 도형과 색을 활용해 데이터를 차트와 같은 시각화 결과물로 만드는 것이다. 마지막으로 데이터 기획은 데이터 활용 과정의 전반에 대한 계획을 세우는 것을 말하는데, 데이터 수집 계획을 세우는 것부터 분석하고자 하는 데이터 간의 관계를 이해하는 등의 역량이 포함된다.[6]

이 5가지 역량에 대한 사람들의 인지도에는 약간의 차이가 있다. 데이터의 중요성이 대두되면서 가장 먼저 사람들이 관심을 갖고 알게 된 역량은 전문적인 기술이 필요한 데이터 수집, 관리, 가공 및 분석 역량이다. 반면 데이터 시각화, 기획 역량에 대해서는 아직 많은 사람들이 잘 모르고 있을뿐더러 알고 있더라도 크게 중요하게 생각하지 않는 경향이 있다.

사람들은 데이터 시각화를 데이터 분석 결과를 전달하기 위한 보조적인 수단으로 생각하는 경우가 많다. 그러나 시각화는 데이터 분석 과정에서 빠르게 데이터를 탐색하고 인사이트를 도출할 수 있도록 돕는다. 차트로 표현한 데이터의 시각적 패턴을 근거로 쉽게 데이터 인사이트를 찾을 수 있기 때문이다. 시각화를 기반으로 한 데이터 분석을 시각적 분석(Visual Analysis)이라고도 하는데, 시각화가 중요한 역량인 이유는 데이터에 관한 고도의 기술 없이도 쉽게 데이터 분석과 인사이트를 도출할 수 있기 때문이다.

5 김성남, 「지식의 시대 가고 '데이터 학습'의 시대. 인재교육, '데이터 리터러시'에 초점을」, 동아비즈니스리뷰 228호, 2017. 07, https://dbr.donga.com/article/view/1201/article_no/8184

6 김성남, 『미래조직 4.0』, 더퀘스트, 2018

데이터 기획 역량의 중요성에 대해서도 짚고 넘어가자. 데이터 기획은 데이터에 대한 전문 기술이 필요한 데이터 수집, 관리, 가공 및 분석 역량에 포함된다고 보는 것이 일반적이다. 별개의 역량이라고 생각하지 않기 때문에 중요성을 잘 모르는 사람들이 많다. 그러나 데이터 기획 역량은 데이터 활용의 전반적인 계획을 세우는 것으로, 데이터 활용 기술에 대한 이해뿐 아니라 데이터 활용 목적에 따라 전략을 세우고 실제적인 가치를 만드는 데 핵심적인 역할을 한다. 따라서 데이터 기획 역량을 데이터의 기술적인 활용을 위한 부수적 역량이 아닌 별개의 핵심 역량으로 인식하고, 이를 기르기 위한 관심과 노력이 필요하다.

데이터 리터러시 역량을 키우기 위한 노력

데이터 기반 사회[7]가 현실화되면서 데이터에 의한 의사결정도 일상화됐다. 이는 정부, 기업 등 큰 단위 조직뿐만 아니라 개인에게도 마찬가지다. 따라서 데이터를 보고 읽는 역량인 데이터 리터러시 역량을 기를 수 있는 방법에 대한 관심이 높다. 해외 사례를 통해 어떤 방법으로 데이터 리터러시 역량 향상을 위해 노력할 수 있는지 알아보자.

초등학생을 위한 데이터 리터러시 교육

2017년 미국 연구 보고서로 발표된 「초등학교에서의 시각화 리터러시」[8]는 초등학생의 시각화 리터러시에 대한 이해와 능력을 향상시키기 위한 프로젝트 결과를 담았다. '그게 인생이야!(Cest La vis)'라는 이름의 프로젝트는 초등학생의 효과적인 시각화 리터러시 교육을 위한 온라인 수업자료를 개발하는 것이다.

---

7 이원태, 「빅데이터 시대의 정보격차, 데이터 리터러시로 이겨내자」, KISO 저널 제 21호 편집위원 칼럼, (2015.12.21), http://journal.kiso.or.kr/?p=7012

8 Basak Alper, Nathalie Henry Riche, Fanny Chevalier, Jeremy Boy, Metin Sezgin, 「Visualization Literacy at Elementary School」, CHI '17 Proceedings of the 2017 Conference on Human Factors in Computing Systems, 2017

프로젝트에 참여한 5명의 연구자[9]는 초등학교 교과서와 초등학교 교사의 시각화 리터러시 교육 현황에 대한 분석을 바탕으로 온라인 수업자료 '그게 인생이야!'를 개발했다. 이들은 먼저 미국에서 가장 많이 사용되고 있는 초등학생 교과서를 바탕으로 시각자료를 분석했다. 유치원생과 초등학교 4학년까지의 교과서를 분석한 결과, 총 1,500쪽에서 약 5,000개의 시각화 자료를 발견했다. 이 중 데이터를 포함하지 않은 44%(약 2,400개)의 자료를 제외하고 2,600개의 시각화 자료를 추린 결과, 가장 많이 사용된 시각화 자료 유형은 6가지로 나뉜다.

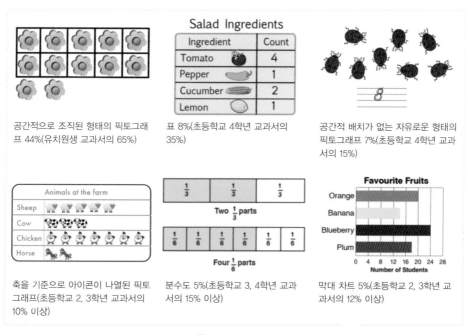

공간적으로 조직된 형태의 픽토그래프 44%(유치원생 교과서의 65%)

표 8%(초등학교 4학년 교과서의 35%)

공간적 배치가 없는 자유로운 형태의 픽토그래프 7%(초등학교 4학년 교과서의 15%)

축을 기준으로 아이콘이 나열된 픽토그래프(초등학교 2, 3학년 교과서의 10% 이상)

분수도 5%(초등학교 3, 4학년 교과서의 15% 이상)

막대 차트 5%(초등학교 2, 3학년 교과서의 12% 이상)

그림 1.3 가장 많이 사용한 시각화 자료 유형 6가지[10]

시각화 자료 유형 6가지 중 픽토그래프(Pictograph) 유형이 절반을 차지한다. 공간적 배치가 없는 자유로운 형태의 픽토그래프, 공간적으로 조직된 형태의 픽토그래프, 그리고 축을 기준으로 아이콘이 나열돼 있는 픽토그래프가 여기에 해당한다. 특히 자유로운 형태의 픽토그래프는 유치원생 교과서의 시각 자료 중 65%나 차지할 정도로 많다.

---

9   Basak Alper(NASA JPL, USA basakper@gmail.com), Nathalie Henry Riche(Microsoft Research, USA, nath@microsoft.com), Fanny Chevalier(Inria, France, fanny.chevalier@inria.fr), Jeremy Boy(UN Global Pulse, USA, myjyby@gmail.com), Metin Sezgin(Koc University, Turkey, mtsezgin@ku.edu.tr)

10   Basak Alper, Nathalie Henry Riche, Fanny Chevalier, Jeremy Boy, Metin Sezgin, 「Visualization Literacy at Elementary School」, CHI '17 Proceedings of the 2017 Conference on Human Factors in Computing Systems, 2017

한편, 미국 공립학교 교사 16명을 대상으로 시각화 리터러시 교육의 역할과 인식을 확인하기 위해 인터뷰 조사도 진행했다. 조사 대상은 4학년 학생을 적어도 4년 이상 가르친 경험이 있는 교사로 제한했다. 그 결과, 교사들이 공통적으로 언급한 문제는 시각 자료가 소통 형식이 아닌, 학생들의 참여를 유도하기 위해 시각적으로 매력적인 이미지나 캐릭터에 의존한다는 점이었다. 또 시각화 리터러시 교육이 활발히 진행되고 있지만 적합한 수업 자료가 없어 교사들이 직접 만든다고 했다.

프로젝트의 연구자들은 위 두 가지 조사 결과를 바탕으로 시각화 리터러시 수업의 질을 높이기 위한 소통형 수업 자료가 필요하다고 생각했다. 그리고 효과적인 시각화 리터러시 교육을 위한 수업 자료를 만들기 위한 5가지 목표를 설정했다. 목표별 내용을 살펴보자.

목표 1 _ 동일한 데이터, 다른 추상화 수준

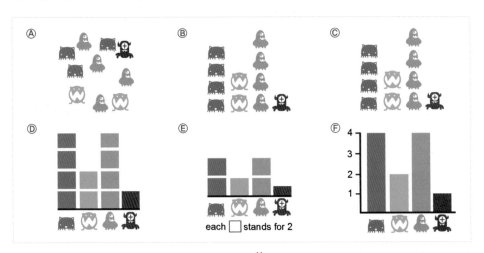

그림 1.4 자유형 픽토그래프에서 막대 그래프까지의 추상화 정도[11]

'목표 1'은 같은 데이터라도 추상화 수준에 따라 각기 다른 형태로 표현할 수 있다는 것을 보여준다. 자유로운 형태의 픽토그래프가 요약된 형태의 시각화 차트로 바뀌는 과정을 볼 수 있다.

---

11 Basak Alper, Nathalie Henry Riche, Fanny Chevalier, Jeremy Boy, Metin Sezgin, 「Visualization Literacy at Elementary School」, CHI '17 Proceedings of the 2017 Conference on Human Factors in Computing Systems, 2017

목표 2 _ 시각화 형태 간의 변화 과정을 표현

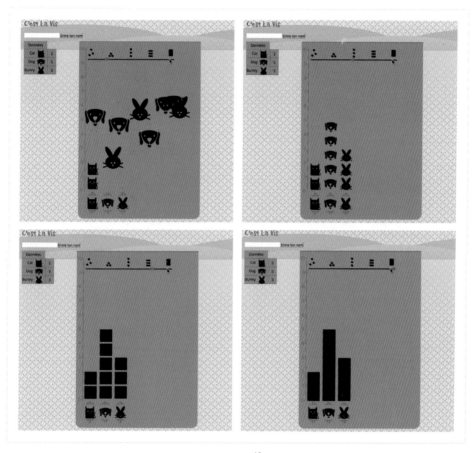

그림 1.5 애니메이션 효과로 시각화의 형태 변화를 보여주는 기능[12]

'목표 2'는 애니메이션 효과를 활용해 픽토그래프가 추상화된 형태인 막대그래프로 변하는 과정을 보여준다. 이는 기존 교과서의 설명이 명시적 연결을 보여주지 못하는 한계를 보완한다고 할 수 있다.

12　C'est La Vis(웹사이트), 2019.04.06, https://cestlavis.github.io/gradek.html

목표 3 _ 직접 조작 가능한 기능

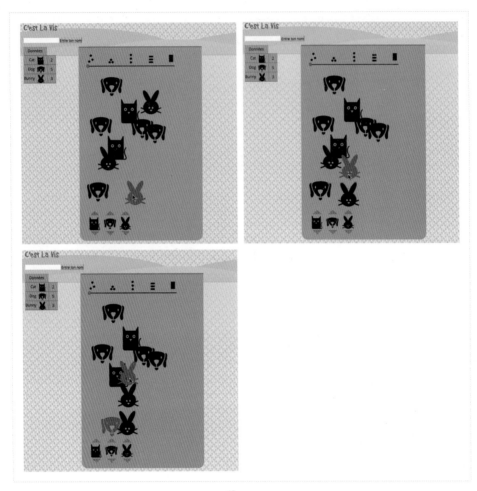

그림 1.6 손 혹은 마우스로 아이콘을 움직일 수 있는 기능[13]

'목표 3'은 학생들이 기기를 이용해 시각적 아이콘을 직접 조작할 수 있게 하는 것이다. 상호 작용이 가능한 응용 프로그램은 실제적인 경험이 가능하도록 설계돼야 하는데, 목표 3을 통해 학생들은 물리적인 경험을 할 수 있다.

13, 14 C'est La Vis(웹사이트), 2019.04.06, https://cestlavis.github.io/gradek.html

목표 4 _ 입력 수준의 가변성

'목표 4'는 데이터 입력 값을 변경할 수 있는 요소로, 학생들이 시각 자료를 직접 만들고 읽으면서 완성할 수 있다.

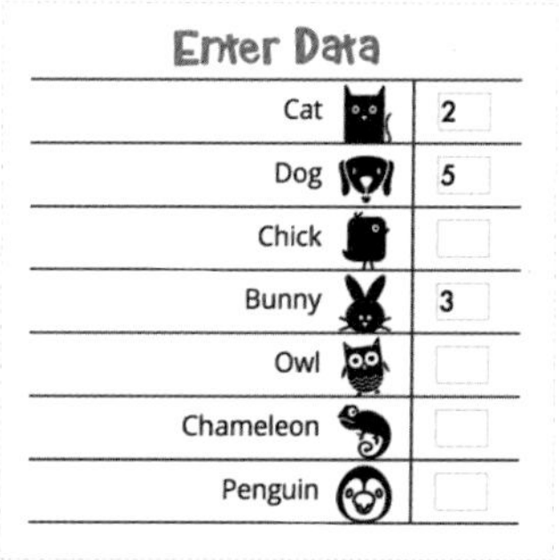

그림 1.7 원하는 데이터 값을 설정할 수 있는 기능[14]

목표 5 _ 비주얼 및 데이터의 사용자 정의(customization)

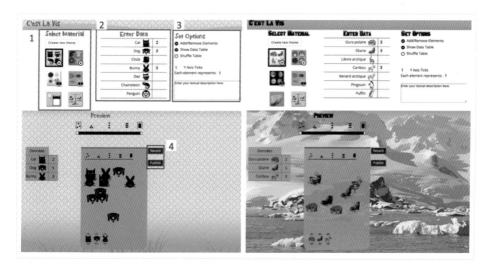

그림 1.8 '그게 인생이야!'의 유치원생(만 5~6세)과 2학년 학생을 대상으로 하는 시각화 수업 자료[15]

'목표 5'는 직접 설정하고 수정할 수 있는 시각 자료를 제공하는 것이다. 다양한 영상과 테마는 학생들의 참여도를 유지할 수 있을뿐더러 서로 대화하도록 유도할 수 있다. '목표 5'를 반영한 수업 자료는 기존의 대다수 응용 프로그램이 간과하고 있는 점을 보완해서 교사들이 적극적으로 사용할 수 있게 한다.

---

15 C'est La Vis(웹사이트), 2019.04.06, https://cestlavis.github.io/gradek.html, https://cestlavis.github.io/grade2.html

시각화 리터러시를 위한 온라인 수업 자료 '그게 인생이야!'는 사전 조사와 목표 설정에 따라 시각화 자료의 기능을 반영한 것으로, 웹사이트[16]에서 직접 확인할 수 있다. 웹사이트는 유치원생(만 5–6세)과 2학년 학생을 대상으로 한 시각화 수업 자료를 제공하므로 직접 시각화 리터러시를 경험할 수 있다.

기사로 배우는 데이터 리터러시

미국 일간지 뉴욕 타임즈의 '그래프는 무엇을 말하고 있을까?(What's going on in this graph?)'는 중고등학생의 데이터 리터러시 역량 향상을 위한 온라인 학습 콘텐츠다.

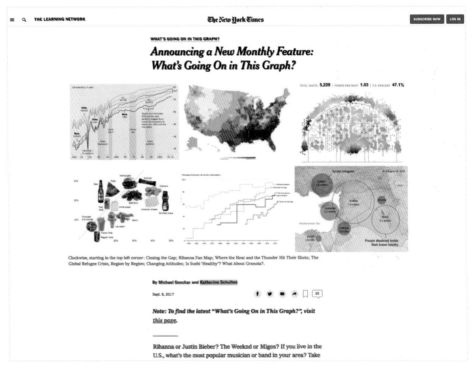

그림 1.9 뉴욕타임즈 '그래프는 무엇을 말하고 있을까?' 웹사이트 화면 [17]

---

16 C'est La Vis(웹사이트): https://cestlavis.github.io/

17 Michael Gonchar and Katherine Schulten, 'Announcing a New Monthly Feature: What's Going On in This Graph?', The New York Times, (2017. 09. 06), https://nyti.ms/2Olzws7

매주 초 뉴욕 타임즈는 기사에 인용된 데이터 시각화 차트 1개를 학습 콘텐츠로 공개한다. 학습 콘텐츠에는 데이터 시각화 차트를 비롯해 시각화 차트를 해석할 수 있는 3가지 질문이 기본적으로 포함된다. 첫 번째 질문은 '무엇을 주목할 수 있나요?'로, 어떤 주제와 데이터를 이야기하는 차트인지 파악하기 위한 질문이다. 두 번째 질문은 '무엇이 궁금한가요?'로, 데이터 시각화 차트를 보고서 드는 궁금증을 생각하고 정리하도록 유도하는 질문이다. 마지막으로 세 번째 질문은 '이 그래프를 통해 무엇을 알 수 있나요?'로 데이터 시각화 차트를 통해 데이터 인사이트 도출을 실행하기 위함이다. 학생들은 3가지 질문에 대한 답을 작성하면서 데이터 시각화 차트를 읽고 의미를 해석하는 데이터 리터러시를 경험할 수 있다.

그뿐만 아니라 온라인상에서 학생들이 콘텐츠 학습 결과를 게시하거나 댓글을 다는 등의 방식으로 소통하고 토론할 수 있는 방법도 함께 제공한다. 각자가 찾은 데이터 인사이트를 공유하고 의견을 나누면서 주도적으로 학습할 수 있다.

혼자서 학습을 진행한 이후 같은 주의 주말에는 해당 시각화 차트에서 발견할 수 있는 데이터 인사이트에 대한 추가 자료가 제공된다. 시각화 차트 유형에 대한 개념 설명뿐만 아니라 학생들이 게시한 글 중 우수한 내용을 공유하기도 한다. 또 더 나아가서 생각해볼 점이나 함께 보면 좋을 기사 자료들도 덧붙인다.

학생들은 다양한 자료를 바탕으로 데이터 시각화 차트에 대한 기본적인 개념 이해는 물론이고, 자신이 찾은 데이터 인사이트가 정확한지, 혹은 자신이 찾지 못한 데이터 인사이트가 있지는 않는지 등을 알 수 있다. 나아가서는 자신이 발견한 데이터 인사이트와 사회 문제 등을 연결지어 생각하고 이해하는 능력을 기를 수 있다.

일상생활 속 데이터 리터러시

데이터 리터러시를 더욱 쉽게 배우고 역량을 기를 수 있는 방법은 없을까? 일상생활 속 다양한 자료 형태로 접할 수 있는 데이터와 시각화 차트를 읽는 경험을 통해 데이터 리터러시 역량을 기를 수 있다. 구체적으로 어떻게 하면 될까?

현상을 이야기하는 데이터, 과연 진짜일까?

우리가 일상에서 접하는 뉴스 기사나 보고서에는 데이터가 자주 활용된다. 어떤 현상을 이야기 할 때 근거 자료로 수치를 언급하면 객관적이고 신뢰할 만한 내용으로 쉽게 인정받기 때문이다. 그러나 이런 자료를 볼 때 객관적인 정보를 의미하는 데이터인지, 또 신뢰할 만한지 의문을 가져봐야 한다. 왜냐하면 데이터는 그 자체로 사실을 나타내는 것이 아니라 특정한 의도에 의해 선택되고 계산된 결과물로 제시되기 때문이다. 따라서 우리는 특정 현상을 이야기하는 데이터가 무엇인지, 어떻게 수집되고 계산됐는지 등 데이터 지표의 개념과 분석 과정을 자세히 살펴야 한다.

한 가지 예로 우리나라의 고용 현실을 이야기할 때 자주 인용되는 데이터 지표를 살펴보자. 먼저 그림 1.10의 통계청의 실업률 지표를 보자.

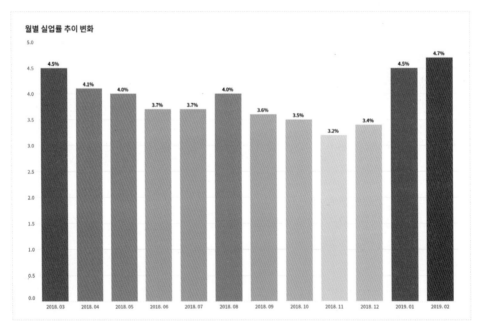

그림 1.10 월별 실업률 추이 변화(2018.03~2019.02)[18]

---

18 KOSIS(통계청, 경제활동인구, 성별 경제활동인구 총괄), 2019.04.08

2019년 2월 기준 우리나라의 실업률은 4.7%다. 데이터 수치만 보면 경제활동인구 100명 중 5명 정도가 실업인 상태라고 해석할 수 있어 실업률이 그리 높지 않은 것처럼 느껴진다. 실업률 지표 결과에 대해 사람들이 데이터가 현실을 반영하지 못한다는 의견을 내는 것이 자연스럽다는 생각도 든다.

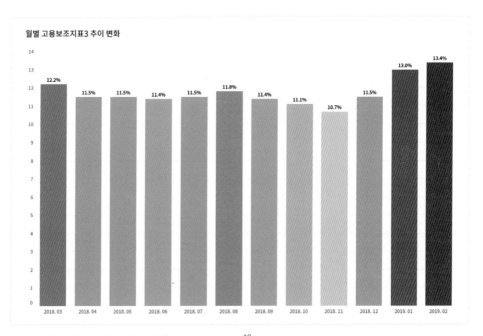

그림 1.11 월별 고용보조지표 3 추이 변화(2018.03~2019.02)[19]

실업과 관련된 또 다른 수치가 없을까? 체감 실업률과 가장 가깝다고 평가되는 고용보조지표 3을 그림 1.11로 살펴보자. 2019년 2월 고용보조지표 3의 수치는 13.4%다.

실업과 관련된 두 지표 간 수치가 약 3배나 차이 난다. 그 이유는 무엇일까? 도대체 어떤 지표가 현실적인 것일까? 이처럼 같은 사회 현상을 설명하는 두 지표의 수치가 다른 이유는 지표별 측정 기준에 따른 개념이 다르기 때문이다.

19　KOSIS(통계청, 경제활동인구조사, 고용보조지표(전체)), 2019.04.08

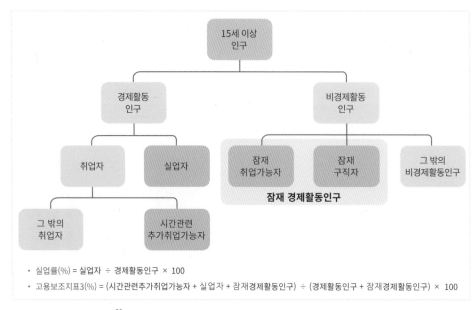

• 실업률(%) = 실업자 ÷ 경제활동인구 × 100
• 고용보조지표3(%) = (시간관련추가취업가능자 + 실업자 + 잠재경제활동인구) ÷ (경제활동인구 + 잠재경제활동인구) × 100

그림 1.12 실업률 측정 구조[20]

그림 1.12는 실업률 측정 구조를 도식화한 것으로, 실업과 관련된 두 지표가 어떻게 계산되는지를 이해하는 데 도움이 된다. 먼저 실업률은 경제 활동 인구수 중 실업자 수가 차지하는 비율로 측정한다. 여기서 실업자는 '조사 대상 주간에 수입이 있는 일을 하지 않았고, 지난 4주간 일자리를 찾아 적극적으로 구직 활동을 한 사람으로, 일자리가 주어지면 즉시 취업이 가능한 사람'[21]을 의미한다. 따라서 취업을 하지 못한 상태임에도 수입이 있거나 구직 활동을 하지 않은 사람은 실업률 지표로 집계되지 않는다. 예를 들어, 취업 준비생이 용돈벌이로 아르바이트를 해서 수입이 있는 경우 실업자가 아니라 취업자(시간관련추가취업가능자)로 분류된다. 또 고시생과 같이 취업을 위해 공부를 하는 사람은 구직 활동을 포기한 사람으로 간주되어 경제 활동 인구에 포함되지 않는다. 이들은 비경제활동인구(잠재경제활동인구)로 집계되어 실업률 계산에 포함되지 않는다.

20, 21 KOSIS(통계청, 경제활동인구조사, 고용보조지표(전체)), 통계설명자료

고용보조지표 3은 실업률 지표의 측정 한계를 보완한다. 고용보조지표 3은 경제 활동 인구뿐만 아니라 잠재경제활동인구를 포함한 인구수 중에서 실업자, 시간관련추가취업가능자, 잠재경제활동인구(그림 1.12의 주황색 음영 부분)의 합계가 차지하는 비율로 계산한다. 따라서 실업률뿐만 아니라 고용보조지표 3을 함께 봐야 좀 더 현실적으로 사회 현상을 데이터로 파악할 수 있다.

> " 데이터 리터러시는 단순히 '통계적 읽고 쓰기'에 국한되지 않고,
>   '데이터에 대한 지식을 소비하고 조리 있게 생산하고
>   비판적으로 생각하는 능력'으로도 이해할 수 있다. "
>
> — 이원택 in KISO 저널 제 21호, 편집위원 칼럼[22]

우리는 데이터의 의미를 해석하기 이전에 지표에 대한 정확한 개념을 이해해야 한다. 이 과정에서 지표가 갖는 한계를 파악할 필요도 있다. 특정 데이터 지표 하나로 현상을 판단하려 하지 말고, 여러 관련 지표를 근거로 종합적으로 해석해야 한다. 이렇게 하기 위해서는 수치가 제시되더라도 무조건 신뢰할 만한 정보로 받아들이지 않고, 데이터를 비판적으로 바라보는 시각을 지녀야 한다. 비판적인 관점에서 데이터 지표를 정확히 이해하고 해석할 때 데이터를 토대로 더 정확하게 현상을 파악할 수 있다. 이처럼 통계 데이터에 대한 정확한 이해를 전제로 데이터의 의미를 해석하는 역량을 통계 리터러시라고 한다.

데이터를 보여주는 시각화, 과연 진짜일까?

데이터 시각화는 많은 양의 데이터를 시각적 요소로 요약해서 한눈에 데이터의 의미를 파악할 수 있게 한다. 따라서 사람들은 데이터 분석 결과의 의미를 효과적으로 전달하기 위한 목적으로 시각화 차트를 만들고 활용한다. 시각화 차트는 개인의 의도에 따라 유형이 달라지고 표현 방식도 달라진다. 데이터로 의미를 전달하고자 하는 사람의 입장에서 자신이 원하는 형

---

22 이원택, 「빅데이터 시대의 정보격차, 데이터 리터러시로 이겨내자」, KISO 저널 제 21호 편집위원 칼럼, (2015.12.21), http://journal.kiso.or.kr/?p=7012

태, 전달하고자 하는 메시지에 맞는 형태로 만들어 데이터의 의미를 직관적으로 전달할 수 있다는 것이 시각화 차트의 큰 장점이다.

그러나 시각화 차트가 언제나 옳은 것은 아니다. 잘못된 방법으로 만들어진 차트는 사람들이 데이터의 의미를 오해하게 만들 수도 있다. 시각화 차트를 잘 활용하기 위해서는 시각화 차트를 바탕으로 데이터를 해석할 때도 비판적인 관점으로 바라봐야 한다.

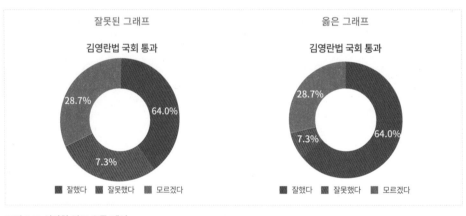

그림 1.13 시각화 차트 오류 예시

언론사 A의 뉴스를 사례로 알아보자. 이 언론사는 2016년 '부정청탁 및 금품 등 수수의 금지에 관한 법률', 이른바 김영란법 국회 통과와 대선 후보 지지도 데이터를 차트로 시각화해 뉴스 보도를 하는 과정에서 오류를 범했다. 왼쪽의 도넛 차트는 김영란법 국회 통과에 대한 사람들의 반응을 시각화한 것으로, '잘했다', '잘못했다', '모르겠다'라는 세 가지 응답별 수치는 64.0%, 7.3%, 28.7%로 다르지만 도넛의 조각별 크기가 비슷하다는 것을 알 수 있다. 오른쪽의 도넛 차트는 같은 데이터를 올바르게 표현한 것으로, 데이터 값의 크기에 비례해 조각의 크기를 표현했다. 결과적으로 '잘못했다' 응답을 의미하는 주황색 조각의 크기가 압도적으로 작다는 것을 알 수 있다. 즉, 왼쪽의 도넛 차트에서는 '잘못했다' 응답이 과장되어 해석될 수 있는 오류를 범했다는 사실을 알 수 있다.

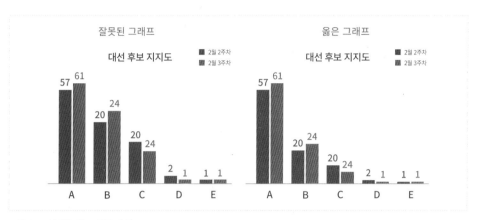

그림 1.14 시각화 차트 오류 예시

다른 예로 지난 XX대 대선 후보 지지도(%)를 그룹 막대 차트로 시각화해 보도한 사례도 살펴
보자. A 후보와 B 후보의 2월 2주차 지지도는 57%, 20%로 약 3배 정도 차이를 보인다. 그러
나 왼쪽의 그룹 막대 차트의 막대 길이를 비교해보면 2배 차이도 나지 않는 것으로 표현됐다.
데이터를 올바르게 표현한 오른쪽 그룹 막대 차트를 보면 두 후보 간의 지지도 격차가 매우
크다는 것을 시각적으로 확인할 수 있다.

데이터를 시각화하는 것은 분명 데이터의 의미를 쉽고 직관적으로 전달할 수 있다는 장점을
갖고 있지만 어떻게 시각화하느냐에 따라 정보 전달 효과에 차이가 있을 수 있다. 특히 위 사
례처럼 시각화로 인해 데이터의 의미가 왜곡되어 전달될 경우 잘못된 데이터 해석을 근거로
잘못된 의사결정을 내리게 하는 부작용이 발생할 수 있다. 따라서 시각화 차트로 데이터 의미
를 해석할 때 역시 비판적인 관점이 필요하다.

1.2

데이터 리터러시를 위한
데이터 시각화

> " 산업혁명 과정에서 전기가 대중화되면서 경제적 발전과
> 생산성 개선을 이뤄냈듯이, 앞으로 펼쳐질 미래에는 데이터와
> 디지털 기술이 새로운 생산요소가 될 것이다.
> 4차 산업혁명 시대에는 데이터가 곧 성장동력이다. "
>
> — 사티아 나델라(Satya Narayana Nadella), 마이크로소프트 최고경영자[23]

글로벌 시장조사기관 IDC(International Data Corporation)에 따르면 전 세계 데이터 시장은 2018년 1,660억 달러에서 2022년 2,600억 달러로 성장할 것이라고 한다. 데이터 양은 2016년 16제타바이트(ZB)에서 2020년 44제타바이트, 2025년에는 180제타바이트까지 기하급수적으로 커질 것으로 예상된다. 1ZB(10^{21}바이트)는 3MB 안팎의 MP3 노래를 281조 5,000억 곡 저장할 수 있는 엄청난 용량이다.[24]

'데이터는 중요하고, 그래서 데이터를 활용해야 한다!'라고 하는 시대에 우리가 고민해야 할 지점은 '데이터를 어떻게 활용할 것인가?', '어떻게 하면 잘 활용할 수 있을 것인가?'다.

23, 24 신찬옥, 「Mobile World '데이터 경제'로 가는 길」, 매일경제, 2019. 02. 14, http://bit.ly/2R9fSlr

> 더 많은 데이터에 접속할 수 있는 상태지만, 이런 수많은 데이터에서
> 효과적으로 인사이트를 획득하는 능력은 감소했다.
> 최근 MIT 슬론 경영 대학원 리뷰에 실린 글에 따르면,
> 2016년에서 2017년 동안 데이터 '접속'과 '인사이트 획득 효과성'의
> 간극이 지난 6년간 최대인 50%로 확대됐다. 한마디로 데이터가 많다고
> 항상 더 좋은 결과를 얻을 수 있는 것은 아니다. ❞
>
> — 파울 브뤼네(Paul Brunet), 「글로벌 칼럼 | 빅데이터를 제대로 활용할 수 있도록 돕는 "데이터 거버넌스"」[25]

데이터를 어떻게 해야 잘 활용할 수 있을까? 우리에게 필요한 것은 데이터 활용 능력인 **데이터 리터러시**다. 얼마나 많은 양의 데이터를 보유하고 있느냐가 중요한 것이 아니라 어떻게 활용할 것인가에 대한 답을 가졌는지 여부가 데이터 기반의 가치 창출 핵심이다. 누구나 알고 있는 정보는 정보가 아니듯이, 데이터의 나열, 데이터 축적 자체는 큰 의미가 없다.[26]

그렇다면 어떻게 해야 데이터 리터러시 역량을 키울 수 있을까? 데이터 시각화를 적극적으로 활용하면 된다.

앞서 살펴본 데이터 리터러시의 하위 역량 5가지(데이터 수집, 관리, 가공 및 분석, 시각화, 기획)는 크게 '데이터 분석'과 '시각적 스토리텔링'의 두 가지로 나눌 수 있다. 데이터 분석 역량은 기술적으로 데이터를 수집하고 정제하는 데이터 가공부터 분석 기법을 활용한 데이터 분석까지 필요한 역량이다. 반면 '시각적 스토리텔링'은 데이터 분석 결과를 시각적으로 표현해서 스토리텔링하는 역량이다. 두 역량 간의 경계가 뚜렷했던 과거와 달리, 최근 데이터 시각화의 활용이 쉬워지면서 두 역량을 아우르는 사람들이 나타나고 있다. **데이터 시각화는 기술적으로 데이터를 다루는 전문 역량이 없어도, 또 시각적 스토리텔링을 위한 고도의 디자인 역량이 없더라도 데이터를 활용해 인사이트를 발견하고, 스토리텔링할 수 있게 돕기 때문이다.** 그렇다면 데이터 시각화는 무엇이고, 어떤 장점을 갖고 있을까?

---

25 Paul Brunet (InfoWorld), 「글로벌 칼럼 | 빅데이터를 제대로 활용할 수 있도록 돕는 "데이터 거버넌스"」, IT WORLD FROM IDG, 2018.02.28, http://www.itworld.co.kr/news/108379

26 송세준, 「(데스크 썰) 데이터 지능(Data Intelligence)」, 전기신문, 2018.11.28, http://bit.ly/30wOpgL

많은 양의 데이터를 시각적으로 요약

'많은 양의 데이터'는 얼마나 많은 양의 데이터를 의미하는 것일까? 간단한 표 하나로 표현할 수 있는 데이터라면 굳이 시각화하지 않아도 된다고 생각할 수 있다. 그러나 데이터의 양이 많아지면 이야기가 달라진다. 컴퓨터 모니터에 표시된 엑셀 화면 영역을 벗어날 만큼 많은 양의 데이터를 상상해보자. 어떻게 데이터의 의미와 변화를 파악할 수 있을까?

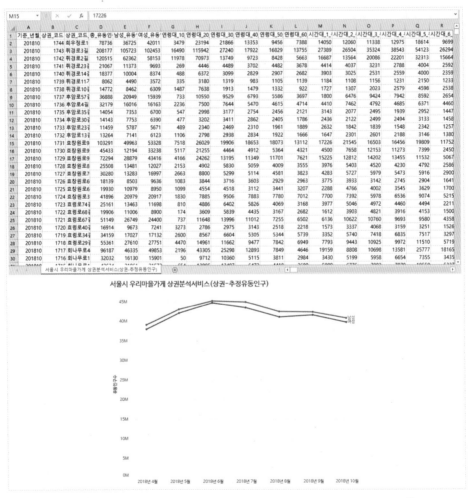

그림 1.15 엑셀 화면으로 한번에 다 볼 수 없는 많은 양의 데이터도 간단한 선 차트 하나로 요약할 수 있다.[27]

27 서울특별시, 서울시 우리마을가게 상권분석서비스(상권-추정유동인구), 서울열린데이터 광장, http://bit.ly/33WQraX

데이터 시각화는 많은 양의 데이터를 시각적 요소(도형, 선, 색)를 활용해 요약해서 표현하는 것이다. 따라서 한눈에 볼 수 없는 많은 양의 데이터도 한 번에 볼 수 있다. 빅데이터의 활용에 데이터 시각화가 강조되는 큰 이유이기도 하다. 금융, 교통, 의료 등 빅데이터가 생산되는 분야에서 시각화 없이는 데이터로 현상을 파악하고 예측하기가 어렵다.

그림 1.16 다양한 데이터 시각화 유형의 예[28]

데이터 시각화 유형은 다양하다. 선 차트, 막대 차트, 파이 차트 등 셀 수 없이 많은 시각화 유형이 있다. 시각화 유형은 어떤 데이터를 어떻게 표현할 것인가에 따라 구분된다. 우리는 차트에 활용된 도형의 종류, 크기, 위치나 색 등을 바탕으로 데이터의 크기를 비교하거나 분포를 파악해 데이터의 의미를 찾는다.

데이터 시각화와 헷갈리기 쉬운 개념으로 인포그래픽(Infographic)이 있다. 인포그래픽은 정적인 형태의 차트 이미지, 도식화 자료를 활용해 정보를 요약적으로 시각화한다. 데이터 시

28 The Data Visualisation Catalogue(웹 사이트), 2019. 04. 01, https://datavizcatalogue.com/

각화는 데이터를 동적으로 탐색할 수 있는 정렬, 필터, 확대·축소 등 인터랙티브 기능을 포함한다는 점에서 차이가 있다.

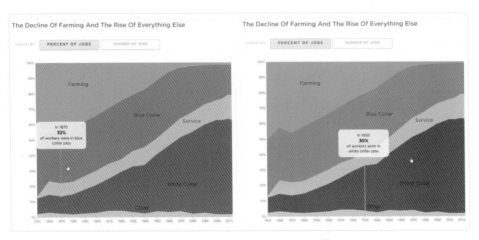

그림 1.17 인터랙티브 데이터 시각화 차트의 툴팁으로 상세 정보를 확인할 수 있다.[29]

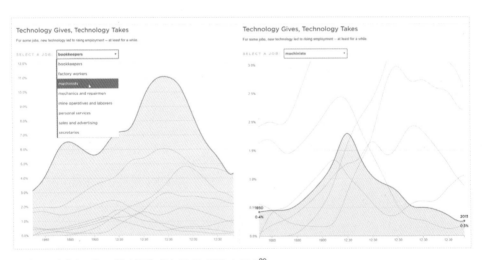

그림 1.18 데이터 조회 조건을 선택해 데이터를 필터링할 수 있다.[30]

29, 30 Quoctrung Bui, 「How Machines Destroy (And Create!) Jobs, In 4 Graphs」, NPR, 2015.05.18, https://n.pr/32WAb8H

그림 1.17은 인터랙티브 기능을 포함한 데이터 시각화 차트에서 마우스 오버 위치에 따라 나타나는 툴팁의 내용이 달라지는 것을 보여준다. 그림 1.18은 데이터 조회 조건을 달리하는 방식으로 데이터를 필터링했을 때 시각화 차트의 패턴이 달라지는 것을 보여준다. 인터랙티브 데이터 시각화 차트에서 독자는 이 같은 인터랙티브 기능을 활용해 시각화 차트와 상호작용하며 데이터를 자유롭게 탐색할 수 있다. 인포그래픽이 정해진 정보를 일방향으로 전달한다면 데이터 시각화는 양방향으로 정보를 제공하는 것이 큰 차이점이다. 이런 측면에서 데이터 활용도를 높이기 위해서는 인포그래픽보다 데이터 시각화가 더욱 효과적이라고 말할 수 있다.

시각을 통한 데이터 인사이트 도출

인간은 시각의 동물이라는 말을 들어본 적 있을 것이다. 인간은 자연적으로 시각적 입력을 다른 어떤 방법보다도 빠르게 인지하기 때문이다. 그만큼 우리에게 시각이 중요하다는 의미이기도 한데, 보통 사람이 감각기관을 통해 획득하는 정보 중 80% 이상이 시각을 통해 얻어진다고 한다.[31] 그렇기 때문에 데이터 시각화는 우리에게 효과적일 수밖에 없다.

---

31 고재현, 「[한국일보공동기획] 빛으로 보는 세상, 눈과 시각」, 2005. 09. 07, 한국과학창의재단 The Science Times, http://bit.ly/2QWiV0r

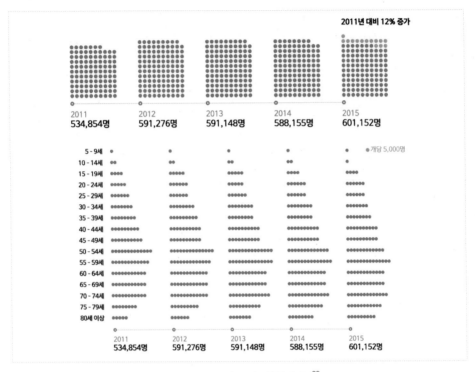

그림 1.19 데이터 시각화로 요약한 우리나라 전 국민의 우울증 진료 현황 데이터[32]

우리는 시각화 차트를 볼 때 가장 먼저 어떤 시각적 패턴이 있는 것은 아닌지 유심히 살핀다. 시각화 요소인 도형의 형태, 크기, 위치나 색을 근거로 시각적 패턴을 찾는다. 어떤 의도에 의한 움직임이 아니라 자연스러운 반응이다. 예를 들어, 선 차트에서는 선의 높낮이 변화 형태를 근거로 데이터의 변화 추세를 파악한다. 또 다른 값들과 구별되는 이상치가 있는지 없는지 여부를 빠르게 파악하기도 한다. 마찬가지로 막대 차트, 파이 차트 등 다른 시각화 차트 모두 시각화 요소의 시각적 패턴을 근거로 데이터의 의미를 파악할 수 있다.

데이터 시각화를 활용하면 데이터 분석을 위한 수학적, 통계적 전문 기술이 없어도 차트의 시각적 패턴을 근거로 누구나 쉽게 데이터 인사이트를 찾을 수 있다. 데이터 전문가뿐만 아니라 누구나 시각화를 통해 데이터를 활용할 수 있다는 의미다. 넓은 의미에서는 시각화를 활용할

---

32 뉴스젤리 · 서울신문, 「인터랙티브 데이터 시각화 콘텐츠 '우울증 보고서'」, 2017. 03. 03, http://project.newsjel.ly/depressed/

때 데이터를 활용할 수 있는 사람의 범위가 넓어지므로 데이터를 기반으로 한 가치 창출의 범위가 확대된다고도 볼 수 있다.

같은 맥락에서 데이터 시각화는 스토리텔링에도 강점이 있다. 데이터를 활용하는 사람이 시각화 차트를 통해 데이터 인사이트를 쉽고 빠르게 찾아 낼 수 있듯이 시각화 차트를 보고 정보를 수용하는 사람 역시 동일한 원리에 따라 효과적으로 데이터의 의미를 이해할 수 있다. 데이터의 의미를 전달해 상대방을 설득하고, 데이터를 통해 스토리텔링하고자 할 때 시각화를 적절히 활용하면 효과적으로 의미를 전달할 수 있다.

한 가지 주의해야 할 점은 정확한 데이터 인사이트 전달을 위해 어떤 형태의 시각화를 활용할 것인가를 고민해야 한다는 점이다. **자신이 전달하고자 하는 데이터 인사이트에 적합한 시각화 유형을 선택하고, 해석에 오류가 발생하지 않도록 시각화 차트를 만들어야 한다.** 그렇다면 데이터 인사이트에 적합한 시각화 유형은 무엇일까? 많은 시각화 유형 중 특정 시각화 유형을 선택하는 기준은 '**데이터를 어떤 목적으로 보여줄 것이냐**'가 일반적이다.

시각화 차트 분류와 관련된 해외 자료로 앤드루 아벨라(Andrew Abela)가 고안한 차트 유형 추천 도표를 살펴보자. 여기서는 차트의 사용 목적을 비교, 관계, 분포, 구성으로 나눈다.

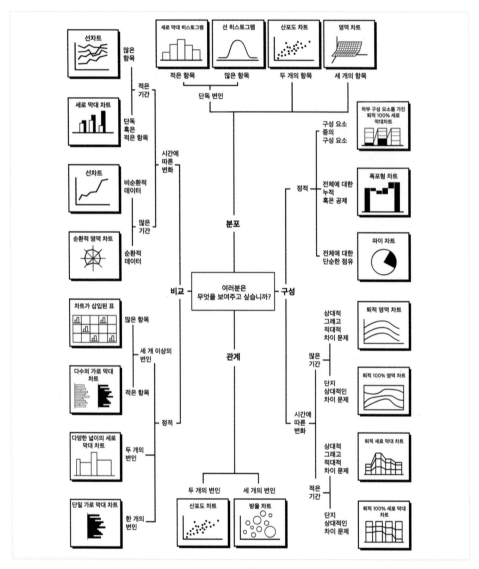

그림 1.20 앤드루 아벨라가 고안한 목적에 따른 차트 선택 방법[33]

데이터 시각화의 가장 기본적인 목적은 데이터의 크기를 '비교'하는 것이다. 따라서 모든 시각
화 유형은 비교를 위한다고도 할 수 있다. 그중에서도 대표적인 '비교'를 위한 시각화 차트는

33   앤드루 아벨라, 『익스트림 프레젠테이션』, 커뮤니케이션북스(2011), 120p

막대 차트와 선 차트다. 이를 좀 더 세분화하면 누적 막대 차트, 그룹 막대 차트, 영역 차트 등으로 나눌 수 있다.

전체 데이터 중 특정 항목이 차지하는 '구성' 비중을 보는 데 적합한 차트는 파이 차트, 100% 누적 막대 차트, 폭포(Waterfall) 차트 등이 있다. 차트 내 구성 항목이 많을수록 차트를 구성하는 요소가 많아져 데이터를 비교하기 어렵다. 따라서 구성 비중을 표현하는 데 활용하는 시각화 차트에서는 비교 항목이 4~5개 정도인 데이터를 사용하는 것이 효과적이다.

데이터의 '분포'를 확인하기 위해서는 산점도, 히스토그램 등을 활용한다. 데이터 간의 관계를 보기 위해서는 산점도, 버블 차트 등의 시각화 유형을 활용한다.

한편, 목적에 적합한 시각화 차트를 선택해서 활용하는 것만큼 시각화 차트가 데이터 해석의 오류를 야기하는 것이 아닌지 살피는 것도 중요하다. 차트의 시각적 패턴을 바탕으로 데이터의 의미를 빠르게 파악할 수 있다는 데이터 시각화의 장점이 때로 단점이 되기도 하기 때문이다. 잘못 만들어진 데이터 시각화 차트는 잘못된 데이터 해석으로 이어질 수 있기 때문에 주의해야 한다.

그림 1.21의 시각화 차트는 미국의 한 뉴스에 인용된 오바마 케어 등록 현황을 보여준다.

그림 1.21 (왼쪽) 오바마 케어 등록 현황을 보도한 미국 뉴스의 시각화 차트 활용 오류 사례, (오른쪽) 왼쪽 차트를 올바르게 수정한 차트[34]

---

34 Nishith Sharma, 「7 most common data visualization mistakes」 http://bit.ly/2NxdgvP

Samantha Wyatt, 「Dishonest Fox Charts: Obamacare Enrollment Edition」, 2014.03.31, https://www.mediamatters.org/fox-news/dishonest-fox-charts-obamacare-enrollment-edition

그림 1.19의 왼쪽 막대 차트를 보자. 막대 차트의 두 막대 길이만 놓고 보면 3월 27일 대비 31일 데이터가 약 3배 정도 큰 것으로 보인다. 그러나 실제 데이터 수치 값의 차이는 약 100만에 불과하다. 막대의 길이만을 기준으로 데이터의 의미를 해석할 때 시각에 의해 오류가 발생한다는 것을 알 수 있다. 이러한 문제가 발생한 이유는 왼쪽 막대 차트의 y축 시작 값을 0으로 하지 않았기 때문이다. y축의 시작값을 0으로 해서 다시 그린 오른쪽 차트를 보면 실제 값의 차이만큼 막대 길이가 표현되어 그 차이가 크지 않다는 것을 확인할 수 있다.

잘못 만들어진 시각화 차트로 인해 데이터 해석에 오류가 발생할 수 있다는 점은 시각화 차트를 만드는 사람뿐만 아니라 시각화 차트를 보는 사람 모두가 알고 있어야 한다. 시각화 차트를 만드는 사람은 정확한 데이터 인사이트를 전달하기 위해 만든 시각화 차트에 잘못된 점이 없는지 확인해야 한다. 시각화 차트를 보는 사람 역시 시각화 차트에 문제가 있는 것은 아닌지 비판적인 관점으로 봐야 한다. 그래야 데이터 시각화의 장점인 빠르고 쉬운 데이터 인사이트 도출과 스토리텔링을 통해 효과적인 **데이터 커뮤니케이션**을 할 수 있다.

더 정확한 데이터 분석 결과 도출

" … 통계(calculations)와 그래프를 모두 만들어라! 정확한 이해에 기여하는 이 두 결과물에 대한 연구를 해야 한다. "

– F. J. 앤스콤브(Anscombe), 1793년(데이터 시각화에 관한 거의 모든 강의에서 반복한…)[35]

일반적으로 사람들은 데이터 시각화를 데이터 분석 결과를 다른 사람들에게 보여주기 위한 수단으로 보는 경향이 있다. 하지만 데이터 시각화는 단순히 데이터 분석 결과를 전달하기 위한 목적뿐만 아니라 정확한 분석을 위한 데이터 탐색 방법으로 활용되기도 한다. 데이터 분석 과정에서도 시각화가 중요한 역할을 한다는 의미다.

35 Justin Matejka, George Fitzmaurice, 「Same State, Different Graphs : Generating Datasets with Varied Appearance and Identical Statistics through Simulated Annealing」, 2017, http://bit.ly/2RnJKtu

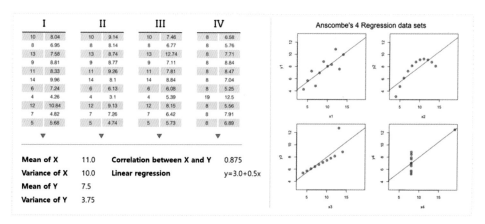

그림 1.22 동일한 요약 통계를 가진 데이터셋 4개(왼쪽), 왼쪽 데이터셋 4개를 시각화한 결과(오른쪽)[36]

그림 1.22는 1973년 F. J. 앤스콤브(Anscombe)가 개발한 '앤스콤브의 4종류 데이터'다. **동일한 요약 통곗값(평균, 표준편차, 상관관계)을 가진 데이터셋(data set)**을 산점도로 시각화했을 때 **명확히 구별되는 시각적 패턴**을 입증한다. 이에 따르면 요약 통곗값 정보만으로 데이터를 정확하게 파악할 수 없음을 이해할 수 있다. 우리는 요약 통곗값뿐만 아니라 시각화를 활용할 때 데이터를 정확하게 볼 수 있다.

오랜 시간 동안 인용돼온 "앤스콤브의 4종류 데이터'에 이어 같은 맥락의 새로운 연구 결과를 살펴보자. 오토데스크 리서치(Autodesk Research)에서는 「같은 통계, 다른 그래프: 시뮬레이션 어닐링을 활용한 다양한 형태의 동일한 통계 데이터셋 생성」[37]이라는 제목으로 같은 요약 통곗값을 갖고 있으나 시각화했을 때 시각적 패턴이 뚜렷하게 구분되는 12개의 데이터셋(Datasaurus Dozen)의 개발 결과를 발표했다.

그림 1.23은 데이터 시각화 분야의 유명 인사인 알베르토 카이로(Alberto Cairo)의 데이터셋인 데이터 공룡(Datasaurus: 정상적인 통계처럼 보이지만 시각화하면 공룡 모양의 형태를 보임)과 소수점 두 자릿수를 기준으로 같은 요약 통곗값을 갖는 12개의 데이터셋을 시각화했을 때 시각적 패턴이 모두 다르다는 것을 보여준다.

---

36 위키백과, 'Anscombe's quartet', https://en.wikipedia.org/wiki/Anscombe%27s_quartet

37 Justin Matejka, George Fitzmaurice, 「Same State, Different Graphs: Generating Datasets with Varied Appearance and Identical Statistics through Simulated Annealing」, 2017, http://bit.ly/2RnJKtu

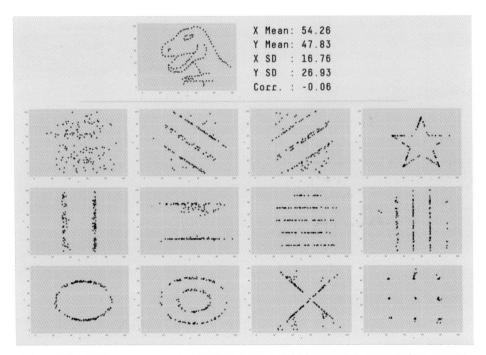

그림 1.23 데이터 공룡(Datasaurus Dozen) – 데이터셋은 소수점 두 자릿수 기준으로 같은 요약 통곗값(평균, 표준편차, 상관계수)을 보여주지만, 시각적 패턴은 모두 다르다.[38]

두 가지 연구 결과를 바탕으로 우리는 데이터의 정확한 이해를 위해 데이터 분석 과정에서 시각화를 필수적으로 활용해야 한다는 점을 이해할 수 있다. 데이터 분석에서 '시각화'는 데이터의 정확한 이해를 위해, 또 쉽고 빠른 데이터 인사이트 발견을 위한 필수 요소라고 할 수 있다. 다른 한편으로 이를 '**시각적 분석(Visual Analysis)의 필요성**'이라고도 요약할 수 있다. 시각적 분석이란 데이터 분석 방법으로서 시각화를 활용하는 것이다. 시각화 차트를 만들 때 활용하는 데이터 변수, 수치 계산 방식, 차트 유형 등의 조건을 달리하면서 다른 형태로 표현되는 시각화 차트의 시각적 패턴을 근거로 데이터 분석을 하는 것이다.

38 Justin Matejka, George Fitzmaurice, 「Same State, Different Graphs: Generating Datasets with Varied Appearance and Identical Statistics through Simulated Annealing」, 2017, http://bit.ly/2RnJKtu

시각화 대시보드를 통한 공동의 데이터 활용

“ 데이터와 스토리를 함께 활용하면 지적 측면과 정서적 측면 모두에서 관객과 공감할 수
있습니다. ”

— 스탠포드 대학 마케팅 교수 제니퍼 L. 에이커(Jennifer L. Aaker)[39]

데이터 시각화는 많은 사람들에게 데이터 인사이트를 공유할 때 효과적이다. 보고서, 프레젠
테이션 등에 삽입된 시각화 차트는 전달하고자 하는 메시지를 효과적으로 뒷받침하는 근거
자료가 된다. 보는 사람의 관점에서 이러한 시각화 차트는 머릿속에 빠르게 인지되어 기억에
남고, 결과적으로 전달하고자 하는 메시지의 스토리텔링에 힘을 더해 공감을 일으킨다.

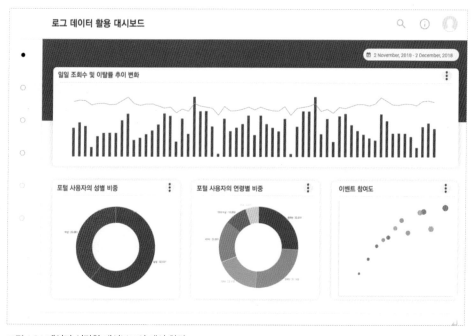

그림 1.24 데이터 시각화 대시보드의 예시 화면

39 infogram, 'what is data visualization?' https://infogram.com/page/data-visualization

데이터 시각화 결과물을 공유하는 방식 중 하나로 시각화 대시보드가 있다. **데이터 시각화 대시보드**란 여러 시각화 차트와 표 등으로 구성된 하나의 판(board)을 의미한다. 데이터 시각화 대시보드를 이용하면 주요한 데이터 지표를 모니터링하고 탐색할 수 있다. 대부분의 데이터 시각화 대시보드는 단순히 차트를 모아놓는 것에 그치지 않고 데이터 조회 기간을 선택하거나 특정 기준으로 데이터를 조회할 수 있는 필터와 같은 인터랙티브 기능을 제공한다. 이를 이용하면 복잡한 데이터 처리 기술 없이도 자유롭게 데이터를 조회하고 탐색할 수 있다.

데이터 시각화 대시보드의 활용은 기업 혹은 조직 단위에서 유용하다. 조직이 중요하다고 생각하는 지표를 활용해 시각화 대시보드를 제작하고 이를 공유하면 전문적인 데이터 활용 기술을 가진 분석가뿐만 아니라 그렇지 않은 사람까지도 데이터를 쉽게 활용할 수 있다. 그렇게 되면 조직 전체의 데이터 활용도가 높아지는데, 세부적으로 부서 혹은 개인마다 서로 다른 관점에서 데이터를 탐색하기 때문에 더욱 **다양한 데이터 인사이트**를 도출할 수 있다. 조직 전체의 관점에서 이는 **중요 의사결정의 근거**로 활용되며, 새로운 기회를 찾고 가치를 만들어 내는 데 큰 역할을 한다.

다양한 분야에서의 시각화 활용

데이터 시각화는 데이터가 존재하는 곳이라면 어느 분야에서도 활용할 수 있다. 몇 가지 사례를 알아보자.

그림 1.25 공공데이터 포털의 시각화 서비스 화면[40]

정부는 공공데이터 개방 정책과 함께 데이터 활용의 활성화를 위해 시각화 서비스를 제공한다. 대표적인 사례는 공공데이터 포털[41]의 시각화 서비스다. 대민 서비스로 누구나 웹사이트에 접속해 개인이 보유한 데이터 혹은 정부가 개방한 데이터를 활용해 시각화 차트를 만들 수

---

40 공공데이터 시각화, 공공데이터포털(웹사이트), 2019.04.01, https://www.data.go.kr/tcs/vas/selectVisualizationListView.do#

41 공공데이터 포털(웹사이트), https://www.data.go.kr/

있다. 정부의 공공데이터 포털뿐만 아니라 지자체별로 공공데이터를 개방하는 다수의 사이트에서 시각화 서비스를 제공하므로 누구나 활용할 수 있다.

공공 부문뿐만 아니라 민간 부문에서도 데이터 시각화를 활용하려는 시도가 늘고 있다. **다양한 산업의 여러 기업들은 각자 보유한 데이터의 활용도를 높이기 위해 데이터 시각화를 적극적으로 도입하고 있다.** 사내 KPI와 같은 성과 지표를 추적하거나, 데이터 기반 의사결정을 내리기 위한 목적으로 데이터 시각화 대시보드를 구축하고 활용하는 것이 일반적이다.

금융권을 예로 들어보자. 금융권 내 많은 기업들은 데이터 활용에 높은 관심을 갖고 있다. 국제 품질 및 생산력 센터(IQPC)[42]가 발표한 「2018 금융 서비스를 위한 빅데이터 분석 조사 리포트」에 따르면 빅데이터 활용 기업으로 나서는 금융권 기업의 증가세를 확인할 수 있다.

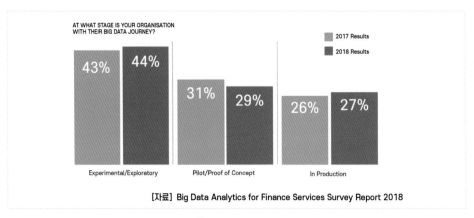

[자료] Big Data Analytics for Finance Services Survey Report 2018

그림 1.26 2017-2018 금융권, 빅데이터 전환 단계[43]

좀 더 자세히 살펴보면 2018년 전체 금융권 기업 중 약 27%는 자사가 빅데이터 시스템으로의 전환을 진행하는 단계에 있다고 응답했다. 2017년보다 1p% 증가한 수치다. 또 실험 및 탐색 단계에 있다고 응답한 기업은 44%로, 이 역시 2017년보다 1p% 증가한 수치다. 이를 통해 데이터의 실제 활용 및 실험적 단계로의 진입이 확대된 양상을 볼 수 있다.

42 International Quality and Productivity Center

43 한국 정보화진흥원(NIA 「제 40호 BigData Monthly: 빅데이터 동향과 이슈」, 2018. 04. 25, http://bit.ly/361C05F

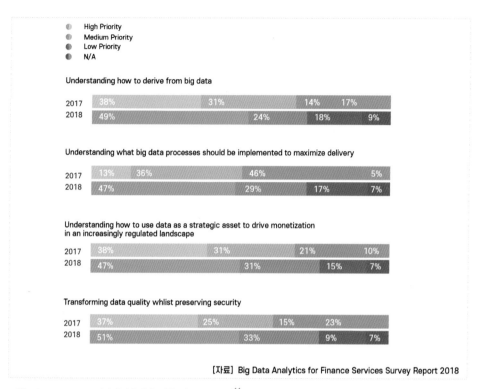

[자료] Big Data Analytics for Finance Services Survey Report 2018

그림 1.27 2017-2018 빅데이터 운용을 위한 핵심 우선순위[44]

금융권 기업이 빅데이터를 생산, 분석하고 활용하는 과정 중 핵심 우선순위로 꼽은 항목별 비중 변화도 살펴보자. 2017년 우선순위에서 높은 비중을 차지한 '빅데이터를 통한 수익 창출' 항목의 경우 2017년 38%에서 2018년 47%로 증가했다. 빅데이터 활용의 핵심 전략 분야를 묻는 질문에는 전체 금융권 기업 중 44%가 고객 분석 분야에 빅데이터를 활용하고 있다고 응답했다. 금융권 기업이 고객 중심 경영을 위해 필요한 고객 분석, 고객 행동 예측 등에 빅데이터를 활용해 더 나은 고객 만족과 마케팅을 이루는 것에 높은 기대를 갖고 있음을 알 수 있다.

많은 양의 금융 데이터를 효과적으로 활용하기 위해 금융권 기업 역시 데이터 시각화를 도입하고 있다. 2017년 신한은행은 임원진이 경영 관련 빅데이터를 시각화 자료로 실시간 모니터링하고, 의사결정할 수 있는 '빅데이터 워룸(war room)'[45]을 만들었다. 경영실적과 고객 현황

44 한국 정보화진흥원(NIA 「제 40호 BigData Monthly: 빅데이터 동향과 이슈」, 2018. 04. 25, http://bit.ly/361C05F

45 복현명, 「신한은행, '빅데이터 워룸' 신설...보이는 ARS도 시행」, 에너지경제, 2017. 04. 03, http://bit.ly/2TueVpD

정보를 실시간으로 취합하고 각종 그래프와 이미지 등 시각화 자료로 볼 수 있는 '비주얼 분석(VA) 시스템'도 도입했다. KEB 하나은행도 데이터 시각화 기술을 적용한 '하나 빅 인사이트'를 구축[46]했다. 하나 빅 인사이트는 은행 핵심 경영지표, 조직 단위별 영업 실적 모니터링, 고객 특성에 따른 비정형 분석 같은 은행 내부 데이터를 숫자가 아닌 그래프로 시각화해서 확인할 수 있는 **비즈니스 인텔리전스(BI) 시스템**이다.

정부와 기업뿐만 아니라 그 밖의 다양한 분야에서도 데이터 시각화가 활용된다. 그중 하나로 인공지능(AI: Artificial Intelligence) 분야에서도 데이터 시각화를 활용한 시각적 분석을 시도하고, 복잡한 인공지능 학습 결과를 보여주는 데 시각화를 활용한다.

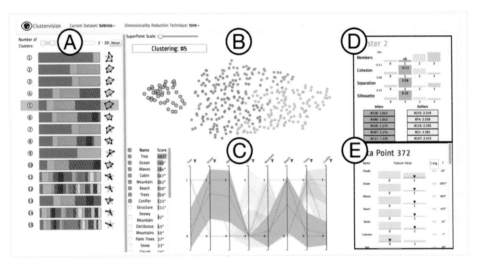

그림 1.28 클러스터링을 위한 시각적 분석 도구 Clustervision을 활용한 시각적 분석 사례[47]

그림 1.28은 인공지능의 하위 영역에 속하는 머신러닝의 일반적 유형인 클러스터링을 데이터 과학자가 효과적으로 활용할 수 있도록 만든 시각적 분석 도구 '클러스터비전(Clustervision)'의 활용 사례로서, 미국의 유명 화가 밥 로스(Bob Ross)의 그림 400점에 해당하는 데이터셋을 클러스터비전을 이용해 시각적으로 분석한 것이다.

---

46 황정원, 「"숫자 대신 그림 · 그래프로"…데이터 시각화로 나선 하나은행」, 서울경제, 2018. 03. 25, http://bit.ly/36wwPe8

47 Bum Chul Kwon, Ben Eysenbach, Janu Verma, Kenney Ng, Christopher deFilippi, Walter F.Stewart, and Adam Perer, 「Clustervision : Visual Supervision of Unsupervised Clustering」, IEEE Transactions on Visualization and Computer Graphics, 2018, https://ieeexplore.ieee.org/abstract/document/8019866

한편, 우리는 언론을 통해 데이터 시각화를 쉽게 접하고 있다. 언론은 데이터를 기반으로 한 스토리텔링 기사를 내보낼 때 시각화 차트를 이용한다. 단순히 통계 수치를 활용하는 것을 넘어서 데이터 분석을 통해 새로운 사실을 찾아내어 보도[48]하는 데이터 저널리즘을 실현하는 데 데이터 시각화를 적극적으로 활용한다.

데이터로 보는 신도시 30년

안녕하세요~! 시사저널e 신도시 30년 기획팀입니다. 저희는 국토교통부와 통계청 국가통계포털, 통계지리정보서비스 등을 통해 수도권 신도시 읍·면·동별 다양한 데이터를 정리해 봤습니다. 이미 조성 중인 신도시 15곳을 대상으로 했구요. 신도시 구획과 읍·면·동 단위가 차이가 날 수 있어 실제와 다를 수 있다는 점 감안해주세요. 설명을 더 보시려면 아이콘을 클릭해주세요~!

LIFE

아파트 시세와 생활 편의도 알아볼게요! 신도시 아파트 평균 시세 평균은 3.3㎡당 1649만원이었습니다. 양주(695만 원)와 판교(3344만 원)가 5배 가까이 차이나죠. 김포 한강 문화시설 1개당 평균 인구수는 3만8531명으로, 양주 5985명에 비해 6배나 많습니다. 사는 곳에서 종합병원으로 이동하는 시간은 어떨까요? 부천 중동과 군포 산본은 각각 4.6분과 5.5분으로 짧네요. 2기 신도시 양주는 18.5분·위례 16.6분·파주 운정 15.8분으로 오래 걸리니 1기와 다른 상황이네요.

48　위키백과, '데이터 저널리즘', http://bit.ly/2OzsZu3

그림 1.29 언론의 데이터 시각화 활용 기사 예 – 시사저널e, 탐사기획 신도시 30년 – '데이터로 보는 신도시 30년'[49]

다수의 시도와 사례를 통해 안정적으로 데이터 저널리즘이 실현되고 있는 해외 유수의 언론사(뉴욕타임즈, 워싱턴포스트 등)뿐만 아니라 국내 여러 언론사도 데이터 시각화를 활용한 스토리텔링 기사를 발행하며, 데이터 저널리즘을 시도하고 있다.

---

49 시사저널e, '탐사기획 신도시 30년 – '데이터로 보는 신도시 30년", 2019. 01. 23, http://bit.ly/2RYTJpe

데이터 시각화는 언제나 데이터를 분석하고 그 결과를 전하기 위한 목적으로 사용될까? 그렇지 않다. 데이터 시각화는 예술의 영역에서도 활용된다. 데이터의 시각적 패턴 그 자체를 예술로 보는 것이다. 이를 **데이터 아트**, 이 분야의 예술가를 **데이터 아티스트**라고 부르기도 한다. 데이터 아트의 몇 가지 사례를 소개한다.

그림 1.30 (왼쪽) '도자기 안의 일생' 프로젝트의 결과물로 데이터 시각화 패턴이 그려진 도자기[50], (오른쪽) 기상 데이터를 조형물로 만든 '조각 악보' 프로젝트[51]

그림 1.30의 왼쪽 작품은 앨리스 터드(Alice Thudt)의 프로젝트 「도자기 안의 일생(Life in Clay)」 결과물이다. 도자기에 자신의 일상 속 데이터를 시각적 패턴으로 표현해 그려 넣었다. 일상생활의 구체적 활동, 성취한 것, 기억하고 싶은 사람들과의 관계 등 삶의 여러 단면을 보여주는 도자기를 만들었다.

그림 1.30의 오른쪽 작품은 나탈리 미에바흐(Nathalie Miebach)의 「조각 악보(Sculptural Musical Score)」 프로젝트의 한 작품이다. 사진 속 조형물은 '허리케인 노엘 3(Hurricane Noel III)'이라는 제목으로, 2007년 11월 2일에서 5일 사이 뉴잉글랜드에서 발생한 허리케인

50　Life in Clay(웹사이트), 2019. 04. 02, URL:http://life-in-clay.alicethudt.de/

51　Nathalie Miebach(웹사이트), 2019. 04. 02, URL:http://nathaliemiebach.com/gulf29.html

기상 데이터를 작은 가지나 색깔 비즈로 구성해 표현한 것이다. 나탈리 미에바흐는 기상 데이터를 악보로 만들고, 조형물로 만드는 이 프로젝트를 진행하는 한편, 이 자료를 활용해 작곡가, 음악가들과 실제 콘서트를 여는 등의 음악 활동도 한다.

지금까지 살펴본 데이터 시각화의 장점 5가지를 요약해보자. 데이터 시각화는 많은 양의 데이터를 시각적 요소로 요약해서 표현하는 것으로, 데이터 분석에 대한 전문 기술 없이도 누구나 쉽게 데이터 인사이트를 찾을 수 있다는 장점이 있다. 시각화는 요약 통계만으로는 알 수 없는 데이터의 정확한 의미를 파악할 수 있게 하므로 데이터 분석 과정에서 시각화를 중점적으로 활용하는 시각적 분석이 중요시된다. 시각적 요소로 표현된 차트는 다른 사람에게 데이터 인사이트를 전하는 데 효과적으로 사용된다. 특히 데이터가 존재하는 곳이라면 어디라도 적용하고, 활용할 수 있어 그 가치가 매우 크다고 할 수 있다.

2

데이터
시각화를 위한
준비

데이터 시각화를 직접 만들기 위해서는 무엇을 준비해
야 할까? 가장 먼저 데이터를 준비해야 한다. 시각화하
고자 하는 데이터를 찾고, 적합한 형태로 데이터를 만들
어야 한다. 데이터가 준비되면 그다음에서야 시각화 차
트를 만들 수 있다. 물론 원리에 대한 이해가 선행돼야
한다. 또 다양한 시각화 차트 유형을 이해하고 있다면
활용도 높고 효과적인 시각화를 만들 수 있다. 하나씩
알아보자.

2.1
시각화를 위해 필요한 데이터

데이터라면 어떤 것이든 모두 시각화로 만들 수 있을까? 그렇지 않다. 데이터의 형태에 따라 시각화 차트를 만들 수도 있고, 그렇지 않을 수도 있다. 또 어떤 데이터는 시각화 차트로 바로 만들 수 있지만 그렇지 않은 경우도 있다. 그럴 때는 시각화 차트를 만들기 위해 데이터의 형태를 바꿔야 한다. **데이터 시각화에 적합한 데이터는 무엇인지 알아보자.**

통계표와 로우 데이터의 차이 이해하기

데이터 시각화를 위해 필요한 데이터는 **로우 데이터(Raw data: 원 자료)**다. 우리가 흔히 보는 통계표와 로우 데이터는 다르다. 다수의 보고서, 발표 자료에서 본 '데이터'는 로우 데이터가 아닌 통계표인 경우가 많다.

먼저 통계표를 살펴보자. 그림 2.1의 왼쪽 표는 통계청이 제공하는 '성/연령별 취업자' 통계다.

통계표(데이터 표)

성별	연령계증별	2018. 08	2018. 09	2018. 10	2018. 11	2018. 12	2019. 01
남자	15 - 19세	98	86	77	85	82	95
	20 - 29세	1,772	1,780	1,770	1,785	1,765	1,753
	30 - 39세	3,385	3,400	3,412	3,413	3,405	3,366
	40 - 49세	3,902	3,921	3,921	3,925	3,912	3,876
	50 - 59세	3,651	3,670	3,682	3,683	3,654	3,615
	60세이상	2,564	2,587	2,601	2,619	2,496	2,396
여자	15 - 19세	113	108	104	98	102	108
	20 - 29세	1,938	1,936	1,957	1,964	1,936	1,936
	30 - 39세	2,142	2,157	2,154	2,145	2,144	2,135
	40 - 49세	2,729	2,742	2,724	2,739	2,699	2,663
	50 - 59세	2,669	2,705	2,712	2,749	2,715	2,696
	60세이상	1,946	1,964	1,978	1,979	1,731	1,594

로우 데이터

성별	연령계증별	시점	취업자 수 (단위 : 천명)
남자	15 - 19세	2018. 08	98
남자	15 - 19세	2018. 09	86
남자	15 - 19세	2018. 10	77
남자	15 - 19세	2018. 11	85
남자	15 - 19세	2018. 12	82
남자	15 - 19세	2019. 01	95
남자	20 - 29세	2018. 08	1772
남자	20 - 29세	2018. 09	1780
남자	20 - 29세	2018. 10	1770
남자	20 - 29세	2018. 11	1785
남자	20 - 29세	2018. 12	1765
남자	20 - 29세	2019. 01	1753
남자	30 - 39세	2018. 08	3385

그림 2.1 통계표와 로우 데이터의 형태 차이[1]

통계표에서 수치를 나타내는 하나의 셀(cell)은 여러 개의 변수 정보를 포함한다. 위 그림에 표시된 빨간색 셀 값 3,683명은 '시점(2018년 11월)', '성별(남자)', '연령(50−59세)'인 3가지 정보를 포함한다. 통계청의 경제활동인구조사 결과 로우 데이터는 따로 존재하고, 로우 데이터에서 특정한 기준(시점, 성별, 연령)에 따라 데이터를 조합하고 계산한 결과이기 때문이다. 로우 데이터를 통계표로 만드는 과정은 시각화 차트를 만드는 과정과 동일하다. 따라서 통계표 역시 시각화 차트 유형 중 하나로 보는 것이 일반적이다.

반면, 로우 데이터는 데이터상 하나의 셀은 해당 셀이 포함된 열의 정보만 포함한다. 그림 2.1의 오른쪽 표를 보자. 각 열의 셀에 표현된 값은 해당 열의 첫 번째 행(헤더; header)의 정보만 포함한다. 로우 데이터의 열은 '변수' 혹은 '차원'이라고 부르는데 시각화 차트를 만들 때는 전체 로우 데이터 중 특정 변수를 선택하게 된다.

데이터 시각화 차트는 로우 데이터의 변수를 특정한 기준으로 데이터를 조합하고 계산한 결과(통계)를 시각화 요소로 활용해 표현한 것이다. 여기서 '특정한 기준'은 로우 데이터의 수많은 변수 중 시각화 차트를 만드는 데 이용할 몇 개의 변수를 선택하는 것을 의미한다. 시각화 차트에 표현된 시각화 요소의 시각적 패턴은 어떤 변수를 어떤 조합으로 선택하느냐에 따라 달라진다. 이해를 더하기 위해 데이터 변수에 대해 자세히 알아보자.

---

1 KOSIS(통계청, 경제활동인구, 성/연령별 취업자)

주문 날짜	우선순위	지역	상품 분류	주문 건수	판매량	할인율	단가
2012-12-30	낮음	부산	사무용품	37	257.46	0.09	7.28
2012-12-30	중간	서울	사무용품	10	14.15	0.1	1.48
2012-12-30	낮음	서울	기기·기계	31	672.93	0	19.98
2012-12-30	낮음	서울	사무용품	1	803.33	0.09	832.81
2012-12-30	미정	제주	가구	45	580.96	0.08	13.73
2012-12-30	미정	인천	가구	6	391.12	0.06	60.98
2012-12-30	미정	인천	사무용품	35	448.1	0.1	13.48
2012-12-29	중간	인천	사무용품	27	176.1	0.09	6.78
2012-12-29	중간	경기	사무용품	36	12690.33	0.08	367.99
2012-12-29	높음	경기	사무용품	40	181.8	0.05	4.54
2012-12-29	최우선	서울	기기·기계	46	1936.45	0.1	43.22
2012-12-29	최우선	서울	가구	17	3711.04	0.04	218.75
2012-12-29	미정	인천	사무용품	45	178.7	0.07	3.95
2012-12-28	최우선	서울	사무용품	26	560.03	0.04	21.66
2012-12-28	미정	강원	사무용품	30	2116.7	0.02	67.28
2012-12-28	중간	인천	사무용품	2	44.45	0.01	20.98

그림 2.2 로우 데이터의 범주형 변수(빨간색 음영)와 수치형 변수(파란색 음영)

로우 데이터의 변수는 셀에 표현된 값의 형태에 따라 2가지 종류(수치형 변수, 범주형 변수)로 나뉜다. 수치형 변수(measure, value)는 계산이 가능한 숫자 형태의 값을 가진 변수를 의미한다. 반면, 범주형 변수(dimension)는 데이터 값이 개별 항목(category)으로 구분되는 값을 갖는다. 특히 범주형 변수는 크게 4가지 유형(텍스트, 지역, 날짜, 숫자)으로 구분한다. 범주형 변수는 데이터를 여러 항목으로 나누어 볼 수 있는 기준이 되기 때문에 데이터 분석 시 비교 집단을 만드는 기준이 된다.

범주형 변수의 세부 유형 중 '숫자'가 있으니, '숫자 형태의 값이라면 수치형 변수가 아닐까?'라는 궁금증이 들 수 있다. 숫자 형태의 값을 갖는 변수라고 할지라도 데이터의 의미상 수학적 계산이 무의미한 경우 해당 변수를 범주형 변수로 활용한다. 예로 나이(age)는 숫자를 데이터 값으로 갖지만, 나이를 더하거나 빼는 등의 수학적 계산이 사실상 무의미하므로 범주형 변수로 활용하는 것이 일반적이다.

한편, 시각화에 필요한 데이터 형태는 로우 데이터지만 통계청을 비롯한 다수의 기관에서는 로우 데이터가 아닌 통계 데이터를 제공하는 경우가 많다. 최근에는 로우 데이터를 개방해서 데이터 활용도를 높이기 위한 움직임이 나타나고 있으나 여전히 그렇지 않은 경우가 많기 때문에 통계표 형태의 데이터로 시각화 차트를 만들고자 할 때는 데이터를 정제해야 한다.

통계표를 로우 데이터로 정제하는 방법

로우 데이터가 아닌 데이터로 시각화 차트를 만들려면 어떻게 해야 할까? 데이터를 직접 정제해야 한다. 데이터의 형태와 상황에 따라 데이터를 정제하는 방법은 다양하다. 통계청에서 통계 데이터를 로우 데이터로 쉽게 정제할 수 있는 방법을 알아보자. 이 내용을 통해 앞서 이야기했던 통계 데이터와 로우 데이터의 차이를 경험적으로 이해할 수 있으며, 실제 자신이 갖고 있는 개별 데이터를 어떤 형태로 정제해야 하는지도 이해할 수 있다.

통계청 국가통계포털에서 특정 통계 지표에 대한 데이터를 조회하면 데이터를 확인할 수 있는 화면에서 피벗 옵션 기능을 이용할 수 있다. 이를 이용하면 별도의 데이터 정제 기술이 없더라도 비교적 쉽게 시각화를 위한 데이터로 정제할 수 있다.

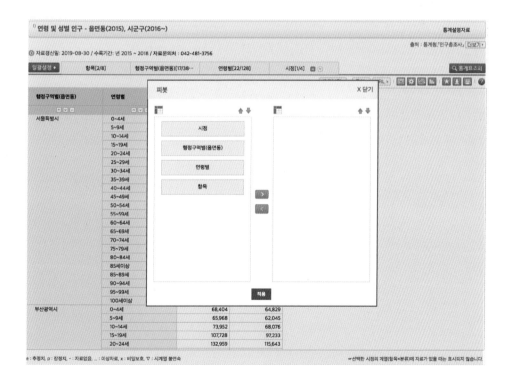

행정구역별(읍면동)	연령별	2015	
		남자 (명)	여자 (명)
▣ ☑ ⊟	▣ ☑ ⊟	▣ ☑ ⊟	▣ ☑ ⊟
서울특별시	0~4세	197,029	187,201
	5~9세	189,058	178,865
	10~14세	207,475	193,844
	15~19세	277,732	265,351
	20~24세	340,607	340,592

↓ 데이터정제

시점	행정구역별(읍면동)	연령별	항목	데이터
▣ ☑ ⊟	▣ ☑ ⊟	▣ ☑ ⊟	▣ ☑ ⊟	▣ ☑ ⊟
2015	서울특별시	0~4세	남자 (명)	197,029
2015	서울특별시	0~4세	여자 (명)	187,201
2015	서울특별시	5~9세	남자 (명)	189,058
2015	서울특별시	5~9세	여자 (명)	178,865
2015	서울특별시	10~14세	남자 (명)	207,475
2015	서울특별시	10~14세	여자 (명)	193,844
2015	서울특별시	15~19세	남자 (명)	277,732
2015	서울특별시	15~19세	여자 (명)	265,351

그림 2.3 통계청 국가통계포털(KOSIS) 화면 – 피벗 옵션(위쪽), 데이터를 정제한 결과(아래쪽) [2]

그림 2.3의 위쪽은 통계청 국가통계포털에서 특정한 통계 데이터를 선택하면 볼 수 있는 화면이다. 우측 상단 아이콘 중 화살표 모양을 클릭하면 피벗 옵션이 팝업창으로 나타난다. 팝업창에서 현재 통계표의 행·열 피벗 조건을 확인할 수 있다. 로우 데이터로 정제하기 위해서는 우측 영역에 있는 변수를 좌측 영역으로 드래그 앤드 드롭해 이동시켜야 한다. 좌측 영역으로 이동시킨 변수의 순서를 조정해 로우 데이터에 표현될 변수의 순서를 조정할 수 있다. 이 과정은 피벗된 통계표를 다시 해체한다는 의미에서 **언피벗**(Un-pivot)이라고 한다. 피벗 옵션을 수정한 뒤 [확인] 버튼을 클릭하면 그림 2.3의 아래쪽과 같이 통계표가 로우 데이터 형태로 바뀐 것을 확인할 수 있다.

---

2 통계청 국가통계포털(KOSIS, 웹사이트), http://kosis.kr/index/index.do

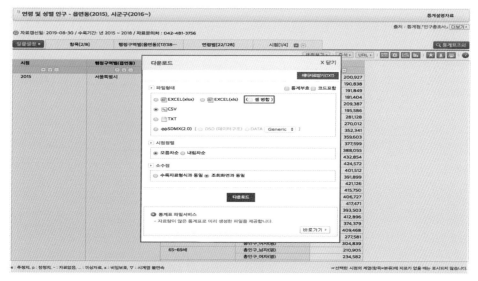

그림 2.4 통계청 국가통계포털(KOSIS) 데이터 다운로드 화면 [3]

피벗 옵션을 수정한 뒤 [확인] 버튼을 클릭하면 그림 2.3의 오른쪽과 같이 통계표가 로우 데이터 형태로 바뀐 것을 확인할 수 있다. 정제된 데이터를 다운로드하면 시각화에 바로 활용할 수 있는데, 이때 셀 병합을 하지 않은 형태로 파일을 다운로드해야 한다. 그렇지 않은 경우 엑셀에서 일일이 셀 병합을 해제하고 빈 셀의 값을 채우는 번거로운 과정을 따로 해야 하기 때문이다.

통계청의 피벗 옵션 기능을 이용하면 쉽게 데이터를 정제할 수 있지만 우리가 데이터를 얻을 수 있는 다수의 사이트에서는 데이터 정제를 위한 옵션 기능을 제공하지 않는 경우가 많다. 이 경우 엑셀, 오픈 리파인[4] 등 정제를 위한 별도의 소프트웨어를 활용하는 방식으로 데이터를 정제해야 한다.

---

3 KOSIS(통계청, 인구총조사, 연령 및 성별 인구)

4 오픈 리파인(Open Refie, 웹사이트), http://openrefine.org/

2.2
데이터 시각화 차트를
만드는 원리

데이터 시각화를 위한 로우 데이터가 준비되면 이제 시각화 차트를 쉽게 만들 수 있다. 시각화 차트를 만드는 순서로 맨 먼저 로우 데이터에서 활용할 데이터 변수를 선택한다. 다음으로 선택한 데이터 변수로 데이터 집산(Data Aggregation)을 한다. 이는 쉽게 말해 데이터를 계산하는 것으로, 계산된 결과를 시각화 요소로 표현하면 차트가 된다.

사실 우리가 시각화 차트를 손으로 그리지 않는 이상 소프트웨어를 사용해야 차트를 만들 수 있다. 시각화 차트 기능을 지원하는 거의 모든 소프트웨어(태블로, 파워 비아이 등의 시각화 솔루션, 엑셀 등)는 데이터가 시각화 차트로 만들어지는 과정은 사용자에게 보여주지 않고, 바로 시각화 차트를 만든다. 따라서 '우리가 굳이 시각화 원리에 대해 알아야 할 필요가 있을까?'라는 생각이 들 수 있다. 그러나 시각화 원리를 이해하고 있으면 시각화 기능을 지원하는 어떤 솔루션을 사용하더라도, 또 손으로 차트를 그릴 때도 쉽게 시각화 차트를 만들 수 있다. 나아가 자신의 의도에 가장 적합한 시각화 유형을 새롭게 개발할 수도 있을 것이다.

데이터 변수 선택

시각화 차트를 만들기 위해서는 가장 먼저 데이터 변수를 선택해야 한다. 어떤 범주형 변수와 수치형 변수를 선택하느냐에 따라 만들 수 있는 시각화 차트 유형이 달라지고, 도출할 수 있는 데이터 인사이트도 달라진다.

그림 2.5 그림 2.2의 로우 데이터를 활용해 만들 수 있는 데이터 변수 조합 선택의 예

데이터 변수를 선택하는 기준은 데이터를 통해 알고 싶은 것이 무엇이냐에 따라 달라진다. 로우 데이터의 변수명을 보고 데이터 안에 어떤 정보가 포함돼 있는지 파악하고, 시각화 차트로 만들어서 찾고 싶은 인사이트가 무엇인지 생각해야 한다. 예를 들어, 로우 데이터의 변수명을 보고 추론할 때 지역별 판매량이 알고 싶다면 범주형 변수인 '지역' 변수와 수치형 변수인 '판매량'을 선택한다. 또 지역별 판매량을 알고 싶은데, 한 가지 기준을 더해 상품 분류별로도 판매량을 알고 싶다면 범주형 변수로 '지역'과 '상품 분류'를 선택하고, 수치형 변수로 '판매량'을 선택한다.

데이터 변수를 선택하는 과정은 곧 데이터를 통해 알고 싶은 것이 무엇인지를 정하는 것이라고 할 수 있다. 데이터 인사이트 도출을 목적으로 변수를 선택하는 것, **데이터 분석 관점에서는 데이터 탐색 기준을 설정한다고도 할 수 있다.**

선택한 데이터 변수 집산

시각화 차트를 만들기 위해 범주형 변수와 수치형 변수를 선택한 뒤에는 두 종류의 변수를 서로 다른 방식으로 계산한다. '계산'이라고 하면 '숫자'만 계산하는 것으로 생각할 수 있지만 시각화 차트를 만들기 위해서는 숫자값을 갖는 수치형 변수뿐만 아니라 범주형 변수도 계산해야 한다. 시각화 분야에서는 이 과정을 **'데이터 집산'**이라고 한다.

범주형 변수의 데이터 집산은 전체 데이터를 선택한 변수의 항목으로 그룹 짓는 것이다. 쉽게 표현하면 하나였던 로우 데이터 항목별로 쪼개거나 묶는다고 할 수 있다. **반면, 수치형 변수의 데이터 집산은 숫자값을 합산, 평균, 중앙값, 빈도수 등 통계를 낼 때의 기준으로 수학적 계산을 하는 것을 말한다.** 만약 데이터 시각화 차트를 만들기 위해 범주형 변수 1개와 수치형 변수 1개를 선택한다면 이때 데이터 집산은 먼저 전체 로우 데이터를 범주형 변수의 항목으로 그룹 짓고, 그다음 그룹별로 수치형 변수의 숫자 데이터 값을 계산하는 것이다. 사례를 통해 이해해보자.

다음은 여러 개의 통계표 이미지입니다.

로우 데이터 표

행정구역	이름	연령	성별
서울특별시	김상훈	10	남
서울특별시	이상아	21	여
부산광역시	박상현	30	남
부산광역시	김재우	33	남
부산광역시	오재원	10	남
인천광역시	김은재	27	여
인천광역시	최준호	40	남
경기도	최한영	44	남
경기도	박윤호	18	남
경기도	김준영	30	남
서울특별시	이도연	24	여
경상북도	박선영	12	여

- 성별 인구 수

성별	인구 수
남	8
여	4

- 행정구역별 인구 수

행정구역	인구 수
경기도	3
경상북도	1
부산광역시	3
서울특별시	3
인천광역시	2

- 행정구역별X연령별 인구 수

행정구역	연령				총합계
	10-19	20-29	30-39	40-49	
경기도	1		1	1	3
경상북도	1				1
부산광역시	1		2		3
서울특별시	1	2			3
인천광역시		1		1	2
총합계	4	3	3	2	12

그림 2.6 로우 데이터를 활용해 만든 여러 개의 통계표

그림 2.6은 로우 데이터를 특정 변수 기준으로 데이터 집산한 결과를 통계표로 만든 것이다. 데이터 집산 과정은 전체 로우 데이터 중 특정한 범주형 변수를 선택해서 해당 변수의 항목별로 그룹을 짓고, 수치형 변수의 집산은 항목별 행의 수를 세는 방식인 '빈도수'를 기준으로 삼았다. 통계표를 하나씩 살펴보자.

먼저 성별 인구수 통계표는 전체 로우 데이터를 '성별' 변수의 항목 값인 '남', '여'로 구분하고, 각 값마다 행의 수를 세어서 인구수로 기입한 것이다. 또 행정구역별 인구수는 전체 로우 데이터를 '행정구역별' 변수의 항목 값인 '경기도', '경상북도', '부산광역시', '서울특별시', '인천광역시'로 나누고, 각 값마다 행의 수를 세어서 인구수로 기입한 것이다. 마지막으로 행정구역별×연령별 인구수는 범주형 변수를 2개 선택한 사례다. 전체 로우 데이터를 '행정구역별' 변

수의 항목과 '연령별' 변수의 항목으로 조합할 때 가능한 20가지 경우의 그룹으로 나눈다. 그 다음 각 조건별 그룹에 해당하는 행의 수를 센 뒤 인구수를 기입한 것이다. 이 부분에서 연령별 변수의 항목 값이 로우 데이터와 달리 '10~19', '20~29', '30~39', '40~49'의 범위로 표현된 것을 볼 수 있는데, 이는 숫자 값을 갖는 변수 데이터를 범주형 변수로 만들어 활용한 것이다. 변수의 수치 값 모두를 범주형 변수로 사용하지 않고, 10세를 기준으로 그룹화해서 사용했다.

이 사례를 통해 로우 데이터는 하나이더라도 어떤 데이터 변수의 조합을 선택하느냐에 따라 데이터 집산 결과가 달라진다는 것을 알 수 있다. 위 사례에서는 수치형 변수의 집산을 '빈도수'로 했는데, 만약 '합산', '평균', '최댓값', '최솟값' 등으로 수치형 변수 계산 방식을 달리한다면 또 다른 데이터 집산 결과를 얻을 수 있다.

각기 다른 기준에 따라 데이터를 집산한 결과로 서로 다른 통계표를 만들 수 있다. 도형이나 색으로 표현되지 않았을 뿐 통계표 역시 시각화 차트를 만드는 원리에 따른 결과물이기 때문에 시각화 유형 중 하나로 보는 것이 맞다. 결과적으로 로우 데이터 하나를 활용하더라도 어떤 변수 조합에 따라 데이터를 집산하느냐에 따라 서로 다른 수많은 결과를 만들 수 있고, 이는 곧 수많은 시각화 차트를 만들 수 있음을 의미한다.

데이터 집산 결과 시각화

시각화 유형인 통계표를 막대 차트로 바꾸는 방법은 무엇일까? 어떤 차이가 통계표와 막대 차트를 만드는 것일까? 또 막대 차트와 선 차트는 어떻게 다를까? 서로 다른 모양의 시각화 유형은 어떤 차이에 의해 만들어졌는지 알아보자.

시각화 차트 유형이 다양한 이유는 데이터 집산 결과를 어떤 형태의 도형으로 표현하고, 어떤 의도로 색을 사용하느냐에 따라 달라진다.

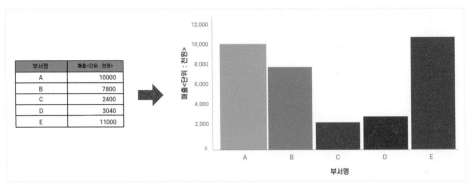

그림 2.7 데이터 집산 결과 통계표를 막대 차트로 변형한 결과

막대 차트를 만들어보자. 그림 2.7의 왼쪽 데이터 집산 결과 통계표는 범주형 변수인 '부서명' 별로 수치형 변수 '매출'을 계산(합산)한 것이다. 이를 막대 차트로 만드는 방법은 부서별로 개별 시각화 요소인 막대를 그리되, 막대의 길이를 수치 데이터인 '매출'의 크기에 따라 달리 표현하는 것이다. 매출이 크면 막대를 길게, 적으면 막대를 짧게 그린다. 위 막대차트는 막대별로 색이 다른 것이 특징이다. 범주형 항목인 부서를 빠르게 구분하기 위해 색을 달리 표현했다.

막대 차트의 장점은 데이터의 크기를 막대의 길이를 기준으로 직관적으로 확인할 수 있다는 것이다. 통계표를 막대 차트로 만들어 보는 과정을 통해 왜 텍스트 형태의 표보다 시각화 차트가 데이터를 이해하는 데 효과적인지 이해할 수 있다.

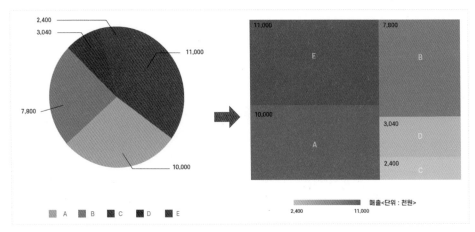

그림 2.8 데이터 집산 결과 통계표 파이 차트(왼쪽), 트리맵(오른쪽)으로 변형한 결과

그림 2.7의 데이터로 파이 차트와 트리맵(Treemap)도 만들 수 있다. 파이 차트를 만드는 방법은 원 전체를 회사 전체의 매출로 보고, 각 부서별로 전체 매출 중 차지하는 비중에 따라 조각의 크기를 다르게 표현하면 된다. 일반적으로 파이 차트의 조각은 색을 다르게 표현한다. 앞서 이야기했듯이 조각의 항목을 빠르게 구별할 수 있다.

트리맵은 파이 차트의 사각형 버전이라고 봐도 무방하다. 회사 전체 매출을 사각형으로 그리고 부서별 매출 크기에 따라 조각의 크기를 다르게 표현한다. 그림 2.8의 경우 트리맵에 동일 계열의 색을 활용하되, 데이터의 크기에 따라 그 차이를 색으로서 빠르게 확인할 수 있도록 데이터 크기에 따라 색의 진하기를 다르게 표현했다.

지금까지 같은 데이터로 막대 차트, 파이 차트, 트리맵을 만드는 과정을 알아봤다. 데이터 집산 결과가 시각화 차트로 만들어지는 과정을 이해하는 동시에 한편으로 같은 데이터 집산 결과를 가지고 여러 유형의 시각화 차트로 표현 가능하다는 것 또한 알 수 있다.

'같은 데이터 집산 결과로도 다양한 시각화 차트로 표현이 가능하다'라면 그중 도대체 어떤 시각화 차트를 사용하는 것이 좋을까? 시각화 차트를 만드는 사람은 차트를 통해 전달하고자 하는 핵심적인 데이터 인사이트, 메시지가 무엇인지, 차트 활용 목적에 따라 적합한 시각화 차트 유형을 선택해야 한다.

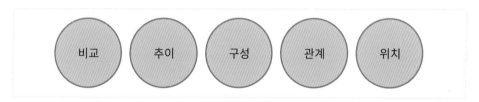

그림 2.9 데이터 시각화 유형을 분류하는 5가지 기준

앞서 그림 1.18의 앤드루 아벨라의 차트 선택 방법을 설명하며 차트 선택 기준에 대해 간략히 설명한 바 있다. 앤드루 아벨라는 차트 선택 방법을 4가지(비교, 관계, 분포, 구성)로 나눴는데, 저자는 좀 더 직관적인 분류 기준을 고민하고, 여기에 최근 관심과 활용이 높아지고 있는 지도시각화 유형을 다수 포함해서 5가지 분류 기준을 만들었다. **5가지 분류 기준은 '비교', '시간', '비중', '관계', '위치'다.**

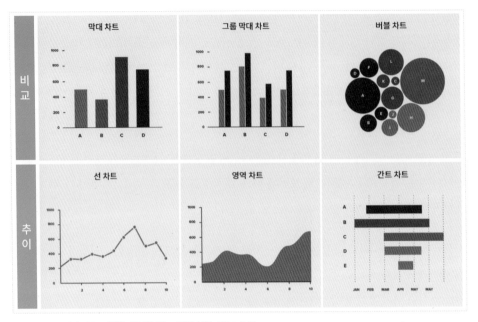

그림 2.10 목적에 따른 적합한 시각화 차트 유형 분류: 비교, 추이

'비교'는 시각화 차트의 가장 기본적인 목적으로, 거의 모든 시각화 차트 유형이 '비교'를 위한 차트라고 봐도 무방하다. 따라서 가장 기본적인 차트 유형을 해당 분류 안에 포함시켰는데, '막대 차트', '버블 차트' 등이 대표적이다. 모두 데이터의 크기를 도형의 크기로 표현한다.

'추이'는 시간 흐름에 따른 데이터의 변화를 보는 데 유용한 차트를 포함했다. 가장 기본적인 차트가 '선 차트'다. '영역 차트', '타임라인 차트(간트 차트)'도 여기에 포함된다. '선 차트', '영역 차트'의 경우 데이터 추이 변화를 선의 높낮이 변화로 파악한다. '타임라인 차트(간트 차트)'는 사건(이벤트)별 기간의 길이를 시각화할 때 활용한다.

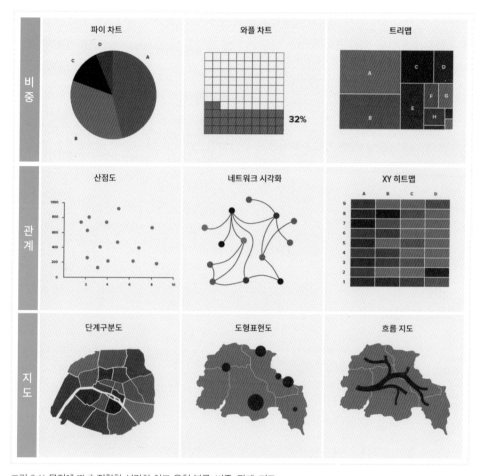

그림 2.11 목적에 따른 적합한 시각화 차트 유형 분류: 비중, 관계, 지도

'비중'은 전체 데이터 중 항목별로 차지하는 구성 비중을 표현하는 데 효과적인 차트를 포함한다. 하나의 도형을 데이터 항목별로 데이터 크기에 따라 조각으로 나눠서 항목별 데이터 비중을 표현한다. 앞서 살펴본 파이차트, 트리맵이 이 분류에 포함되며, 그 밖에도 와플 차트, 100% 누적 막대 차트 등이 있다.

'관계'는 데이터 간의 관계를 확인하는 데 유용한 차트로, 보통 2개 이상의 데이터 지표를 하나의 시각화로 표현해서 데이터 간의 관계를 파악할 수 있게 한다. 가장 기본적인 산점도를 비롯해 XY 히트맵, 네트워크 시각화가 포함된다.

마지막으로 데이터가 위치 정보를 포함하고 있을 경우, 지도를 차트 배경으로 하는 지도 시각화 유형을 활용하는 것이 효과적이다. 지도 시각화 유형은 매우 다양하다. 그중 데이터의 크기를 지역 영역마다 색으로 표현한 단계구분도가 대표적이다. 도형표현도(Symbol map)는 데이터의 크기를 도형의 크기로 표현하고 지리적 위치에 표현한다. 흐름 지도(Flow Map)는 지역 간 데이터의 이동을 표현할 때 효과적이다. 지도 시각화 유형을 활용하면 데이터 인사이트뿐만 아니라 지리적 배경 지식을 바탕으로 종합적인 인사이트를 도출해 낼 수 있다.

3

더 나은
시각화를 만드는
방법

우리가 데이터 시각화를 하는 이유는 데이터의 의미를 시각적으로 빠르게 확인하기 위해서다. 데이터를 활용하고자 하는 우리의 목적, 시각화 차트 제작 의도에 따라, 또 어떤 데이터를 활용하느냐 따라 적합한 시각화 유형이 달라진다. 서로 다른 형태의 수많은 시각화 유형은 그렇게 만들어진다. 이를 다른 말로 하면, 시각화 차트 유형 하나로 모든 데이터 인사이트를 찾을 수 없고, 모두를 만족시킬 수도 없다는 것이다. 따라서 데이터 시각화 차트를 만들 때는 자신의 의도를 최대한 효과적인 방법으로 표현할 수 있는 방법을 알아야 하고, 시도해야 한다. 개별 시각화 유형의 특징을 고려하는 동시에, 때로 그 한계를 극복할 수 있는 새로운 시각화 유형을 찾거나 만들 필요도 있다.

3.1
시각화 차트의
부가 요소 활용

시각화 차트에는 데이터 크기를 표현하는 도형 요소 외에도 다양한 요소가 포함된다. 차트의 **제목, X축, Y축, 범례** 등은 시각화 차트에서 데이터의 의미를 정확하게 읽을 수 있게 돕는다. 이를 활용해 시각화 차트로 표현된 데이터가 무엇인지, 데이터를 해석할 때 무엇을 기준으로 크고 작음을 비교해야 하는지 등 데이터 해석을 위한 정보를 파악할 수 있다. **시각화 차트를 만들 때 이 같은 부가 요소를 활용하면 자신이 의도한 데이터 인사이트를 더 정확히 전달할 수 있다.**

차트 영역 내 특정한 요소를 더해 차트를 통해 전달하고자 하는 핵심 데이터 인사이트를 직접적으로 노출시키는 방법도 있다. 차트 영역에 글자로 내용을 작성해서 인사이트를 바로 찾을 수 있게 하는 것이다.

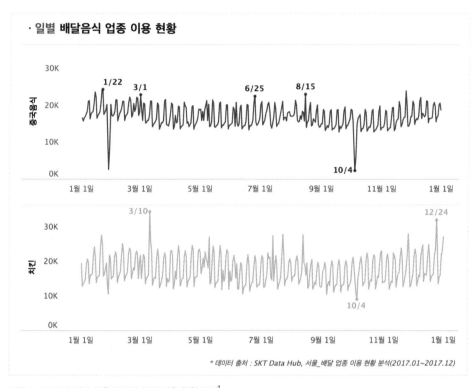

그림 3.1 2017년 일별 서울시 배달 업종 이용 현황 분석[1]

그림 3.1을 사례로 살펴보자. 그림 3.1은 2017년 한 해 동안 서울시에서 치킨, 중국음식 배달 업종 이용 추이를 시각화한 선 차트다. 차트 영역 중 특정 시점에만 날짜가 텍스트로 표기된 것을 볼 수 있다. 이처럼 차트 영역 내 시각화 요소의 특정 부분에 텍스트로 해당 정보를 직접 표기하는 것을 **데이터 레이블**이라고 한다. 시각화 차트에 데이터 레이블을 표시하면 차트를 보는 사람으로 하여금 텍스트를 먼저 보도록 시선을 끌 수 있다. 즉, 차트를 만드는 사람의 관점에서 자신이 원하는 데이터 인사이트를 먼저 집중해서 볼 수 있도록 유도하는 효과를 얻을 수 있다. 그림 3.1을 보면 데이터가 급증하거나 급락한 시점의 날짜를 텍스트로 표기해서 데이터가 급변한 시점은 언제이고, 해당 시점에 어떤 일이 있었을지에 대해 사람들이 빠르게 생각해볼 수 있게 한다.

---

1 SK 텔레콤 빅데이터 허브, '17년 12월 서울시 배달업종별 이용 통화량', https://www.bigdatahub.co.kr/product/view.do?pid=1001743

데이터 레이블에서 나아가 차트 영역 안에 데이터 인사이트를 문장으로 서술해서 직접 표기하는 경우도 있다. 이를 **애너테이션(Annotation)**이라고 한다. 애너테이션은 한글로 '주석'인데, 단어 그대로 차트를 설명하는 부연 설명을 차트 영역 내에 표시하는 것이다.

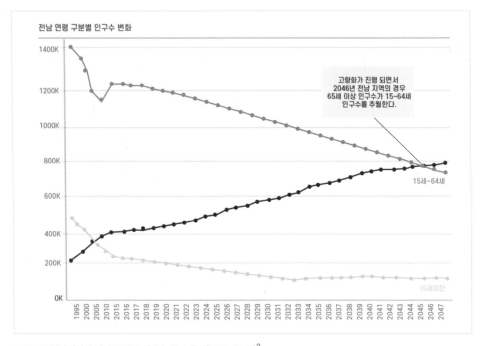

전남 연령 구분별 인구수 변화

고령화가 진행 되면서
2046년 전남 지역의 경우
65세 이상 인구수가 15~64세
인구수를 추월한다.

15세~64세

15세미만

그림 3.2 전남지역의 연령 구분별 인구수 변화 추이(1995-2047)[2]

그림 3.2는 전남지역의 연령 구분별 인구수 변화 추이를 알 수 있는 선 차트다. 차트 영역 안에 '고령화가 진행되면서 2046년 전남 지역의 경우 65세 이상 인구수가 15~64세 인구수를 추월한다'는 문장을 직접 표기해서 시각화 차트를 통해 알 수 있는 데이터 인사이트를 직접적으로 전달한다.

---

2 KOSIS(통계청, 인구총조사(1995-2018), 연령 및 성별 인구 – 읍면동(2015), 시군구(2016~))
  KOSIS(통계청, 장래인구추계(2019-2047), 주요 인구지표(성비, 인구성장률, 인구구조, 부양비 등)/시도)

텍스트가 아니라 선을 활용하는 방법도 있다. 차트에 선을 표시하는 이유는 데이터 해석에 도움이 되는 부가 정보를 표시하기 위함이다. 먼저 데이터 해석에 참조할 만한 정보를 표현하는 '참조선'에 대해 알아보자.

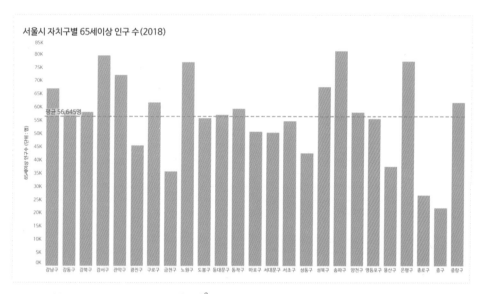

그림 3.3 서울시 자치구별 65세 이상 인구수(2018)[3]

그림 3.3은 서울시 자치구별 65세 이상 인구수를 시각화한 선 차트다. 차트 상단에는 서울시 자치구 평균 65세 이상 인구수를 알 수 있는 노란색 참조선과 데이터 레이블로 평균 값이 표기돼 있다. 우리는 참조선을 기준으로 각 사치구별 65세 이상 인구수가 서울시 자치구 평균과 비교했을 때보다 많은지 적은지를 판단할 수 있다.

참조선과 유사해 보이지만 다른 역할을 하는 선도 알아보자.

---

3 서울특별시 스마트도시정책관 빅데이터 담당관, '서울시 고령자현황(구별) 통계', 서울 열린데이터 광장, http://bit.ly/2R1qJxN

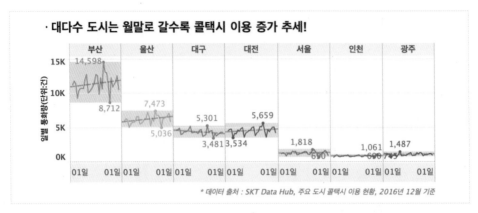

그림 3.4 일별 콜택시 이용 통화량 추이 변화(2016년 12월 기준)[4]

그림 3.4는 2016년 12월 한 달 동안 전국 지역별×일별 콜택시 이용 통화량 추이를 선 차트
로 시각화한 것이다. 먼저 차트 영역을 보면 최댓값과 최솟값이 숫자 레이블로 표시돼 있다.
또 지역별 데이터의 추이 변화 폭을 보여주는 회색 영역과 그 안에 짙은 회색 점선이 있는 것
을 볼 수 있다. 이는 **데이터의 추이 변화의 경향을 보여주는 '추세선'**이다. 추세선의 방향에 따
라 증가 추세인지, 감소 추세인지 알 수 있고, 기울기에 따라 데이터 변화 폭의 정도도 쉽게
파악할 수 있다.

**차트에 특정 요소를 더하지 않고, 색을 이용해 자신이 의도한 메시지를 강조하는 것도 한 가
지 방법이다.** 앞서 살펴본 그림 3.4를 다시 보면 각 지역별 선이 그려진 영역마다 회색 배경
이 칠해져 있음을 볼 수 있다. 이는 기간 내 데이터의 최댓값과 최솟값을 기준으로 영역을 표
시한 것이다. **회색 배경이 칠해진 영역의 크기를 기준으로 데이터의 변동 폭을 직관적으로 파
악할 수 있다.** 부산은 일별 변동폭이 매우 크지만, 반대로 인천은 그렇지 않다.

4 SK 텔레콤 빅데이터 허브, '16년 12월 서울 콜택시 이용 통화량', https://www.bigdatahub.co.kr/product/view.do?pid=1001438

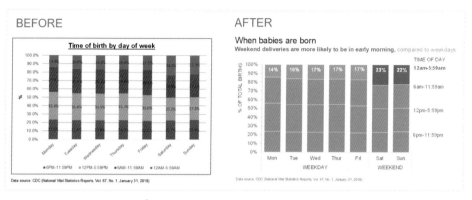

그림 3.5 요일별, 시간별 출생아 비중[5]

또 다른 사례로 그림 3.5를 보자. 그림 3.5는 요일별×시간별 출생아 비중을 시각화한 것이다. 100% 누적 막대 차트로 시각화한 왼쪽과 오른쪽의 차이를 보면 가장 먼저 차트에 사용된 색이 다른 것을 알 수 있다. 왼쪽 차트의 경우 시간 범위별로 서로 다른 색을 사용한 반면, 오른쪽 차트의 경우 새벽 12시부터 5시 59분 사이를 의미하는 데이터만 파란색 계열로 표현했고, 나머지는 시간대는 모두 회색으로 표현했다. **왼쪽 차트와 비교했을 때 시각화 차트를 만드는 사람이 오른쪽 차트를 보는 사람들로 하여금 무엇을 집중해서 보았으면 했는지 쉽게 짐작할 수 있다.** 즉, 다른 것보다 파란색 계열로 표현된 데이터를 집중해서 보게 한 것이다. 그뿐만 아니라 파란색 계열로 표현한 부분 중에서도 데이터의 크기에 따라 색의 진하기를 달리해서, 주말로 갈수록 데이터가 증가한다는 것도 바로 알 수 있게 했다(참고로 그림 3.5의 오른쪽 차트는 색의 활용뿐만 아니라 핵심 데이터 인사이트를 차트 제목으로 표기해서 더욱 효과적으로 메시지를 전달한 사례다).

지도 시각화에서 색을 효과적으로 활용하는 방법은 무엇일까? 지도 시각화에서는 시각화 요소를 배치할 배경을 무엇으로 지정하느냐에 따라 효과가 달라진다. 이를 이해하기 위해 먼저 지도의 '계층(layer)'에 대해 짚고 넘어가자.

---

5 Storytelling with Data, 'declutter! (and questions default settings)', 2019.05.13, http://bit.ly/2R2hKwE

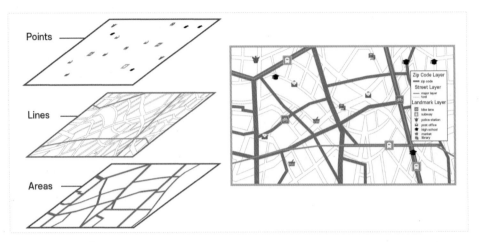

그림 3.6 지도의 계층[6]

지도는 점, 선, 면의 요소로 표현되는 여러 개의 계층을 겹쳐서 만들어진다. 계층의 예로 국가/지역을 나누는 경계선, 해안선, 도로 및 고속도로 등을 들 수 있으며, 이 가운데 어떤 요소를 계층으로 선택해서 활용하느냐에 따라, 또 어떤 색으로 표현하느냐에 따라 지도의 배경 스타일이 달라진다.

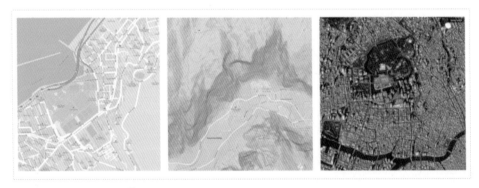

그림 3.7 다양한 스타일의 지도[7]

지도의 스타일이 달라지면 그 위에 데이터를 표현한 지도 시각화 결과물을 통해 데이터 인사이트를 전달할 때의 효과도 달라진다. 따라서 지도 시각화로 데이터를 표현하고자 한다면 어

---

6 'What is a layer?', (C) Caliper; Maptitude Mapping Software; www.MappingSoftware.com

7 Mapbox 이미지 (OpenStreetMap 데이터 포함 https://www.openstreetmap.org/copyright), https://www.mapbox.com/maps/

떤 스타일의 지도가 데이터 인사이트를 효과적으로 전달하는 데 도움이 될지 판단하고 사용하는 것이 좋다. 사례를 살펴보자.

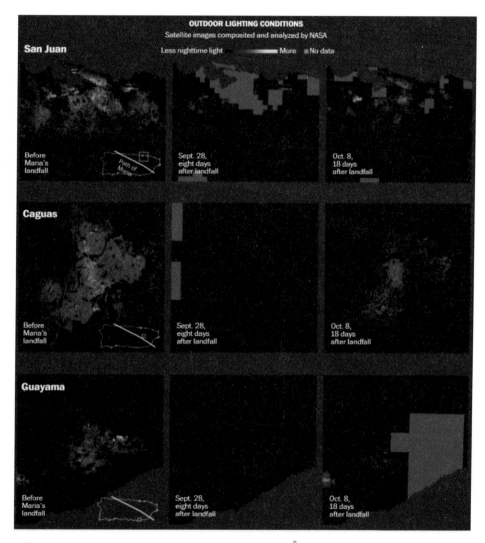

그림 3.8 허리케인 마리아로 발생한 푸에르토리코 정전 사태 지도 시각화 [8]

---

8 Laris Karklis, Samuel Granados, 'After Hurricane Maria, Puerto Rico was in the dark for 655 days, 21 hours and 43 minutes', The Washington Post, https://wapo.st/2CPhitE

그림 3.8은 미국 언론사 워싱턴 포스트가 발행한 '허리케인 마리아 그 후, 111일, 17시간, 1 분 동안 어둠 속에 있던 푸에르토리코 지역' 기사다. 기사에 포함된 지도 시각화는 허리케인 마리아로 인해 발생한 푸에르토리코 정전 사태의 심각성을 보여준다. 지도 위에 데이터의 크 기를 색으로 표현한 히트 맵을 활용했다. 검은색 배경 지도를 활용하면서 지역별 밤 시간대의 불빛 정도를 색으로 표현했다. 시점별 도시의 불빛 정도의 차이를 효과적으로 파악할 수 있 다. 정전이라는 주제의 데이터를 표현하는 데 적합한 지도 스타일을 활용해 시각화를 통한 데 이터 인사이트를 전달하는 효과가 극대화된 사례다.

그림 3.9 서울 건물 나이 지도[9]

그림 3.9는 사용승인 허가 연도를 기준으로 서울에 위치한 건물 데이터를 시각화한 것이다. 지도에 건물마다 영역을 표현하는 동시에 건물의 형태와 높낮이까지 볼 수 있도록 3D로 제작 됐다. 건물별 사용승인 허가 연도의 범위를 10년 단위로 나눠 색을 다르게 표현했다. 최근에 사용 승인이 난 건물일수록 보라색에 가까운 색으로 표현된다. 건물별 데이터를 위치마다 색

---

9 한별 트위터, @boonpeel, https://hanbyul-here.github.io/seoul-building-explorer/#lang=kr

을 달리해서 표현했으므로 히트맵이라고 볼 수 있다. 주제와 맞는 특색 있는 3D 건물 시각화를 활용해 시각화에 대한 흥미를 높이는 한편 데이터 인사이트도 효과적으로 전달한다.

지금까지 시각화 차트에 텍스트나 선으로 요소를 더하거나 색을 활용하는 방법을 알아봤다. 마지막으로 지금까지 알아본 방법보다 간단하면서도 효과적인 방법을 알아보자.

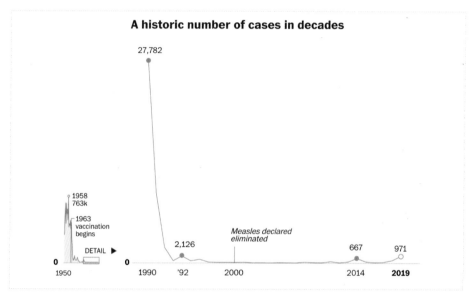

그림 3.10 미국 역대 홍역 발생 현황[10]

그림 3.10의 선 차트를 보자. 왼쪽의 작은 선 차트와 오른쪽의 선 차트는 무엇이 다를까? 자세히 살펴보면 두 선 차트가 표현한 데이터의 기간이 다른 것을 알 수 있다. 왼쪽 하단의 작은 선 차트는 1950년 이래로 현재까지 발생한 홍역 현황 전체 추이를 보여주는 반면, 오른쪽 선 차트는 1990년 이후부터의 데이터만 나타낸다.

10 Dan Keating, Brittany Renee Mayes, Tim Meko, 'A record number of measles cases is hitting the U.S this year. Who is being affected?', The Washington Post, 2019.05.31, https://wapo.st/343mlTm

왜 이렇게 시각화한 것일까? 1950년 이래로 현재까지의 홍역 발생 현황을 표현한 차트로는 1950-60년대에 홍역 발생 수가 압도적이어서 1990년 이후 시점의 데이터 변화를 파악하기 어렵기 때문이다. 따라서 왼쪽 차트로는 데이터의 변화를 보여주기 어려운 시점의 데이터만 따로 보기 위해 별도로 차트를 하나 더 그린 것이다. 그림 3.10을 통해 알 수 있듯이 확대해서 그린 오른쪽 차트로는 1990년 이후의 데이터 변화를 정확하게 파악할 수 있다.

이 사례처럼 시각화 차트에서 데이터의 표현 범위가 너무 커서 특정 부분의 데이터 변화를 파악하기 어렵거나 특정 영역에 시각화 요소가 과하게 밀집돼 있어서 시각적 패턴을 파악하기 어려운 경우 특정 부분만 확대해서 표현한 별개의 차트를 함께 나열하면 더욱 정확하게 데이터 인사이트를 전달할 수 있다.

시각화 유형의 한계를 극복하는 새로운 시각화 방법

데이터는 시각화하면 무조건 좋을까? 그렇지 않다. 데이터를 '어떻게 시각화하느냐'의 문제를 '어떤 방식'으로 해결하느냐에 따라 시각화의 효과가 달라진다. 데이터 시각화를 하고자 하는 사람이 '어떻게 시각화하느냐'의 문제에 직면하면 가장 먼저 머릿속에 떠오르는 것은 다양한 시각화 유형일 것이다. 그리고 여러 시각화 유형 중 한 가지를 선택하게 된다. 그리고 그것은 데이터의 특징과 시각화 차트를 만드는 사람의 의도를 고려했을 때 '적합한' 시각화 유형일 것이다. 그런데 혹시 '적합한' 시각화 유형을 찾지 못하는 경우가 있지는 않을까?

다양한 시각화 유형은 제각각 효과적으로 활용되는 때가 있다. **어떤 시각화 유형도 다양한 목적을 모두 만족시킬 수는 없다. 개별 시각화 유형은 저마다 특징을 갖고 있는 동시에 한계를 갖고 있다.** 사례를 통해 개별 시각화 차트가 가진 한계란 무엇인지 알아보자.

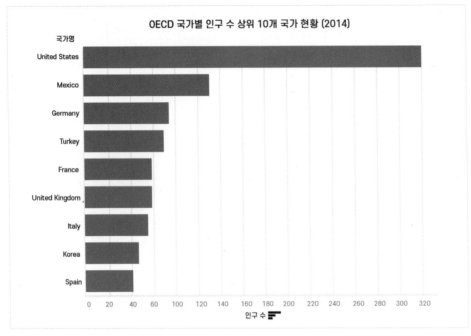

그림 3.11 2014 OECD 국가별 인구수(상위 10개 국가)[11]

그림 3.11은 2014년 OECD 국가별 인구수 기준 상위 10개 국가의 데이터를 시각화한 막대 차트다. 이 막대 차트는 데이터상 국가명을 값으로 갖는 범주형 변수 1개와 인구수를 값으로 갖는 수치형 변수 1개의 조합으로 만들어졌다. 만약 2014년뿐만 아니라 2000년부터 2014년 까지의 인구수 변화를 알고 싶다면 어떤 형태로 시각화해야 할까? 연도를 값으로 갖는 범주형 변수 1개를 추가해 표현하면 된다.

11 KOSIS(통계청, UN, 시도별 장래인구 추계, 주요 도시 인구(OECD))

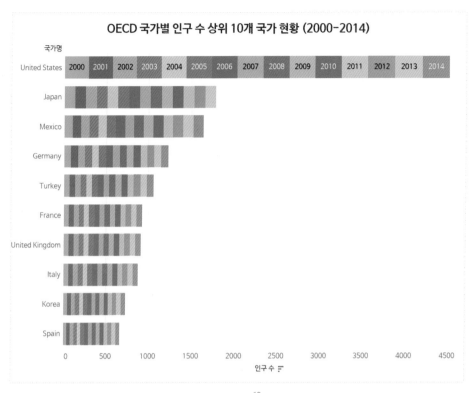

그림 3.12 OECD 국가별 인구수(상위 10개 국가, 2000~2014년)[12]

그림 3.12는 3.11의 막대 차트에 연도 변수를 추가한 것이다. 국가별 막대를 연도별 데이터의 크기를 기준으로 쪼갰다. 연도별 데이터의 변화를 구별해서 보기 위해 연도마다 색을 다르게 표현했다. 이 차트로 알고 싶었던 연도별 데이터의 변화를 알 수 있을까? 쉽지 않다. 우리는 이 사례를 통해 **의도에 따라 시각화 차트를 만들었으나, 결국 원하는 데이터 인사이트를 찾을 수 없다는 문제가 발생할 수 있다**는 것을 알 수 있다.

또 다른 사례로 지도 시각화의 한계에 대해서도 알아보자.

12 KOSIS(통계청, UN, 시도별 장래인구 추계, 주요 도시 인구(OECD))

그림 3.13 2014년 OECD 국가별 인구수[13]

그림 3.13의 지도 시각화는 2014년 OECD 국가별 인구수를 단계구분도로 만든 것이다. 만약 위 지도 시각화를 활용해 2014년과 2015년의 데이터를 비교하고 싶다면 어떻게 해야 할까? 2015년의 데이터를 그림 3.13에 함께 표현할 수 있을까? 2014년과 2015년의 데이터를 합친 값을 기준으로는 표현할 수 있어도 연도별 데이터를 비교할 수 있는 단계구분도는 만들 수 없다. **지도 시각화의 한계는 하나의 시각화로 시계열에 따른 데이터의 변화를 볼 수 없다는 것이다.**

그렇다면 시각화 차트가 그 자체로 갖는 한계를 극복하기 위해서는 어떻게 해야 할까? 물론 그 한계를 극복할 수 있는 해결 방안을 찾아야 한다.

---

13 KOSIS(통계청, UN, 시도별 장래인구 추계, 주요 도시 인구(OECD))

한 장 말고 여러 장으로, 스몰 멀티플즈

스몰 멀티플즈(Small Multiples)란 동일한 데이터 값을 기준으로 표현한 시각화 유형을 다수의 시각화 차트를 나열한 셋(Set)을 의미한다. 이 개념은 1983년 발간된 『정량적 정보의 시각적 표현(Visual Display of Quantitative Information)』의 저자 에드워드 터프티(Edward Tufte)에 의해 처음 언급됐다. 보통 격자 형태로 차트를 나열하는데, 시각화 원리의 관점에서 설명하면 차트에 활용하고자 하는 여러 개의 변수 중 하나를 선택하고, 선택한 변수의 항목 값마다 차트를 개별적으로 그린 뒤 나열한 것이라고 설명할 수 있다.

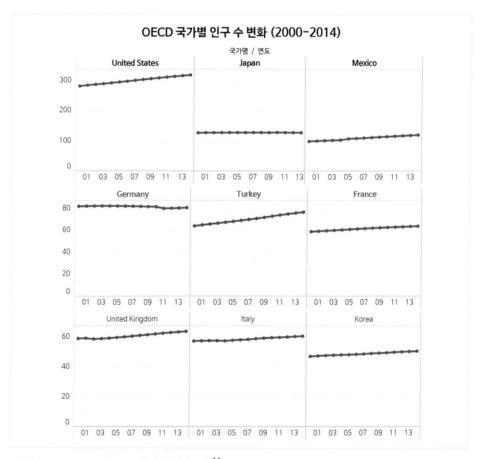

그림 3.14 2000~2014년 OECD 국가별 인구수 변화[14]

---

14 KOSIS(통계청, UN, 시도별 장래인구 추계, 주요 도시 인구(OECD))

그림 3.14는 그림 3.2의 2000년~2014년 OECD 국가별 인구수 막대 차트를 스몰 멀티플즈 방식으로 표현한 것이다. 국가별 인구수의 연도별 변화를 선 차트로 그린 것으로서, 모든 국가의 데이터를 차트 하나로 표현하지 않고 같은 유형의 개별 차트로 그린 뒤 격자 모양 형태로 배치한 것이다. 스몰 멀티플즈 방식으로 차트를 나열할 때 개별 차트로 만드는 기준은 시계열이거나 구분되는 항목 값을 데이터로 갖는 범주형 변수를 기준으로 하는 것이 일반적이다.

스몰 멀티플즈의 장점은 세 가지로 정리할 수 있다. 첫째, 다수의 변수를 하나의 차트에 표현함으로써 발생하는 '복잡해 보이는' 문제[15]를 해결할 수 있다. 둘째, 같은 차트의 형태로 표현된 다수의 차트이므로 차트 하나를 읽는 법을 이해하면 나머지 차트의 데이터 인사이트도 빠르게 이해할 수 있다. 셋째, 항목별 차트의 시각적 패턴을 바탕으로 항목 간 데이터를 빠르게 비교할 수 있어 개별 차트의 의미뿐만 아니라 전체 데이터의 의미 역시 쉽게 찾을 수 있다.

스몰 멀티플즈 방식을 적용한 시각화 콘텐츠 사례를 통해 어떻게 기존 시각화의 한계를 극복하는지, 또 이를 바탕으로 어떻게 데이터 인사이트를 도출하는지 알아보자.

시계열 데이터의 시각화와 스몰 멀티플즈

시간 흐름에 따른 데이터의 변화를 알고 싶을 때 활용하는 시각화 유형의 기본은 선 차트다. 선 차트를 스몰 멀티플즈 방식으로 활용할 때는 개별 차트를 그리는 기준이 범주형 변수가 된다. 개별 차트의 표현된 선의 시각적 패턴의 유사성을 기준으로 항목들을 분류해 인사이트를 도출한다.

---

15 'Perceptual Edge'의 스테판 퓨(Stephen Few)는 overplotting이라고 칭함

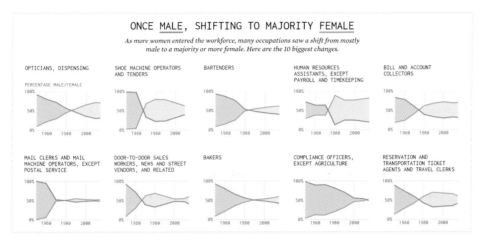

그림 3.15 과거와 달리 남성보다 여성의 비중이 높아진 직업 유형[16]

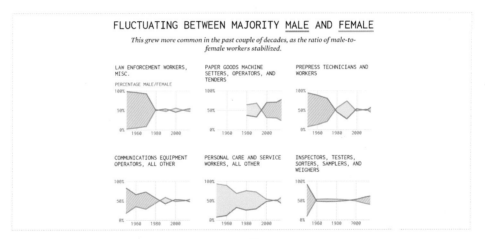

그림 3.16 다수의 비중을 차지하는 성별 변동이 많은 직업 유형[17]

그림 3.15와 그림 3.16은 1950년 이래로 미국의 직업 유형별 남성과 여성이 차지하는 비중을 선 차트로 시각화하고 스몰 멀티플즈로 표현한 것이다. 선 차트는 직업별 데이터를 의미하며, 주황색 선은 남성이 차지하는 비중, 청록색 선은 여성이 차지하는 비중을 나타낸다. 선 사이의 음영색은 더 많은 비중을 차지하는 성별에 따라 결정된다. 주황색 음영으로 처리된 기간은 여성보다 남성의 비중이 큰 기간이고, 청록색 음영으로 처리된 기간은 남성보다 여성의 비중이 큰 기간이다.

16, 17 Nathan Yau, 'Most female and male occupations since 1950', Flowing Data, 2017. 09. 11. http://bit.ly/2RtzOP9

그림 3.15와 그림 3.16은 선 차트의 시각적 패턴의 유사성을 기준으로 차트를 분류해서 데이터 인사이트를 정리했다. 그림 3.15의 선 차트 10개는 모두 초반에 남성의 비중이 우세하다가 이후 여성의 비중이 증가하면서 역전되는 현상을 보인 직업의 데이터를 표현한 것이다. 반면, 그림 3.16의 선 차트 6개는 우세한 비중을 차지하는 성별의 데이터 변동이 많은 직업의 데이터를 표현한 것이다.

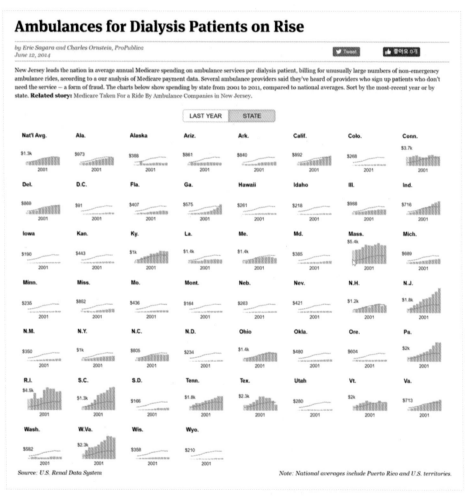

그림 3.17 미국 주별 투석 환자에 대한 앰뷸런스 서비스에 드는 비용 추이 변화(2001~2011)[18]

---

18 Eric Sagara, Charles Ornstein, 'Ambulances for Displaysis Patents on Rise', PROPUBLICA, 2014.06.12 https://projects.propublica.org/graphics/ambulances

또 다른 사례로 그림 3.17은 미국 주별로 투석 환자에 대한 앰뷸런스 서비스에 드는 비용 데이터를 연도별로 시각화한 차트다. 주(state)별로 개별 차트를 그린 뒤 스몰 멀티플즈 방식으로 나열했다. 차트의 막대는 투석 환자에 대한 앰뷸런스 서비스에 든 비용을 의미하며, 주황색 선은 미국 전체 주의 평균 비용을 의미한다.

차트의 막대 길이를 기준으로 시계열에 따른 데이터의 변화를 확인할 수 있다. 최근까지 비용이 증가한 주와 그렇지 않은 주로 전체 주를 그룹으로 나눠서 인사이트를 도출할 수 있다. 전반적인 막대 길이를 기준으로 비용 규모가 큰 주와 그렇지 않은 주 역시 묶어볼 수 있다. 또 미국 주 평균 데이터를 의미하는 주황색 선을 기준으로 할 때 비용 규모가 평균보다 낮은 주와 높은 주로 유형을 나눌 수 있다. **이처럼 스몰 멀티플즈 방식을 활용하면 전체 데이터를 이루는 항목별 데이터의 시각적 패턴을 기준으로 데이터를 새롭게 유형화하면서 인사이트를 도출할 수 있다.**

한편, 스몰 멀티플즈는 차트를 격자 모양으로 배치하는데, 이때 어떤 순서로 차트를 배치하느냐가 시각적 분석의 중요한 포인트가 될 수 있다. **스몰 멀티플즈의 정렬** 기준에 대한 내용으로 이해를 더해보자.

그림 3.17의 차트 상단에는 '지난해(Last Year, 2011년)', '주(State)'라는 텍스트가 기입된 버튼이 있다. 버튼을 클릭하면 차트의 배치 순서가 달라져 전체 화면의 모습이 달라진다. 그림 3.17은 주의 이름을 기준으로 차트를 배치했으므로 시각화 차트를 보는 사람이 특정한 주의 차트를 빠르게 찾아서 데이터를 읽는 데 효과적이다.

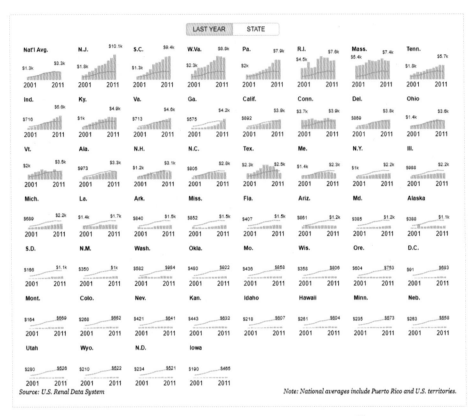

그림 3.18 미국 주별 투석 환자에 대한 앰뷸런스 서비스에 드는 비용 추이 변화(2001~2011)[19]

반면 그림 3.18에서는 차트 배치 순서 기준을 2011년 데이터의 크기로 잡았다. 화면 상단에 서부터 하단에 이르기까지 데이터의 규모가 점차 줄어드는 순서로 차트가 배치된 것을 볼 수 있다. 여기서는 데이터의 크기 순위에 따른 주의 분포를 파악하는 데 효과적이다.

지도 시각화와 스몰 멀티플즈

지도 시각화에서도 스몰 멀티플즈를 활용한다. 3가지 방식으로 나눠 볼 수 있는데, 첫 번째는 시계열 관점의 데이터 변화를 보여주기 위한 목적으로 스몰 멀티플즈를 활용하는 것이다. 같은 지역의 데이터를 지도 시각화로 표현하되, 시점별로 여러 장의 지도 시각화를 그린 뒤 나열한다.

---

19 Eric Sagara, Charles Ornstein, 'Ambulances for Displaysis Patents on Rise', PROPUBLICA, 2014.06.12 https://projects.propublica.org/graphics/ambulances

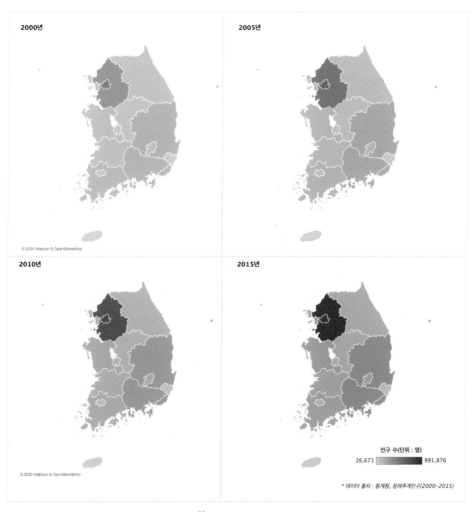

그림 3.19 전국 시도별 1인가구 현황(2000~2015)[20]

그림 3.19는 지난 2000년부터 2015년까지 우리나라 시도별 1인 가구 수를 지도 시각화인 단계구분도로 표현한 것이다. 연도별로 개별 지도를 그려 지역별 데이터의 시계열 변화를 시각적으로 파악할 수 있다. 시간이 지날수록 서울과 경기도의 1인 가구 수가 증가했다는 것을 뚜렷하게 확인할 수 있다.

두 번째는 같은 데이터를 시각화하되 지역별로 나눠서 보기 위한 목적으로 스몰 멀티플즈를 활용하는 것이다. 스몰 멀티플즈로 표현된 지역별 데이터의 시각적 패턴을 근거로 지역을 비교하거나 유사한 경향을 보이는 지역을 유형화해 데이터 인사이트를 도출할 수 있다.

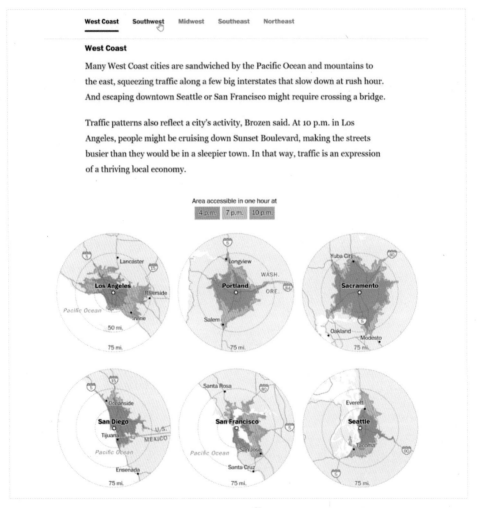

그림 3.20 미국 지역의 시간대별 1시간 내 이동 가능 범위 시각화[21]

---

21 Sahil Chinoy, 「Leaving town at rush hour? Here's how far you're likely to get from America's largest cities」, The Washington Post, 2017. 08. 11, https://wapo.st/32WDKM7

그림 3.20은 오후 4시, 7시, 10시의 각 시간대별로 1시간 내 이동 가능한 지역 범위 데이터를 시각화한 지도 시각화다. 시간대별 데이터를 다른 색으로 표현했으며, 주요 도시별로 지도를 그린 뒤 나열하는 스몰 멀티플즈를 적용했다.

그림 위쪽에서는 미국을 크게 구분하는 권역을 선택할 수 있다. 특정 권역을 선택하면 해당 권역 내 주요 도시별 데이터를 개별 지도 시각화로 확인할 수 있다. 6개의 지역 데이터를 표현한 지도 시각화를 스몰 멀티플즈 형태로 확인할 수 있는데, 지도 배치 순서는 도시명의 알파벳 순서를 따랐다.

그림 3.20은 미국 서해안 주요 도시별 데이터를 표현한 것으로, 위에서 가장 오른쪽의 지도인 새크라멘토(Sacramento) 지역을 살펴보면 오후 4시에 1시간 내 이동 가능 범위가 매우 넓고, 오후 4시, 7시, 10시에 이동 가능한 범위가 비슷한 것을 알 수 있다. 반면, 시애틀(Seattle)은 새크라멘토에 비해 오후 4시 기준 1시간 내 이동 가능 범위가 좁고, 오후 4시에 이동 가능한 범위와 오후 7시, 10시에 이동 가능한 범위 사이에 차이가 상대적으로 큰 것을 알 수 있다. 이를 바탕으로 비교적 유사한 데이터 패턴을 보이는 새크라멘토, 샌디에고와 나머지 유사한 데이터 패턴을 보이는 4개 지역(시애틀, 로스앤젤레스, 포틀랜드, 샌프란시스코)으로 그룹을 나눌 수도 있다.

지도 시각화에서 스몰 멀티플즈를 활용하는 마지막 방법은 개별 차트를 지리적 위치에 따라 배치하는 것이다. 이 경우 지역적 맥락에 따라 데이터 인사이트를 도출할 수 있다는 지도 시각화의 장점을 이용할 수 있다.

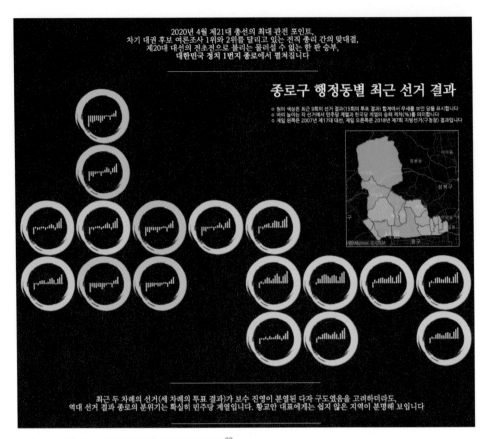

그림 3.21 서울 종로구 행정동별 최근 선거 결과 시각화[22]

그림 3.21은 서울 종로구 행정동별 최근 선거 결과를 시각화한 콘텐츠다. 2007년 제 17대 대선부터 2018년 제7회 지방선거(구청장)까지 9회의 선거 결과(총 15회의 투표 결과) 데이터를 활용했다. 행정동별 선거 결과를 민주당 계열과 한국당 계열의 승패 격차를 양방향 막대차트로 그린 뒤 행정동의 지리적 위치에 따라 차트를 나열해 스몰 멀티플즈로 표현했다. 앞에서 본 사례와 달리 개별 차트를 사각형의 격자 무늬로 배치하지 않고 실제 지리적 위치를 근거로 한 것이 특징이다. 이처럼 지역별 데이터 시각화 요소를 지리적 위치를 근거로 배치한 것을 타일 격자 지도(Tile Grid Map)이라고 부르기도 한다.

---

22 최정민, 'A Big Battle in Jongno(KOR)', https://tabsoft.co/2uxFK2f

개별 차트의 의미를 살펴보면 막대 색이 파란색이고 그 길이가 길면 민주당 계열이 큰 격차로 승리했다는 것을 의미하며, 반대로 막대 색이 빨간색이고 그 길이가 길면 한국당 계열이 큰 격차로 승리했다는 것을 의미한다. 양방향 막대 차트 겉을 둘러싸고 있는 원의 색은 최근 9회 의 선거 결과(15회의 투표 결과)의 합계에서 우세를 보인 당을 표시한다. 종로구 행정동 가운 데에서도 오른쪽에 위치한 혜화동, 이화동, 종로 5,6가동, 창신 1동, 창신 2동, 창신 3동, 숭 인 1동, 숭인 2동의 경우 역대 선거 결과에서 민주당 계열이 우세했음을 알 수 있다.

그림 3.22 서울 종로구 행정동별 최근 선거 결과 시각화 [23]

---

23   최정민, 'A Big Battle in Jongno(KOR)', https://tabsoft.co/2uxFK2f

한편, 이 시각화 콘텐츠는 그림 3.21의 지도 시각화를 다른 방식으로 표현하기도 했는데, 이 역시 스몰 멀티플즈 방식을 활용했다고도 볼 수 있다. 그림 3.22는 종로구 행정동별 선거 결과 시각화를 매 선거마다 타일 격자 지도로 시각화한 뒤 사각형의 격자 무늬로 배치한 것이다. 앞서 그림 3.21에서는 행정동별로 역대 선거 결과를 양방향 차트로 확인했다면, 이번에는 역대 선거의 결과를 모두 타일 그리드 맵으로 확인할 수 있다.

지도 시각화를 보완하는 카토그램

지도 시각화는 명확한 장점을 갖지만 한편으로 **지도를 활용한다는 점 자체가 데이터를 해석하는 데 오류를 야기할 수 있다**는 측면에서 한계가 있다. 대표적인 사례로 지도 시각화 유형 중 단계구분도에 대해 자세히 알아보자.

단계구분도는 영역별 데이터 수치 값을 색으로 표현한 지도 시각화다. 일반적으로 데이터의 크기가 크면 클수록 같은 계열 내 짙은 색으로 표현한다. 따라서 단계구분도를 통해 데이터를 해석할 때는 데이터의 크고 작음을 비교하는 기준이 '색'이 돼야 한다. 그러나 지도로 표현된 시각화에서 데이터의 크기를 비교하고 해석할 때 지리 영역 자체의 크기에 영향을 받기도 한다. 지리 영역의 크기는 데이터의 크기와 별개로 지역 자체의 면적을 근거로 하지만, 영역이 넓으면 왠지 모르게 데이터도 커 보이는 시각적 오류를 야기할 수 있다.

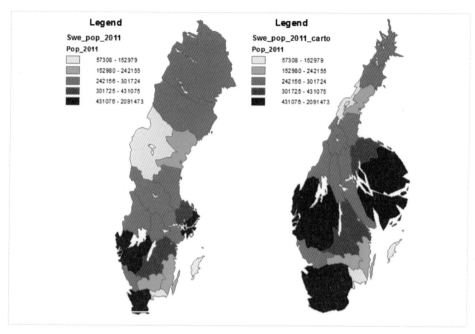

그림 3.23 2011년 스웨덴 지역별 인구 현황[24]

그림 3.23을 사례로 이해를 더해보자. 이 그림은 2011년 스웨덴의 지역별 인구수 현황을 지도 시각화로 표현했다. 왼쪽의 지도 시각화는 일반적인 단계구분도다. 지역별 영역에 인구수의 크기에 따라 색을 다르게 표현했다. 색의 짙음을 기준으로 지역별 인구수의 많고 적음을 알 수 있다. 그러나 한편으로는 색과 상관없이 면적이 넓은 지역의 데이터가 크다고 이해할 수 있다는 단점이 있다. 일반적인 시각화 차트의 경우 데이터의 크기와 시각화 요소의 크기를 비례해서 표현하나, 지도의 경우 지역별 크기가 이미 결정돼 있기 때문에 발생하는 문제다. 따라서 이 같은 문제를 해결하기 위한 대안적인 시각화 유형으로 **카토그램(Cartogram)**이 있다.

카토그램은 지도에 표현된 지역별 영역의 크기를 수치형 변수 값을 기준으로 왜곡해서 표현한다. 그림 3.23의 오른쪽 지도 시각화는 왼쪽의 단계구분도에 표현한 데이터를 지역별 영역의 크기에도 반영해 표현한 카토그램이다. 데이터가 클수록 색도 진하게 표현했다. 색의 진하기와 면적의 크기는 비례해서 표현되기 때문에 정확하게 데이터를 해석할 수 있다.

24 Isak Hask, 'Cartogram', https://sites.google.com/site/thepowerofcartography/cartogram

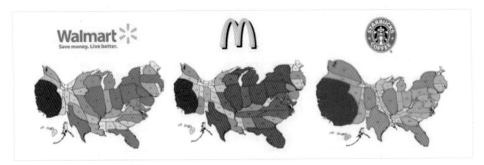

그림 3.24 미국 지역별 브랜드별(월마트, 맥도널드, 스타벅스) 분포 현황[25]

또 다른 사례도 살펴보자. 그림 3.24는 미국 지역마다 브랜드(월마트, 맥도널드, 스타벅스)별 매장이 얼마나 많이 분포하고 있는지 카토그램으로 시각화한 것이다. 미국 지역별 크기를 브랜드 매장 수에 따라 왜곡해서 표현했다. 매장 수가 많으면 지역의 면적은 커지고, 반대의 경우 면적이 축소된다. 색의 진하기 역시 데이터 크기에 비례해서 표현했다. 세 브랜드 모두 캘리포니아에 가장 많은 매장이 있다는 것을 한눈에 파악할 수 있다.

인터랙티브 시각화 차트

일반적인 보고서에 포함된 시각화 차트는 이미지 형태다. 이미지 형태의 시각화 차트에서 우리가 알 수 있는 정보는 명확하고 간단하다. 그러나 한편으로 그 이상의 정보를 알 수 없다는 한계가 있다. **인터랙티브 데이터 시각화 차트는 사람들이 차트 영역 위에 마우스를 오버하거나, 특정 항목을 클릭하는 등의 액션을 할 수 있는 차트다.** 액션에 따라 차트의 시각적 패턴이 달라진다. 인터랙티브 데이터 시각화 차트로 사람들은 서로 다른 패턴을 보이는 시각화 차트를 확인하고, 자신만의 데이터 인사이트를 찾을 수 있다. 데이터 분석을 위한 고도의 기술이 없는 사람도 자유롭게 데이터를 탐색할 기회를 제공하는 것이 장점이다.

25 Steph Abegg, 'cArToGrAmS!', http://www.stephabegg.com/home/projects/cartograms

인터랙티브 데이터 시각화 차트의 인터랙션 기능은 크게 3가지 유형(**필터링, 하이라이팅, 애**
너테이팅)으로 나눌 수 있다. 기능별 개념을 사례를 통해 알아보자.

데이터 필터링은 사용자가 어떤 방법을 통해 특정한 기준을 선택하면 해당 기준의 데이터만
차트에 표현하는 것을 의미한다. '어떤 방법'이란 시각화 차트에서 사용자가 데이터를 필터링
할 수 있게 하는 요소에 따라 달라진다. 주로 차트 영역 밖에서 특정 데이터 항목을 골라서 선
택할 수 있는 콤보 박스, 체크 박스 등을 따로 두고 클릭해서 선택하도록 한다. 사용자는 보고
싶은 데이터 항목을 클릭해 해당 항목의 데이터만 시각화 차트로 볼 수 있다. 그뿐만 아니라
차트 영역 내 특정 항목 요소를 클릭하거나 마우스 오버할 경우 데이터를 필터링한 시각화 차
트로 보여주는 경우도 있다. **별도의 차트를 그리지 않고 하나의 차트에서 다양한 기준에 따른**
데이터 시각화 패턴을 확인할 수 있다는 것이 장점이다.

그림 3.25 미국 총기로 인한 사망 현황(2010년, 2013년)[26]

---

26 PERISCOPIC, 'U.S. Gun Killings in 2010, 2013', https://guns.periscopic.com/?year=2013

그림 3.25는 미국에서 발생한 총기로 인한 사망자 수 데이터를 시각화한 사례다. 차트 상단에는 연도를 선택할 수 있는 버튼이 있다. 버튼을 클릭하면 해당 연도의 데이터로 차트의 시각적 패턴이 달라지는 것을 볼 수 있다.

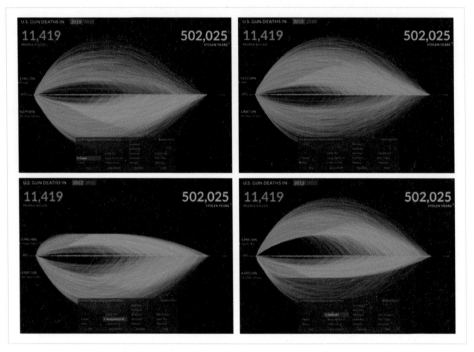

그림 3.26 미국 총기로 인한 사망 현황(왼쪽 위부터 여성, 남성, 0-30세, 30세 이상 각 조건별로 데이터를 필터링한 결과)[27]

또 차트 하단에 위치한 체크박스에서 데이터 필터링 기준을 클릭해서 선택할 수도 있다. '성별', '연령별', '지역별', '총기 종류' 등의 조건의 하위 항목을 선택해 데이터 필터 기준을 적용하는 것이다. 그림 3.26은 하단 체크박스에서 '여성', '남성', '0-30세', '30세 이상' 조건을 각각 선택했을 때 차트의 시각적 패턴이 달라진 것을 보여준다. 중앙의 축을 기준으로 상단의 데이터가 선택된 조건의 데이터다. 성별을 기준으로 볼 때 남성과 여성 사망자 수 규모는 비슷한 수준이나 연령 기준으로 보면 30세 이상 연령대의 사망자 수 규모가 압도적으로 많다는 것을 쉽게 알 수 있다.

27 PERISCOPIC, 'U.S. Gun Killings in 2010, 2013', https://guns.periscopic.com/?year=2013

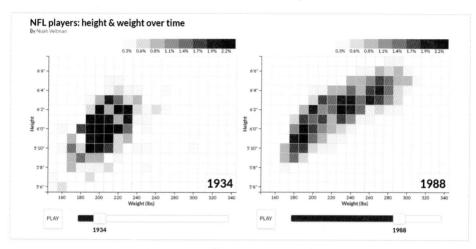

그림 3.27 미국 프로 미식축구 선수의 몸무게, 키 변화[28]

그림 3.27은 미국 프로 미식축구 선수의 몸무게와 키 데이터를 시각화한 XY 히트맵이다. 시각화 하단에는 연도별 데이터를 필터링할 수 있는 슬라이더가 있다. 슬라이더가 위치한 시점이 다르면 시각화 차트의 시각적 패턴이 달라지는 것을 알 수 있다. 슬라이더 옆에는 플레이 버튼이 있는데, 사용자가 버튼을 클릭하면 연도별 데이터가 자동으로 필터링되어 연속적으로 변화를 보여준다. 자동으로 플레이되는 차트로 데이터의 변화를 인지할 수 있는 한편, 사용자가 원하는 특정 시점의 데이터를 쉽게 선택해서 볼 수 있다는 것이 장점이다.

데이터 필터링 기능을 활용할 수 있는 인터랙티브 차트에서 **사용자는 고도의 데이터 분석 기술 없이 간단한 클릭만으로도 데이터 조회 조건을 바꾸면서 다양한 인사이트를 도출할 수 있다.** 많은 양의 데이터를 여러 기준으로 탐색하며, 인사이트를 도출하는 '탐색적 데이터 분석'에서 인터랙티브 시각화 차트가 효과적인 이유를 이해할 수 있다.

다음으로 살펴볼 기능은 하이라이팅이다. **하이라이팅은 사용자의 행동에 따라 시각화 차트 영역 중 일부 영역이 시각적으로 강조되게 하는 것을 의미한다.** 차트 영역 중 선택된 부분을 제외하고 나머지 시각화 요소의 색을 흐리게 표현해 선택한 부분이 강조되게 한다. 사용자가 행동하는 방식은 차트 영역 중 특정 영역에 마우스를 오버하거나 클릭하는 것이 일반적이다.

---

28 Noah Veltman, 'NFL players: height & weight over time', https://noahveltman.com/nflplayers/

하이라이팅은 사용자 액션 시 시각화 차트의 본래 형태는 유지되면서 사용자가 선택한 부분만 강조되도록 표현하는 한편, 필터링은 특정 요소를 선택했을 때 해당 기준의 데이터만 시각화해 시각화 차트의 패턴 자체가 변화하는 데 차이가 있다.

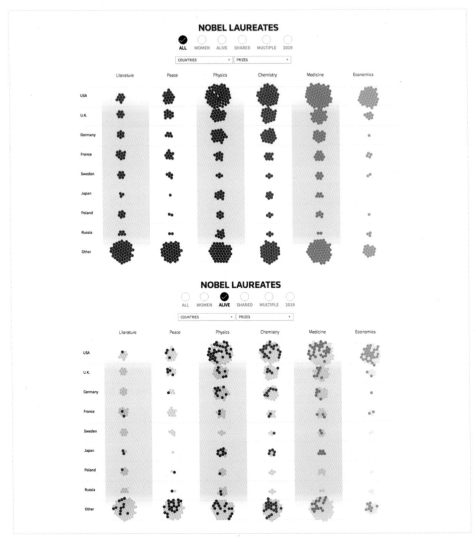

그림 3.28 역대 노벨 수상자 분포[29]

---

29 Matthew Weber, 'NOBEL LAUREATES', Reuters Graphics, https://tmsnrt.rs/2uSAp53

사례를 살펴보자. 그림 3.28은 역대 노벨 수상자의 분포를 국가별, 분야별로 시각화 것으로 사용자의 액션에 따라 차트 내 항목 요소의 색을 다르게 표현한다. 차트 상단에 위치한 체크 박스에서 사용자가 특정 조건을 선택하면 차트 영역에서는 조건에 해당하는 항목을 제외하고 나머지 요소의 색이 흐려진다. 시각화 차트의 본래 형태는 그대로 유지된 상태에서 자신이 선택한 조건의 데이터만 시각적으로 강조되어 직관적으로 데이터를 확인할 수 있다.

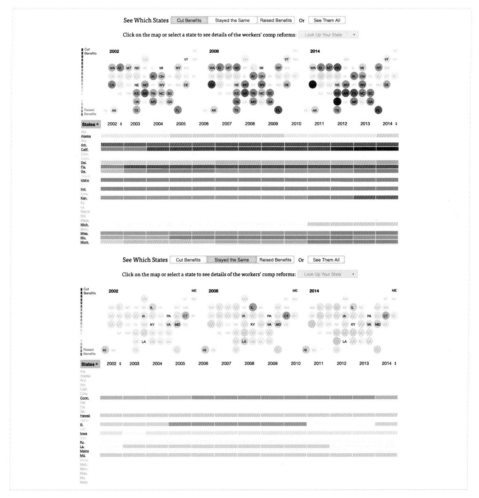

그림 3.29 미국 주별 근로자 보상 개혁 현황 – 상단 탭을 활용해 하이라이팅한 화면[30]

30 Yue Qiu and Michael Grabell, 'Workers' Compensation Reforms by State', ProPublica, 2015. 03. 04, http://bit.ly/2R2r8Ac

그림 3.29는 미국 주별 근로자 보상 개혁 현황을 시각화한 인터랙티브 시각화 콘텐츠다. 콘텐츠는 연도별 지도 시각화(타일 그리드 맵)와 히트맵으로 구성돼 있다. 콘텐츠 안의 모든 차트는 미국 주별 데이터를 시각화했다. 따라서 사용자가 액션을 할 경우 모든 차트가 주를 기준으로 연동돼서 모습이 바뀐다.

사용자가 액션을 하는 방법은 두 가지다. 먼저 그림 3.29를 보자. 사용자가 콘텐츠 상단의 버튼을 클릭하면 근로자 보상 개혁 수준에 따른 지역별 데이터가 하이라이팅된다. 다시 '모두 보기' 버튼을 클릭하면 하이라이팅 효과를 해제할 수 있다.

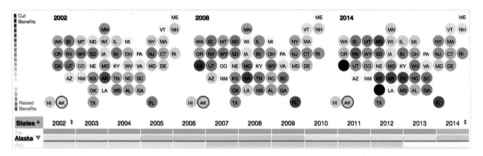

그림 3.30 미국 주별 근로자 보상 개혁 현황 – 알래스카 영역 위에 마우스 오버하면 볼 수 있는 화면[31]

두 번째로 차트 영역 중 특정 지역을 의미하는 시각화 요소에 마우스 오버를 하면 차트가 바뀐다. 그림 3.30은 차트 영역 중 알래스카를 의미하는 시각화 요소 위에 마우스를 오버한 화면이다. 지도 시각화와 히트맵에서 알래스카의 데이터를 의미하는 시각화 요소의 곁에 검은색 테두리 선이 나타나면서 시각적으로 강조된다. 사용자는 특정 주의 데이터가 차트 중 어디에 있는지 일일이 찾아보지 않아도 시각적으로 강조되는 부분을 보고 한 번에 파악할 수 있다.

데이터 필터링과 하이라이팅 기능을 함께 활용하는 인터랙티브 시각화 차트도 있다.

31   Yue Qiu and Michael Grabell, 'Workers' Compensation Reforms by State', ProPublica, 2015. 03. 04. http://bit.ly/2R2r8Ac

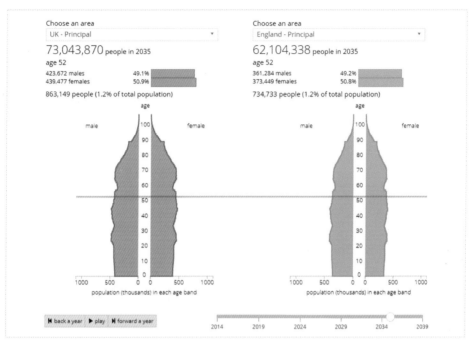

그림 3.31 영국의 지역별 인구 분포 시각화[32]

그림 3.31은 영국 내 두 지역의 인구 분포를 시각화한 피라미드 차트로 구성된 인터랙티브 데이터 시각화 콘텐츠다. 먼저 콘텐츠 상단에는 비교하고자 하는 지역을 선택할 수 있는 드롭박스 영역이 있다. 여기서 사용자는 원하는 지역을 선택해 데이터를 필터링할 수 있다. 다음으로 가장 하단에는 플레이 버튼과 함께 연도별 데이터를 필터링할 수 있는 슬라이더가 있다. 자동 플레이 버튼을 클릭할 경우 연도별 데이터의 변화를 자동으로 볼 수 있고, 특정 시점을 클릭하면 그 시점의 데이터만 볼 수도 있다.

여기서 하이라이팅이 적용된 부분은 2가지인데, 먼저 차트 영역 위에 마우스 오버를 할 경우 두 피라미드 차트 위에 불투명한 회색 선이 나타난다. 이 경우 동일 연령의 두 지역 데이터를 쉽게 비교할 수 있다. 이때 피라미드 차트 상단의 막대 차트도 형태가 달라진다. 마우스 오버 액션에 따라 피라미드 차트에는 하이라이팅 효과가, 막대 차트에는 데이터 필터링 효과가 적용된 것이다.

---

32 Office for National Statistics, 'How big will the UK population be in 25 years' time?', 2015. 10. 29, http://bit.ly/2CYJI9P

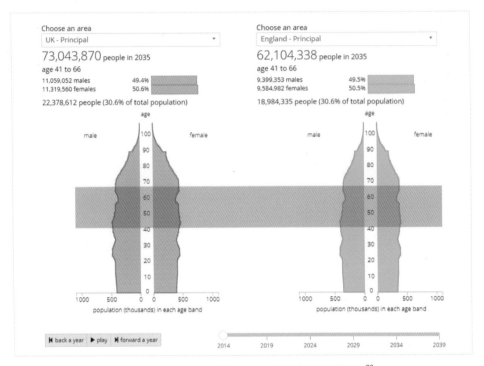

그림 3.32 영국의 지역별 인구 분포 시각화 – 드래그 앤드 드롭으로 영역 범위를 선택한 화면[33]

마우스 오버뿐만 아니라 드래그 앤드 드롭으로 범위를 선택할 수도 있다. 동일하게 피라미드 차트 영역에는 하이라이팅 기능이 적용되고 상단 막대 차트의 데이터는 필터링된다. 데이터 필터링과 하이라이팅 기능이 종합적으로 적용된 인터랙티브 데이터 시각화 차트에서 사용자는 데이터를 자유롭게 탐색하고 인사이트를 도출할 수 있다.

마지막으로 **애너테이팅**에 대해 알아보자. 애너테이팅은 시각화 차트 영역 안에 글자를 표시하는 것을 의미한다. 시각화 차트에서 발견할 수 있는 데이터 인사이트를 직접 표기해서 데이터의 의미를 빠르게 파악하게 하는 데 도움이 된다. **인터랙티브 시각화 차트에서 애너테이팅은 주로 사용자가 특정 요소 위에 마우스를 오버하거나 클릭했을 때 나타나는 방식으로, 특정 요소별 상세 정보를 제공하는 데 효과적이다.**

---

33 Office for National Statistics, 'How big will the UK population be in 25 years' time?', 2015. 10. 29, http://bit.ly/2CYJI9P

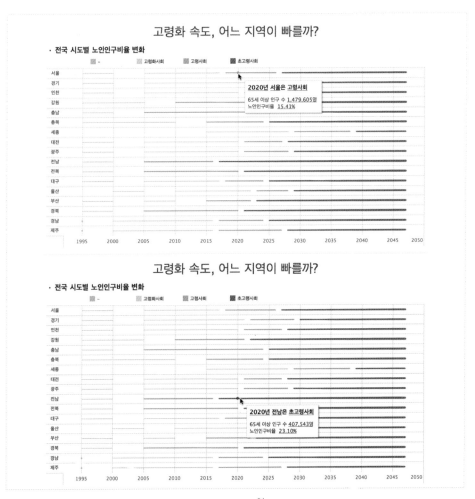

그림 3.33 전국 시도별 노인인구비율에 따른 사회 구분 변화 추이 [34]

그림 3.33은 전국 시도별 노인인구비율 변화 추이를 시각화한 콘텐츠다. x축은 연도를 의미하며, 해당 연도의 노인인구비율 수준에 따라 '고령화사회', '고령사회', '초고령사회'를 색으로 구분해서 표현했다. 색으로 구분되는 막대의 길이가 길수록 특정 기준의 사회가 오래 지속됐음을 의미한다. 통계청 장래인구추계 데이터를 활용해 앞으로 고령사회, 초고령사회가 언제 시작될지도 알 수 있다.

---

34 KOSIS(통계청, 인구총조사(~2018) 총조사 인구, 장래인구추계(2019~2047) 주요인구지표(성비, 인구성장률, 인구구조, 부양비 등)/시도)

차트 영역 안에 애너테이션을 표기하지 않고, 사용자가 특정 요소에 마우스 오버를 했을 때 툴팁(tool-tip)으로 상세 정보를 파악할 수 있게 했다. 툴팁에는 몇 년도에 어느 지역이 어떤 사회인지를 표기했다. 2020년 서울에 해당하는 지점에 마우스 오버를 하면 '2020년 서울은 고령사회'라는 요약 문구와 65세 이상 인구수, 노인인구 비율 수치를 알 수 있다. 또 2020년 전남 지점에 마우스 오버를 하면 "2020년 전남은 초고령사회"라는 요약 문구와 65세 이상 인 구수, 노인인구비율 수치를 알 수 있다. 사용자가 어느 지점에 마우스 오버를 하느냐에 따라 해당 요소에 대한 정보를 툴팁으로 표기해서 좀 더 역동적으로 상세 정보를 파악할 수 있다는 것이 장점이다.

데이터 시각화
대시보드의 활용

데이터 시각화 차트를 만들다 보면 시각화 차트 하나로 전달할 수 있는 정보에 한계가 있다는 것을 느끼게 된다. 이때 우리는 여러 차트를 한 화면에 놓고자 하는 필요성을 깨닫게 되는데, **데이터 시각화 대시보드**로 이 같은 문제를 해결할 수 있다.

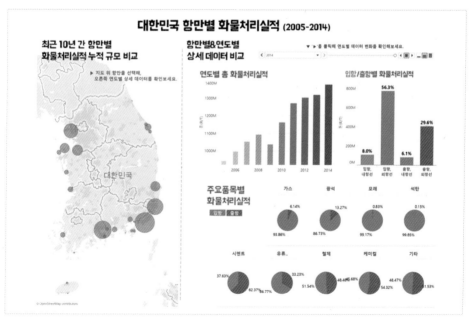

그림 3.34 데이터 시각화 대시보드의 예시 화면

데이터 시각화 대시보드는 한 개 이상의 시각화 차트를 한 화면에 모아서 배치하고, 데이터를 탐색할 수 있도록 설계한 화면이다. 우리는 한 화면에 모아 놓은 여러 시각화 차트를 한 번에 보면서 차트 하나로 데이터를 볼 때보다 종합적인 인사이트를 도출할 수 있다.

인터랙티브 데이터 시각화 대시보드

데이터 시각화 대시보드의 장점은 여러 차트를 한 화면에 모아서 볼 수 있는 것뿐만 아니라 많은 양의 데이터를 빠르게 탐색할 수 있는 인터랙티브 기능 요소를 포함한다는 것이다. 데이터 필터와 차트 간 인터랙션 기능 요소를 활용하면 데이터의 조회 기간을 변경하거나 특정 항목을 기준으로 세부 데이터를 빠르게 확인할 수 있다.

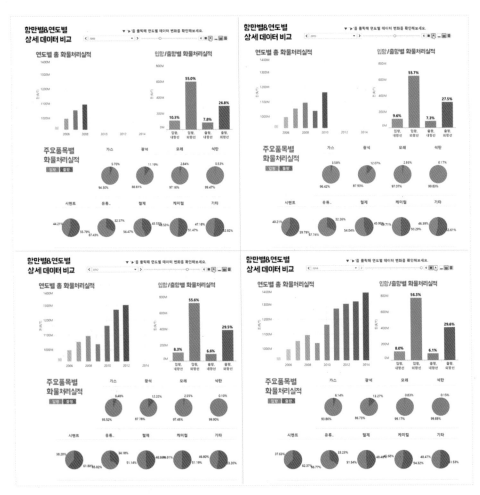

그림 3.35 연도 기준으로 데이터를 필터링해서 볼 수 있는 인터랙티브 데이터 시각화 대시보드

데이터 시각화 대시보드에서 데이터 탐색을 위해 인터랙티브 기능이 활용된 사례를 알아보자. 기본적인 인터랙티브 기능은 **데이터 필터**로 데이터 시각화 대시보드에 표현할 데이터의 범위를 선택하는 것을 의미한다. 대시보드에 표현할 데이터의 시간 범위를 선택할 수 있게 하는 것이 기본적이다. 그림 3.35는 데이터의 시간 범위를 연도별로 선택할 수 있도록 데이터 필터를 대시보드 최상단에 배치했다. 특정 연도를 선택할 때마다 시각화 대시보드에 표현하는 데이터의 범위가 달라져 차트의 시각적 패턴이 달라진다. 그림 3.35는 2008년, 2010년, 2012년, 2014년으로 데이터를 필터링했을 때 시각화 대시보드의 시각적 패턴이 달라지는 것을 보여준다.

시각화 대시보드에서 가장 효과적인 인터랙션은 **시각화 차트 간 인터랙션**이다. 시각화 대시보드의 여러 차트 중 특정 차트 영역 내에서 사용자가 어떤 행동을 취하면 해당 시각화 차트와 연동된 차트의 데이터도 관련된 내용으로 변경되는 것을 말한다. 시각화 차트 간 인터랙션은 차트 간 데이터 필터와 차트 간 데이터 하이라이팅으로 구분된다.

먼저 **차트 간 데이터 필터**를 알아보자. 특정 차트 내에서 클릭이나 마우스 오버와 같은 액션을 하면 연동된 차트의 데이터가 필터링된다.

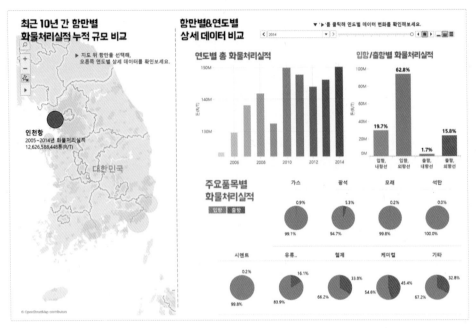

그림 3.36 데이터 시각화 대시보드의 차트 간 데이터 필터링 예시

그림 3.36을 보자. 국내 항만별 화물처리실적 데이터를 시각화한 대시보드다. 상단의 이미지를 보면 왼쪽 지도 시각화에 모든 항만별 데이터가 표시돼 있다. 오른쪽의 경우 전국 모든 항만의 데이터를 종합해서 연도별, 입항/출항별, 주요품목별 데이터를 보여준다.

여기서 왼쪽 지도 시각화에 표현된 요소 중 인천항의 데이터를 의미하는 원을 클릭하면 대시보드의 나머지 차트는 모두 인천항의 데이터만 필터링해서 보여준다. 그림 3.36의 두번째 이미지가 그 결과다. 지도 시각화의 위치 정보를 기준으로 나머지 차트가 연동돼 있기 때문에 액션에 따라 차트의 시각적 패턴이 달라지는 것이다. 차트 간 데이터 필터 기능을 활용하면 항구별 세부 데이터를 빠르게 확인하고 조건별 데이터 인사이트를 도출할 수 있다.

차트 간 하이라이팅은 특정 차트에서 특정 요소를 클릭하거나 마우스 오버하는 등의 액션을 할 경우 연동된 차트의 동일 항목 데이터 요소가 하이라이팅되는 것이다.

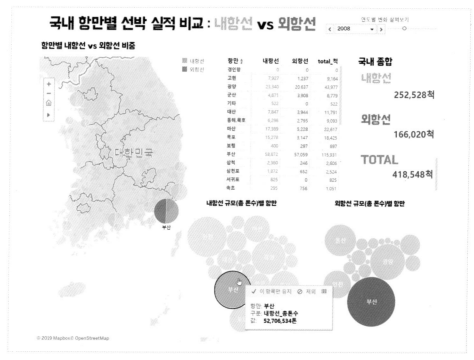

그림 3.37 데이터 시각화 대시보드의 차트 간 데이터 하이라이팅, 툴팁 활용 예시

그림 3.37은 국내 항만별 선박 실적을 비교하는 데이터 시각화 대시보드다. 대시보드 안에 구성된 지도 시각화, 표, 버블 차트는 모두 항만을 기준으로 연동돼 있다. 따라서 어느 차트에서라도 특정 항구를 클릭하면 대시보드 내 모든 차트의 데이터 중 해당 항구의 요소가 하이라이팅된다. 특정 항목에 대한 데이터 인사이트를 여러 차트를 통해 종합적으로 도출해야 할 때 하이라이팅 기능을 활용하면 같은 항목 데이터를 빠르게 식별할 수 있다.

여기에 더해 인터랙티브 데이터 시각화 차트에서 특정 항목을 클릭하거나 마우스 오버했을 때 나타나는 툴팁도 유용한 기능 중 하나다. 시각화 요소로 요약된 데이터의 상세 수치를 직접 보여줘 데이터를 정확하게 파악하는 데 효과적이다.

데이터 시각화 대시보드를 잘 만드는 방법

어떻게 해야 데이터 시각화 대시보드를 잘 만들 수 있을까? 같은 차트를 만들더라도 얼마나 알고 있느냐에 따라 더 나은 차트를 만들 수 있듯이 같은 시각화 대시보드를 만들더라도 더 나은 시각화 대시보드를 만들기 위해서는 알아둬야 할 것이 있다.

사용자 니즈 파악

데이터 시각화 대시보드에서 중요한 것은 '**설계**'를 한다는 것이다. 단순히 여러 개의 차트를 한 화면에 나열했다고 해서 좋은 데이터 시각화 대시보드라고 할 수 없다. 데이터 시각화 대시보드를 통해 무엇을 알고 싶은지, 어떤 목적으로 사용하고자 하는지 등의 **니즈에 대한 정확한 파악**이 전제되고, 이를 바탕으로 설계된 데이터 시각화 대시보드를 좋은 대시보드라고 할 수 있다.

그렇다면 데이터 시각화 대시보드를 잘 만들기 위해 알아야 할 니즈는 어떻게 파악할 수 있을까?

그림 3.38 데이터 시각화 대시보드 사용자의 니즈를 파악하는 3가지 방법

이를 위해서는 크게 3가지를 확인해야 한다. **첫째**, 보유하고 있는 전체 데이터 중 **내가 보고 싶고, 분석하고 싶은 데이터는 무엇인지 확인한다.** 처음부터 전체 범위의 데이터 모두를 분석하려고 하지 말고, 데이터로 확인하고 싶은 구체적인 궁금증을 정의하고, 이를 확인할 수 있는 데이터가 무엇인지 파악한다. 이는 전체 데이터 중 분석에 필요한 데이터를 찾는 과정으로, 이를 통해 데이터 분석 대상의 범위를 조정할 수 있다.

둘째, 분석 대상 데이터가 어떤 정보를 포함하고 있는지 확인한다. 데이터에 어떤 변수가 포함돼 있는지 확인하는 것이다. 날짜 데이터 변수는 있는지, 데이터를 나누거나 묶는 기준이 되는 데이터 변수가 있는지, 수치 변수에 어떤 지표가 있는지도 파악한다. 여기서 중요한 것은 '단순히 어떤 지표가 있구나!'에 그치는 것이 아니라 다수의 지표 중 **내가 실제로 중요하다고 생각하는 지표(핵심 지표)가 무엇인지 확인**하는 것이다. 만약 핵심 지표가 정해지지 않은 상태라면 이를 먼저 결정할 필요가 있다. 기업의 경우 기업이 중요하게 생각하는 핵심 지표는 무엇인지, 실제로 대시보드를 활용할 경영진, 실무자 등이 중요하게 생각하는 지표가 무엇인지 파악하는 것이 중요하다.

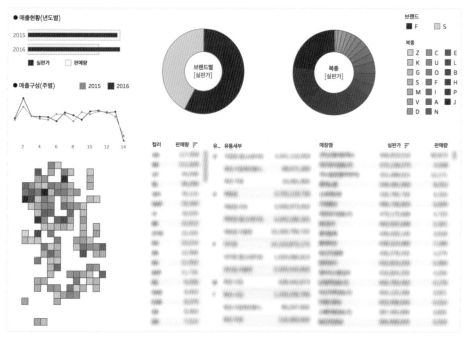

그림 3.39 제품 판매량과 실판매가 지표를 중심으로 만들어진 데이터 시각화 대시보드[35]

그림 3.39는 제품 판매량과 실판매 가격 지표를 기준으로 만든 한 의류 기업의 데이터 시각화 대시보드 예시이다. 어떤 브랜드, 어떤 종류의 제품이 많이 팔렸는지, 또 어떤 지역에서 많이 팔렸는지 등을 파악할 수 있다. 시각화 차트와 표를 함께 구성해서 데이터 인사이트를 파악할 수 있게 함으로써 잘 만들어진 데이터 시각화 대시보드로 볼 수 있다.

---

35 TangibleVitz, https://www.tangiblevitz.com/

그런데 실제로는 그렇지 않을 수도 있다. 예를 들어, 이 의류 기업이 가장 중요하다고 보는 핵심 지표가 판매량이 아니라 재고량이라면 어떨까? 재고량 데이터를 확인할 수 없는 그림 3.39의 대시보드는 큰 의미가 없다. 데이터 시각화 대시보드를 만들기 이전에 대시보드를 실제로 활용할 사람이 중요하게 생각하는 핵심 지표가 무엇인지, 어떤 지표를 중심으로 데이터를 살펴볼 것인지 파악하고 활용해야 의미 있는 데이터 시각화 대시보드라고 할 수 있다.

마지막으로 데이터 시각화 대시보드를 보고 활용할 사람이 데이터로 알고 싶은 궁금증의 답 (인사이트)을 찾기 위한 대시보드 탐색 시나리오를 고려해야 한다. 단순히 '데이터로 무엇을 알고 싶다'라는 궁금증보다 구체적인 내용을 파악해야 한다. 살펴보는 데이터 지표의 순서는 무엇인지, 시각화 대시보드를 어떤 순서로 탐색하고 싶은지 등을 사용자에게 구체적으로 물어봐야 한다. 이 과정을 통해 실제로 사용자가 데이터 시각화 대시보드로 알고 싶은 구체적 니즈를 파악할 수 있다.

지금까지 살펴본 3가지 방법을 통해 사용자의 니즈를 파악하는 과정을 얼마나 깊이 있게 진행하느냐에 따라 시각화 대시보드의 질에 차이가 발생한다. 사례를 통해 이해를 더해보자.

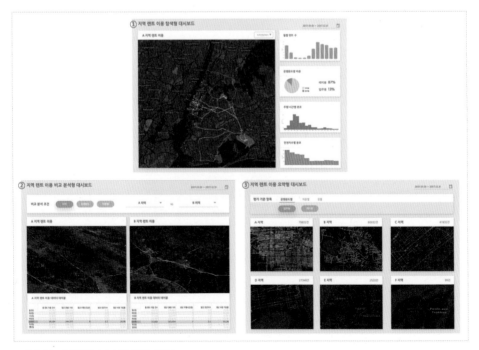

그림 3.40 지역별 렌터카 이용 현황 대시보드

그림 3.40은 지역별 렌터카 이용 현황 데이터로 만든 데이터 시각화 대시보드다. 3개의 시각화 대시보드의 형태만 보면 서로 다른 데이터로 만든 대시보드라고 생각할 수 있다. 그러나 모두 같은 데이터로 만든 시각화 대시보드다. **그렇다면 3개의 대시보드의 차이점은 무엇이고, 왜 이렇게 다른 결과물로 만들어진 것일까?** 3개의 대시보드가 다른 이유는 대시보드를 통해 찾을 수 있는 핵심 인사이트가 서로 다르기 때문이다.

그림 3.41 지역별 렌터카 이용 현황 대시보드 – ① 탐색형 대시보드

그림 3.41의 지역 렌터카 이용에 대한 탐색형 대시보드를 살펴보자. 이 시각화 대시보드는 특정한 지역 한 곳의 렌터카 이용 현황을 파악하기 위한 목적에 따라 만들어졌다. 특정 지역의 렌터카 이용 현황을 지도 시각화 중심으로 파악하고, 그 밖의 부가 정보는 우측의 작은 차트로 파악한다. 부가 정보로는 해당 지역의 월별 렌트 현황, 운행 용도별 렌트 현황, 주행 시간별 분포, 안전지수별 분포를 알 수 있다.

이 대시보드의 특징은 특정 한 지역을 기준으로 데이터를 상세히 파악할 수 있다는 점이다. 그러나 만약 여러 지역의 데이터를 한눈에 비교하고 싶다면 어떨까? 그림 3.41의 대시보드를 그대로 활용해야 한다면 비교하고 싶은 지역별 데이터를 필터로 선택해 개별적으로 확인해야 한다. 그리고 확인한 정보를 취합하고 비교해야 한다. 원하는 정보를 얻기까지의 과정이 번거로워 불편하다고 느낄 수 있다.

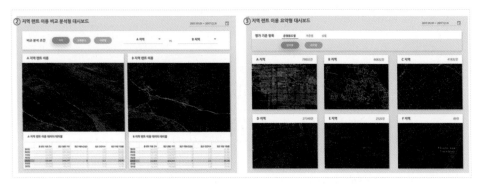

그림 3.42 지역별 렌터카 이용 현황 대시보드 – ② 비교 분석형 대시보드, ③ 요약형 대시보드

만약 그림 3.42의 시각화 대시보드를 이용한다면 어떨까? 그림 3.42의 비교 분석형 대시보드나 요약형 대시보드로는 여러 지역의 데이터로 한번에 보고 비교해서 데이터 인사이트를 도출할 수 있다. 그림 3.42 중 왼쪽의 비교 분석형 대시보드는 비교하고 싶은 2개의 지역을 선택해 데이터를 확인하고 비교하는 데 유용하다. 2개 이상의 지역 데이터를 한번에 비교하고 싶다면 왼쪽보다는 오른쪽의 요약형 대시보드가 훨씬 효과적이다. 요약형 대시보드는 지역을 평가할 특정한 데이터 지표 기준을 선택하면 해당 지푯값을 기준으로 상위 6개 지역의 렌트 현황을 보여줘 한눈에 지역 비교 인사이트를 얻을 수 있다.

위 사례에서 우리는 사용자가 얻고자 하는 데이터 인사이트가 무엇인지에 따라 적합한 시각화 대시보드의 형태가 다르다는 것을 이해했다. **좋은 시각화 대시보드는 사용자가 데이터를 통해 알고 싶은 궁금증에 대한 답을 어려움 없이 쉽게 파악할 수 있도록 사용자 니즈를 충분히 반영한 결과물이다.**

효과적인 시각화 대시보드 구성

데이터 시각화 대시보드의 사용자 니즈를 구체적으로 파악했다면 이를 고려해 시각화 대시보드를 만들면 된다. **시각화 대시보드를 만들 때 주의해야 할 점은 무엇이 있고, 어떤 점을 고려해야 더 나은 데이터 시각화 대시보드를 만들 수 있을까?** 데이터 시각화 대시보드를 만들 때 고려해야 하는 3가지에 대해 알아보자.

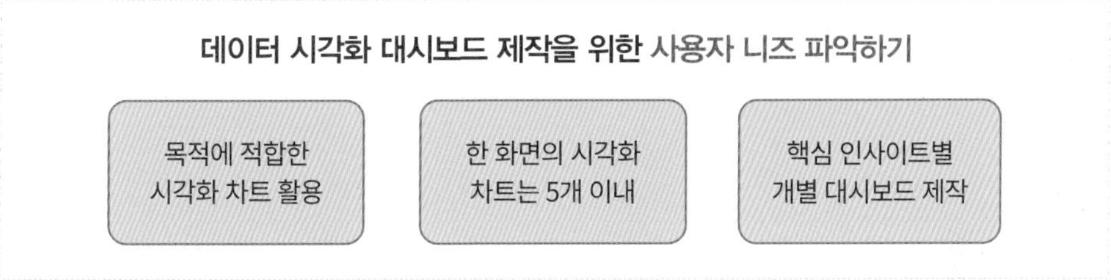

데이터 시각화 대시보드 제작을 위한 사용자 니즈 파악하기

목적에 적합한 시각화 차트 활용	한 화면의 시각화 차트는 5개 이내	핵심 인사이트별 개별 대시보드 제작

그림 3.43 데이터 시각화 대시보드를 만들 때 고려해야 할 3가지 요소

첫째, 데이터 시각화 대시보드 안의 개별 시각화 차트는 데이터의 특성과 활용 목적에 맞는 시각화 유형을 사용해야 한다. 같은 데이터라도 어떤 시각화 유형을 사용하느냐에 따라 데이터 인사이트를 직관적으로 전달하는 데 차이가 발생한다. 시간 흐름에 따라 데이터 값의 추이 변화를 표현하고자 한다면 선 차트가 효과적이고, 전체 데이터 중 특정 항목이 차지하는 구성 비중을 표현하는 것이 중요하다면 파이 차트, 트리맵 등을 활용하는 것이 효과적이다. 사용 목적에 따른 적합한 시각화 유형을 선택하기 위해서는 개별 시각화 유형을 이해하고 있어야 한다.

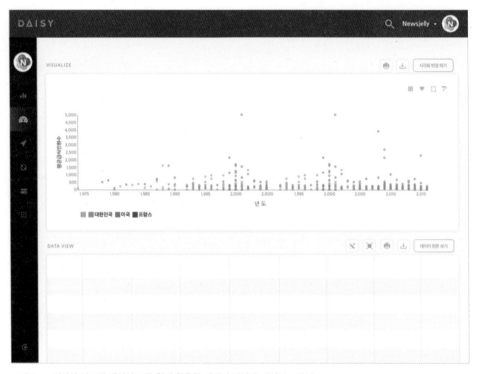

그림 3.44 시각화 차트와 데이터 표를 함께 활용한 데이터 시각화 대시보드의 예

한편, 경우에 따라서는 그림 3.44와 같이 일반적인 시각화 차트와 데이터 표를 함께 활용하는 방법을 고려하는 것도 좋은 방법이다. 시각화 차트는 많은 양의 데이터를 시각적으로 요약해 데이터를 비교하고 인사이트를 도출하는 데 효과적이지만 구체적인 데이터 항목 및 정확한 수치 값을 찾기 어려운 경우도 있기 때문이다.

기업에서 특정 부서의 실무자가 사용하는 대시보드의 경우 그림 3.44와 같은 형태가 효과적인 경우가 많다. 실무자는 단순히 데이터를 모니터링하는 수준보다 깊게 데이터를 살펴봐야 하기 때문이다. 이들이 데이터를 활용하는 목적은 데이터로 구체적인 문제를 파악하고, 해결하기 위한 방안을 도출하는 것이므로 차트의 시각적 패턴뿐만 아니라 구체적인 데이터 항목과 수치를 빠르게 찾는 것이 중요하다. 여기서 데이터 표가 직관적으로 도움이 된다. 데이터 표뿐만 아니라 인터랙티브 데이터 시각화 대시보드의 툴팁으로 상세 데이터 값을 빠르게 확인할 수 있게 하는 것도 방법이다.

한편, 실무자가 아닌 경영진을 위한 시각화 대시보드는 구체적인 데이터 수치 값보다도 기업의 핵심 지표를 모니터링할 수 있도록 하는 것이 대시보드의 주요한 목적이다. 이 경우 데이터를 시각적으로 요약한 시각화 차트 중심의 대시보드가 효과적이다. 즉, 데이터 시각화 대시보드를 사용하는 사람이 누구인지에 따라 대시보드의 구성을 다르게 해야 한다.

둘째, 데이터 시각화 대시보드의 한 화면을 구성하는 시각화 차트 수는 최대 5개 정도로 제한하는 것이 좋다. 종합적인 데이터 인사이트 도출을 위해 여러 개의 시각화 차트를 한 번에 볼 필요성이 있지만, 그렇다고 해서 무조건 많은 것이 좋다고 할 수 없다. 대시보드의 한 화면 안에 너무 많은 시각화 차트를 넣을 경우 오히려 너무 많은 시각화 차트로부터 확인 가능한 데이터 인사이트 중 무엇이 중요한 인사이트인지 구별하기 어려운 상황에 직면할 수 있다. 효과적인 데이터 시각화 대시보드는 단순히 차트를 나열하는 것이 아닌 얻고자 하는 핵심 데이터 인사이트 도출을 목표로 설계된 것이므로 목표 달성에 필요한 최소한의 시각화 차트와 인터랙티브 기능을 구성해 원하는 데이터 인사이트를 직관적으로 도출할 수 있게 해야 한다.

인터랙티브 데이터 시각화 대시보드에서 활용할 수 있는 데이터 필터, 차트 간 인터랙션 등의 기능 역시 데이터 시각화 대시보드 사용자의 구체적인 니즈와 사용 시나리오를 반영해서 적절히 활용한다. 사용자가 원하는 데이터 인사이트를 도출할 수 있는 데이터 탐색 시나리오를 만들고, 이를 구현할 수 있도록 기능 요소의 위치나 활용 방식을 적용한다.

셋째, 모든 니즈를 만족시키기 위한 단 하나의 대시보드를 만들려고 하기보다 니즈를 나눠서 여러 개의 데이터 시각화 대시보드를 만든다. 시각화 차트 하나로 모든 데이터 인사이트를 도출할 수 없듯이, 데이터 시각화 대시보드 하나로 찾고자 하는 모든 데이터 인사이트를 찾을 수 없다.

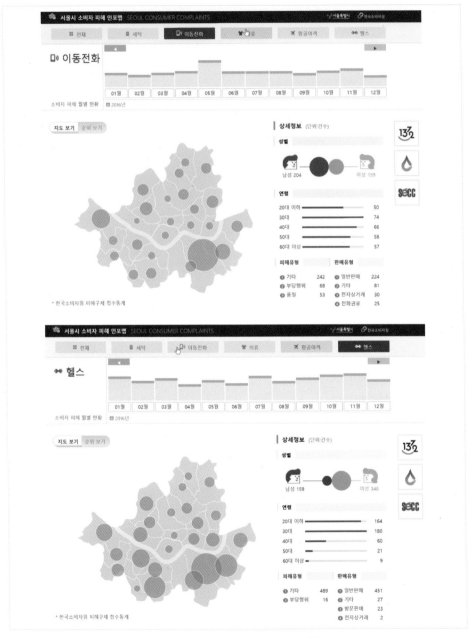

그림 3.45 항목별 데이터 시각화 대시보드를 개별 탭으로 구분해서 제작한 사례[36]

---

36 뉴스젤리, '서울시 소비자 피해 인포맵', http://ecc.seoul.go.kr/infomap/

따라서 데이터 탐색의 세부 기준, 예를 들어 인구 특성별, 지역별, 시간별 등 중 무엇을 기준으로 할 것인지 파악하고 기준별 개별 데이터 시각화 대시보드를 만드는 것이 좋다. 여러 대시보드 간의 이동을 편하게 하기 위해 각 대시보드를 탭으로 구분해서 클릭할 수 있게 하는 방법이 도움이 된다. 그림 3.45는 서울시 자치구별×품목별 소비자 피해 신고 현황을 시각화한 대시보드다. 상단에는 세탁, 이동 전화, 의류, 항공여객, 헬스 탭이 배치돼 있다. 특정 탭을 클릭하면 해당 항목의 데이터를 볼 수 있는 화면으로 이동한다. 한 화면에서 여러 종류의 데이터를 보는 것보다 데이터 종류별로 다른 화면에서 데이터 인사이트를 쉽게 파악할 수 있다.

이처럼 데이터 탐색 기준, 데이터 종류 기준 등 니즈마다 별개의 대시보드 화면을 만들 경우 시각화 대시보드를 만드는 단계에서부터 개별 데이터 시각화 대시보드에서 도출할 수 있는 인사이트를 구체적이고 명확하게 정의한 것이므로 활용하는 데 있어서도 효과적으로 핵심 인사이트를 빠르게 파악할 수 있다는 장점이 있다.

4

시각화를 활용한
데이터 분석,
시각적 분석

일반적으로 우리가 차트를 보거나 사용하는 이유는 데이터 분석 결과를 요약해서 효과적으로 전달하기 위해서다. 그러나 데이터 시각화는 단순히 데이터 분석 결과를 전달하기 위한 목적뿐만 아니라 정확한 분석을 위한 데이터 탐색 방법으로서 효과적으로 활용된다.

시각화 차트의 시각적 패턴으로 데이터 인사이트를 도출하는 것을 시각적 분석(Visualization Analysis)이라고 한다. 어떤 가설을 세우고 이를 데이터로 검증하는 데이터 분석 과정에서 시각화를 중심으로 하는 것이다. 데이터 분석 과정에서 시각화를 활용하면 데이터의 패턴을 시각적으로 빠르게 확인할 수 있다. 또 다양한 차트를 활용해 종합적인 분석 결과도 도출할 수 있다.

시각화를 기반으로 한 데이터 분석인 시각적 분석을 하기 위해서는 데이터 시각화에 대한 이해가 필요한 것은 물론이고, 데이터 집산에 대한 개념 이해와 활용 역량을 높여야 한다. 앞서 우리는 시각화 차트를 만드는 원리와 데이터 집산에 대해 간략히 살펴본 바 있다. 지금부터는 데이터 집산 개념에 대한 깊이 있는 설명과 사례를 통해 이해를 더하고, 시각적 분석에서 데이터 집산이 어떻게 활용되는지, 어떻게 인사이트를 도출하는지 알아보자.

4.1
데이터 집산
개념 이해

데이터 집산은 로우 데이터를 특정 기준으로 묶는 계산을 통해 데이터셋을 추출하는 것이다. 따라서 로우 데이터 중 데이터 분석 대상이 되는 범위로 데이터를 요약한다고 볼 수도 있다.

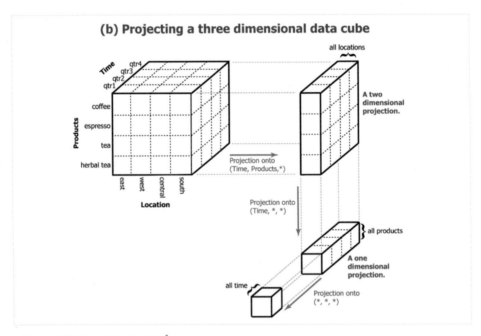

그림 4.1 3차원 변수의 데이터 큐브 투영[1]

1 Chris Stolte, Diane Tang, Pat Hanrahan, 「Multiscale Visualization Using Data Cubes」, https://graphics.stanford.edu/papers/pan_zoom/paper.pdf

그림 4.1은 3개의 변수(지역, 제품, 분기)로 된 로우 데이터를 특정 기준으로 요약하는 과정으로 이해할 수 있다. 가장 먼저 지역을 기준으로 요약할 때 로우 데이터인 데이터 큐브 64개는 16개로 줄어든다. 이를 제품을 기준으로 다시 요약하면 데이터 큐브는 4개로 줄어든다. 마지막으로 분기를 기준으로 요약하면 데이터 큐브는 1개가 된다. 많은 양의 데이터에 포함된 구체적이고 개별적인 정보가 특정 기준에 따라 **추상화**(Abstraction, 복잡한 자료, 모듈, 시스템 등으로부터 핵심적인 개념 또는 기능을 간추려 내는 것)되는 과정이라고 할 수 있다. 이 과정의 단계마다 우리는 개별적인 인사이트를 얻을 수 있으며, 따라서 데이터 집산은 데이터를 특정 기준으로 탐색할 때 유용하게 활용된다.

한편, 데이터 집산을 통해 로우 데이터에서 추출한 데이터셋은 시각적 요소로 표현해 다양한 유형의 시각화 차트를 만들 수 있다.

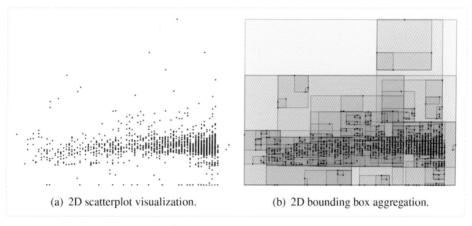

(a) 2D scatterplot visualization.　　(b) 2D bounding box aggregation.

그림 4.2 시각화로 표현한 데이터 집산 개념[2]

그림 4.2는 데이터 집산 개념을 시각적으로 잘 표현한 사례다. 왼쪽 (a) 산점도 차트를 보면 모든 데이터가 개별적으로 흩뿌려져 있음을 볼 수 있다. 이를 특정한 기준으로 집산한 결과가 (b)의 시각화인데, 특정 기준으로 흩뿌려진 데이터 포인트를 모아서 영역으로 표현했다.

2　Niklas Elmqvist, Member, IEEE, and Jean-Daniel Fekete, 「Hierarchical Aggregation for Information Visualization: Overview, Techniques and Design Guidelines」, http://bit.ly/2uPSJfd

우리는 이미 어떤 기준으로 데이터를 집산하느냐에 따라 데이터 하나로도 서로 다른 데이터 셋을 추출할 수 있다는 점을 이해하고 있다. 또 서로 다른 데이터셋을 시각화 차트로 표현하면 서로 다른 시각적 패턴을 확인할 수 있다는 것도 알고 있다. 이 내용을 종합해서 정리하면 데이터 집산을 통해 우리는 다수의 시각화 차트를 만들고 서로 다른 시각적 패턴을 근거로 풍부한 데이터 인사이트를 도출할 수 있다는 것으로, 이는 곧 '시각적 분석'이 가능하다는 것을 의미한다.

미국의 컴퓨터 과학자 벤 슈나이더맨(Ben Shneiderman)은 「정보 시각화를 위한 데이터 분류」라는 제목의 글에서 데이터 분석 및 시각화와 관련해 "먼저 전체를 훑어보고, 원하는 바에 따라 확대하고 축소하거나 데이터를 필터링하라!"(Overviews first, zoom and filter then details on demand)[3]라고 이야기한 바 있다. 우리가 데이터 집산의 기준을 달리하면서 하나의 데이터 안에서 다수의 데이터셋과 시각화 차트를 만들며 인사이트를 도출하는 시각적 분석 과정을 한 문장으로 요약했다고 볼 수 있다. 데이터 집산을 통해 분석 대상 데이터의 범위를 축소할 수도 있고, 반대로 더 자세하게 볼 수도 있기 때문이다. 또 데이터 집산 기준을 시각화 대시보드의 필터로 활용하면 효과적인 데이터 탐색이 가능하다.

---

3 Ben Shneiderman, 「The Eyes Have It: A Task by Data Type Taxonomy for Information Visualizations」 https://www.cs.umd.edu/~ben/papers/Shneiderman1996eyes.pdf

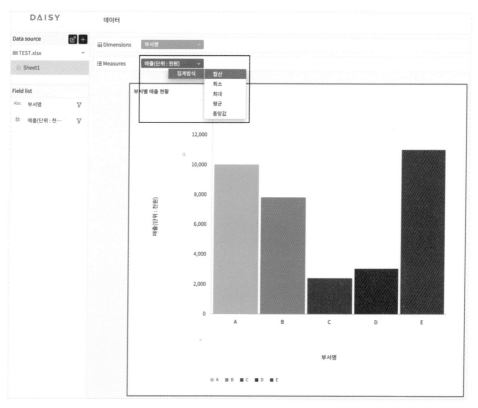

그림 4.3 국내 데이터 시각화 솔루션 DAISY의 집산 기능

데이터 분석, 시각적 분석에서 핵심이 되는 데이터 집산은 대다수의 데이터 시각화 솔루션의 기본적인 기능으로 포함돼 있다. 시각화 솔루션에서 데이터 집산 기능은 보통 클릭만으로도 적용할 수 있을 만큼 손쉬운 사용성을 제공한다. 사용자는 클릭을 통해 데이터 집산 기준을 변경하고, 다른 기준의 데이터 집산 결과를 시각화 차트로 바로 확인할 수 있다. 별도의 데이터 정제 과정을 통해 집산 결과를 얻고, 시각화 차트를 만드는 것이 아니라 선택한 집산 기준에 따라 시각화 차트의 패턴이 달라지기 때문에 데이터 집산 결과를 빠르게 확인하고 바꾸면서 데이터 인사이트를 찾을 수 있다. 따라서 시각화 솔루션을 활용하면 누구나 쉽게 시각적 분석을 할 수 있다.

4.2

데이터 집산을 통한 인사이트 도출

이제 데이터 집산을 통한 데이터 인사이트 도출에 대한 이야기로 넘어가자.

데이터 분석 결과 보고서나 자료를 보면 많은 시각화 차트와 통계표가 포함된 경우가 많다. 이런 보고서를 보고 있으면 '이 보고서에는 정말 많은 종류의 데이터가 활용됐구나!', '이 모든 것을 다 이해하기는 힘들겠다!'라는 생각이 들기도 한다. 데이터에 압도되는 듯한 느낌을 경험하는 것이다.

그러나 굳이 그럴 필요는 없다. 사실 특정 조사 기관이 하나의 조사를 했다면 해당 조사 결과의 데이터는 하나로 정리됐을 것이기 때문이다. 여기서 데이터란 정제되지 않은 원본, 즉 로우 데이터를 의미한다. 그렇다면 로우 데이터는 하나인데 보고서에는 왜 여러 개의 시각화 차트와 통계표가 사용된 것일까? 이는 데이터 분석 과정에서 발견한 서로 다른 인사이트를 명확하게 전달하기 위해서다. 통계청의 발표 자료를 사례로 알아보자.

통계청이 발표한 '2018년 상반기 지역별 고용조사 − 취업자의 산업 및 직업별 특성' 보도자료를 보자. 보도자료 이름만 봤을 때 '지역별' 고용 조사 결과를 취업자의 '산업별' 또 '직업별'로 살펴본다고 하니 여러 종류의 데이터를 활용한 것 같은 느낌이 든다.

나. 성별 취업자

○ 성별로 산업중분류별 취업자 규모를 살펴보면,
 - 남자 취업자는 '전문직별공사업' 103만 8천명, '육상운송및파이프라인운송업' 102만 3천명, '소매업;자동차제외' 98만 7천명 순으로 많았고,
 - 여자 취업자는 '음식점및주점업' 134만 7천명, '소매업;자동차제외' 129만 2천명, '교육서비스업' 124만 6천명 순으로 많았음

< 성별 산업중분류별 상위 취업자 현황 >
(단위: 천명)

다. 연령계층별 취업자

○ 연령계층별로 산업중분류별 취업자 규모를 살펴보면,
 - 15-29세는 '음식점및주점업' 51만 5천명, '소매업;자동차제외' 43만 6천명, '교육서비스업' 32만 6천명 순으로 많았고,
 - 30-49세는 '교육서비스업' 103만 8천명, '소매업;자동차제외' 101만 5천명, '음식점및주점업' 73만 6천명 순으로 많았고,
 - 50세이상은 '농업' 114만 8천명, '음식점및주점업' 84만 3천명, '소매업;자동차제외' 82만 8천명 순으로 많았음

< 연령계층별 산업중분류별 상위 취업자 현황 >
(단위: 천명)

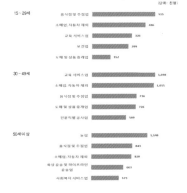

마. 시·도별 취업자

○ 특별·광역시 및 도별로 직업중분류별 취업자 규모를 살펴보면,
 - 서울특별시, 부산광역시, 대구광역시, 인천광역시, 광주광역시, 대전광역시, 울산광역시, 세종특별자치시, 경기도, 강원도, 충청북도, 충청남도, 경상남도, 제주특별자치도는 '경영및회계관련사무직'이 가장 많았고,
 - 전라북도, 전라남도, 경상북도는 '농축산숙련직'이 가장 많았음

< 시·도별 직업중분류별 상위 취업자 현황 >
(단위: 천명)

시도	전체 취업자	1위	취업자	2위	취업자	3위	취업자	4위	취업자	5위	취업자
서울	5,008	경영 및 회계 관련 사무직	879	매장 판매 및 상품 대여직	416	조리 및 음식 관련직	301	32[시스템]제어 및 조립직	288	정보 및 통신 관련직	283
부산	1,653	경영 및 회계 관련 사무직	241	매장 판매 및 상품 대여직	136	조리 및 음식 관련직	95	32[시스템]제어 및 조립직	91	정보 및 통신 관련직	89
대구	1,225	경영 및 회계 관련 사무직	165	매장 판매 및 상품 대여직	100	조리 및 음식 관련직	79	정보 및 통신 관련직	74	교육 전문가 및 관련직	72
인천	1,562	경영 및 회계 관련 사무직	250	매장 판매 및 상품 대여직	117	조리 및 음식 관련직	81	정보 및 통신 관련직	79	32[시스템]제어 및 조립직	76
광주	755	경영 및 회계 관련 사무직	102	매장 판매 및 상품 대여직	61	조리 및 음식 관련직	56	교육 전문가 및 관련직	50	정보 및 통신 관련직	49
대전	760	경영 및 회계 관련 사무직	102	매장 판매 및 상품 대여직	68	조리 및 음식 관련직	47	32[시스템]제어 및 조립직	47	정보 및 통신 관련직	44
울산	571	경영 및 회계 관련 사무직	77	매장 판매 및 상품 대여직	47	조리 및 음식 관련직	40	정보 및 통신 관련직	36	장치 기계조작 및 기술직	30
세종	144	경영 및 회계 관련 사무직	32	교육 전문가 및 관련직	11	32[시스템]제어 및 조립직	9	교육 전문가 및 관련직	8	조리 및 음식 관련직	7
경기	6,796	경영 및 회계 관련 사무직	1,057	매장 판매 및 상품 대여직	466	조리 및 음식 관련직	386	32[시스템]제어 및 조립직	353	정보 및 통신 관련직	349
강원	804	경영 및 회계 관련 사무직	91	매장 판매 및 상품 대여직	80	조리 및 음식 관련직	64	농축산숙련직	64	정보 및 통신 관련직	54
충북	889	경영 및 회계 관련 사무직	92	농축산숙련직	92	조리 및 음식 관련직	58	조리 및 음식 관련직	58	정보 및 통신 관련직	54
충남	1,182	경영 및 회계 관련 사무직	138	농축산숙련직	135	매장 판매 및 상품 대여직	75	조리 및 음식 관련직	73	정보 및 통신 관련직	59
전북	917	농축산숙련직	144	경영 및 회계 관련 사무직	117	매장 판매 및 상품 대여직	71	32[시스템]제어 및 조립직	61	교육 전문가 및 관련직	52
전남	968	농축산숙련직	172	경영 및 회계 관련 사무직	106	매장 판매 및 상품 대여직	75	조리 및 음식 관련직	61	정보 및 통신 관련직	53
경북	1,439	농축산숙련직	211	경영 및 회계 관련 사무직	174	매장 판매 및 상품 대여직	111	조리 및 음식 관련직	93	정보 및 통신 관련직	81
경남	1,733	경영 및 회계 관련 사무직	213	농축산숙련직	157	매장 판매 및 상품 대여직	123	조리 및 음식 관련직	112	정보 및 통신 관련직	107
제주	370	경영 및 회계 관련 사무직	47	농축산숙련직	45	조리 및 음식 관련직	30	매장 판매 및 상품 대여직	29	정보 및 통신 관련직	19

3. 직업대분류별 취업자 현황

가. 종사지위별 취업자

○ 종사상지위별로 직업대분류별 취업자 규모를 살펴보면,
 - 임금근로자는 '전문가및관련종사자' 447만 5천명, '사무종사자' 435만 8천명, '단순노무종사자' 318만 8천명 순으로 많았고,
 - 비임금근로자는 '판매종사자' 135만 7천명, '농림어업숙련종사자' 125만 7천명 순으로 많았음

< 직업대분류별 종사상지위별 취업자 현황 >
(단위: 천명)

직업대분류	전체	임금근로자	상용	임시 일용	비임금근로자
< 전 체 >	26,868	20,043	13,677	6,366	6,825
관리자	350	329	328	1	22
전문가 및 관련종사자	5,468	4,475	3,757	718	994
사무 종사자	4,734	4,358	3,937	421	377
서비스 종사자	2,979	1,974	942	1,032	1,005
판매 종사자	3,009	1,653	760	893	1,357
농림어업 숙련 종사자	1,309	52	21	31	1,257
기능원 및 관련기능종사자	2,331	1,706	976	730	625
장치 기계조작및조립종사자	3,162	2,309	1,971	338	854
단순노무 종사자	3,524	3,188	985	2,203	337

그림 4.4 통계청 보도자료 '2018년 상반기 지역별 고용조사 – 취업자의 산업 및 직업별 특성'의 일부 장표[4]

---

4 통계청, '2018년 상반기 지역별 고용조사 취업자의 산업 및 직업별 특성', 2018. 10. 23. http://bit.ly/37gwJsT

총 49쪽에 이르는 이 보도자료에는 그림 4.4와 같은 수많은 막대 차트와 통계표가 포함돼 있다. 보도자료의 이름을 통해 느꼈던 것처럼 얼핏 보면 각 차트와 표는 모두 다른 데이터인 것처럼 보이기도 한다. **그러나 사실 이 많은 막대 차트와 통계표는 데이터 하나로 만들어진 것이다.**

통계청은 아마 지역별 고용조사의 로우 데이터를 갖고 있을 것이다. 그리고 서로 다른 기준으로 로우 데이터를 집산한 결과를 통계표와 시각화 차트로 표현하는 동시에 주요 인사이트를 글로 적었다. 예를 들어, 그림 4.4를 보면 우리나라의 취업자 수가 성별, 연령계층별, 시·도별, 종사상지위별로 어떤 구성을 보이는지 알 수 있다.

그림 4.5 통계청 국가통계포털(KOSIS), 지역고용조사 결과 통계표 리스트 중 일부[5]

---

5 통계청 국가통계포털(KOSIS), http://bit.ly/2NB4zjT

그림 4.5는 통계청의 국가통계포털 웹 페이지에서 볼 수 있는 지역고용조사 결과 통계표 목록 중 일부다. 통계표별로 제목이 다른 것을 볼 수 있다. 제목에 포함된 '성별', '연령별', '산업별', '직업별' 등의 단어가 로우 데이터의 집산 기준을 무엇으로 삼았는지를 의미한다. 이로써 하나의 데이터를 얼마나 다양한 기준으로 데이터 집산할 수 있는지 알 수 있다. 각 통계 데이터에서 서로 다른 데이터 인사이트를 찾을 수 있다는 것 또한 이해할 수 있다.

다른 한편으로 통계청 국가통계포털을 이용하는 데 있어서 한계점이 있다는 사실도 깨달을 수 있다. 통계청 국가통계포털에서 우리가 확보할 수 있는 데이터는 통계표이지, 로우 데이터가 아니기 때문이다. 통계표 목록의 통계 데이터는 '이러한 집산 조건에 따른 통계표를 사람들이 궁금해하겠구나!'라는 통계청의 판단에 따라 만들어진 것이다. 따라서 만약 자신이 원하는 집산 조건에 따른 통계표를 통계청에서 제공하지 않을 경우, 원하는 데이터를 확보하기 어려운 문제가 발생한다. 공공데이터의 개방은 되도록이면 개인 신상 등 민감한 정보를 제외하거나 비식별 처리를 한 뒤 로우 데이터를 공개하는 방향으로 진행돼야 사회적인 데이터 활용도를 높일 수 있다.

4.3

데이터 집산을 활용한 시각적 분석

해외의 한 시각화 보고서[6]는 데이터 집산 결과가 시각화 결과물 형태의 변화로 이어지는 것을 '**시각적 집산(Visual Aggregation)**'이란 단어로 표현했다. 데이터 분석 과정에서 시각화 차트의 시각적 패턴을 근거로 인사이트를 도출하는 것이 시각적 분석임을 고려하면 **시각적 집산을 활용한 데이터 탐색과 인사이트 도출을 시각적 분석이라고 재정의할 수 있다.**

시각적 분석에서 '차트'는 우리가 흔히 생각하는 '보여 주기용'이 아니라 데이터를 탐색하고 인사이트를 도출하기 위한 '분석 방법'이다. 시각적 집산에 대한 이해를 더하기 위해 데이터 집산의 유형별로 어떻게 시각화 인사이트를 도출하는지 사례를 알아보고자 한다. 데이터 집산의 유형은 집산의 기준이 되는 변수 유형(수치형 변수, 범주형 변수)에 따라 구분한다. 수치형 변수를 활용한 집산은 합계, 평균, 최댓값, 최솟값 등 데이터의 계산 방식을 달리하는 것이고, 범주형 변수를 활용한 집산은 범주형 변수의 항목 값을 기준으로 데이터를 묶는 것이다.

---

6 Niklas Elmqvist, Member, IEEE, and Jean-Daniel Fekete, 「Hierarchical Aggregation for Information Visualization : Overview, Techniques and Design Guidelines」 http://bit.ly/2uPSJfd

수치형 변수를 활용한 시각적 분석

수치형 변수는 계산이 가능한 숫자 형태의 값을 가진 변수다. **시각화 차트는 수치형 변수와 범주형 변수의 조합으로 만들어진다.** 이때 범주형 변수 항목별로 수치형 변수의 값이 합산 (SUM)되는 것이 기본이다.

시각화 차트를 만드는 과정을 바탕으로 수치형 변수의 집산에 대해 이해해보자. 가장 먼저 시각화에 적합한 데이터인 로우 데이터를 준비한다.

사용일자	노선명	역ID	역명	승차총승객수	하차총승객수	등록일자
20180901	1호선	154	종로5가	25548	25874	20180904
20180901	1호선	153	종로3가	33842	32866	20180904
20180901	1호선	152	종각	33943	32180	20180904
20180901	1호선	151	시청	19329	19765	20180904
20180901	1호선	150	서울역	50305	49149	20180904
20180901	1호선	159	동묘앞	12915	13668	20180904
20180901	1호선	158	청량리(서울시립대입구)	26840	28607	20180904
20180901	1호선	157	제기동	21373	22152	20180904
20180901	1호선	156	신설동	13461	13109	20180904
20180901	1호선	155	동대문	15230	17080	20180904
20180902	1호선	150	서울역	41859	37129	20180905
20180902	1호선	151	시청	13716	13647	20180905
20180902	1호선	152	종각	23112	19565	20180905
20180902	1호선	153	종로3가	22219	19707	20180905
20180902	1호선	154	종로5가	11746	11936	20180905
20180902	1호선	155	동대문	13198	15778	20180905
20180902	1호선	156	신설동	10006	10026	20180905
20180902	1호선	157	제기동	14495	15019	20180905
20180902	1호선	158	청량리(서울시립대입구)	20219	21086	20180905
20180902	1호선	159	동묘앞	14195	14495	20180905
20180903	1호선	150	서울역	58778	55241	20180906
20180903	1호선	151	시청	27934	26994	20180906
20180903	1호선	152	종각	48947	47418	20180906
20180903	1호선	153	종로3가	32544	30674	20180906
20180903	1호선	154	종로5가	28052	27718	20180906
20180903	1호선	155	동대문	14079	15126	20180906

그림 4.6 서울시 열린데이터 광장, '서울시 지하철 노선 역별 승하차 인원 정보(2018. 09)[7]

그림 4.6은 서울 열린데이터 광장 웹 사이트에서 공개한 '서울시 지하철 노선 역별 승하차 인원 정보' 데이터다. 파일 형태로 공개된 데이터 중 2018년 9월 데이터를 다운로드했다. 한 열

7 서울특별시, 코레일, 공항철도, 서울시 지하철 노선 역별 승하차 인원 정보, 서울시 열린데이터 광장, http://bit.ly/2R0haze

의 특정 값은 해당 열의 값만 포함하는 로우 데이터 형태임을 알 수 있다. 9월 한 달간 1일 단위로 수집된 데이터로서, 수치형 변수와 범주형 변수를 포함한다. 변수를 유형별로 나눠보면, '사용일자', '노선명', '역ID', '역명', '등록일자'는 범주형 변수다. 수치적으로 계산할 수 있는 숫자 형태의 값을 가진 '승차 총 승객수'와 '하차 총 승객수'는 수치형 변수다.

시각화 차트를 만들 때 수치형 변수가 어떻게 집산되는지 알아보기 위해 데이터 집산 결과물인 통계표를 만들어보자. (앞서 통계표를 시각화 차트 유형 중 하나로 본다고 설명한 바 있다.) 그림 4.6의 데이터를 활용해 1호선 역별로 2018년 9월 한 달 간 승차, 하차 총 승객수를 통계표를 만들면 그림 4.7과 같은 형태가 된다.

호선	역명	합계 : 승차총승객수	합계 : 하차총승객수
1호선	동대문	453408	503536
	동묘앞	332762	355088
	서울역	1629054	1541869
	시청	717317	713302
	신설동	452445	441871
	제기동	630504	653697
	종각	1187159	1139335
	종로3가	967917	897692
	종로5가	711382	719104
	청량리	794762	827468
총합계		7876710	7792962

그림 4.7 2018년 9월 1호선 역별 승차/하차 승객 수 현황

그림 4.7의 통계표를 1호선 역별로 일간 승차, 하차 승객수를 각각 '더해서' 정리한 것이다. 일간으로 집계된 승객수(수치형 변수)를 합산하는 것과 같이 수치형 변수 데이터를 특정한 기준(합산)으로 계산하는 것을 데이터 집산이라고 한다. 그림 4.7을 시각화 요소를 활용해 표현하면 시각화 차트를 만들 수 있다.

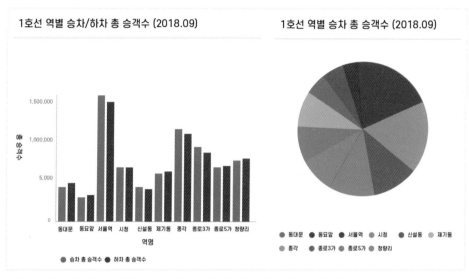

그림 4.8 (좌) 1호선 역별 승차/하차 총 승객수(2018.09), (우) 1호선 역별 승차 총 승객수(2018. 09)

시각화 차트에서 시각화 도형 요소의 크기를 표현하는 기준은 수치형 변수 데이터의 집산 결 괏값이다. 따라서 그림 4.8의 왼쪽 차트처럼 막대 차트를 만들고자 한다면 역별로 막대를 그 리되, 총 승객수의 크기에 따라 막대의 길이를 다르게 표현한다. 한편 파이 차트를 만들려면 역별 총 승객수 크기에 따라 조각의 크기를 달리해 표현한다.

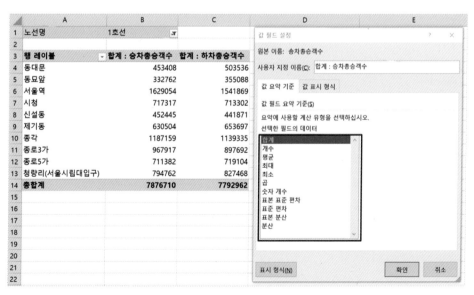

그림 4.9 엑셀 피벗 테이블의 값 필드 설정 화면

만약 같은 데이터로 파이 차트를 그리되 수치 값으로 전체 데이터 중 특정 항목이 차지하는 비중을 알고 싶은 경우에는 어떻게 해야 할까? **수치형 데이터의 집산을 합산이 아닌 전체 중 차지하는 비중을 기준으로 하면 된다.** 엑셀에서 피벗 테이블을 만들어 본 사람이라면 쉽게 이해할 수 있다. 엑셀 화면을 예로 알아보자. 그림 4.9와 같이 엑셀의 피벗 테이블에서는 수치형 변수의 집산 기준으로 합계뿐만 아니라 평균, 중앙값, 최댓값, 최솟값, 빈도수, 표준편차, 분산 등을 선택할 수 있다.

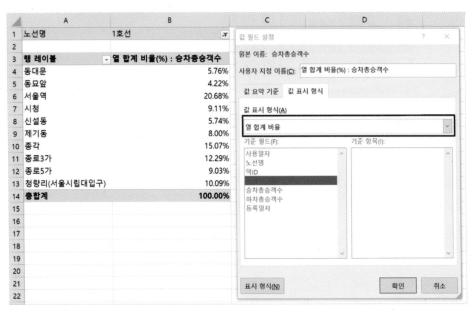

그림 4.10 1호선 역별 승차 총 승객수를 비율로 계산(엑셀, 피벗 테이블 기능 활용)

따라서 전체 데이터 중 특정 항목이 차지하는 비중을 알고 싶은 경우 엑셀을 활용한다면 피벗 테이블 기능으로 '열 합계 비율' 혹은 '행 합계 비율'을 선택하면 된다. 그림 4.10은 1호선 전체 역을 이용한 총 승차 승객수 중 역별 승차 승객수가 차지하는 비중을 계산하기 위해 데이터 집산 기준으로 '열 합계 비율'을 선택한 것이다. 앞서 살펴본 그림 4.7과 달리 그림 4.10에서는 데이터 수치 값이 %로 계산된 것을 볼 수 있다. 수치형 변수의 데이터 집산 기준을 다르게 하면 서로 다른 수치 값을 나타내는 통계표를 만들 수 있다.

시각적 분석에 수치형 변수의 집산이 필요한 이유

시각적 분석에서 수치형 데이터 집산을 이해하고 활용하는 것이 왜 중요할까? 수치형 변수 데이터를 집산할 수 있는 기준(합산, 평균, 중앙값, 최댓값, 최솟값, 빈도수, 표준편차, 분산 등)은 모두 데이터 분석 기초 단계에서 분석 대상 데이터를 한눈에 파악하기 위해 활용하는 것이기 때문이다.

예를 들어, 우리가 학생 30명을 맡게 된 담임 선생님이라고 생각해보자. 담임 선생님으로서 가장 먼저 무엇을 해야 할까? 아마 30명 학생을 여러 기준으로 파악해서 우리 반을 대표하는 특징을 찾아내고자 할 것이다. 예를 들어, 그 기준은 남녀 비율은 어떤지, 키는 다들 비슷한지, 개인별 학습 수준에 차이가 크게 나는지, 학교로부터 가장 먼 곳에 사는 학생은 누구인지 등이 될 수 있다. 기준에 따라 달라지는 학생들의 분포를 확인하고, 이상치가 있는지 등을 확인하면 우리 반의 특징을 찾을 수 있다.

이처럼 수치형 데이터 집산의 여러 기준은 분석 대상 데이터의 특징을 요약하는 역할을 한다. 수학적으로 평균, 중앙값, 표준편차, 분산 등은 '요약 통계'라 불리는데, 데이터를 한눈에 파악하기 위해 활용된다. 요약 통계는 분석 대상 데이터에 대한 기초적인 정보를 파악하기 위해 데이터 분석의 기초 단계에서 필수적으로 확인하는 정보로, 이에 대한 이해가 선행될 때 정확한 데이터 분석 결과 도출이 가능해진다.

지금까지의 이야기를 정리하면 데이터의 특징을 한눈에 파악하고 정확한 데이터 분석을 위해 수치형 변수 데이터를 여러 기준으로 집산해봐야 한다는 것이다. 수치형 데이터 집산 결과를 시각화로 표현하면 데이터의 특징을 시각적으로 한눈에 파악할 수 있다. **'요약 통계'가 데이터를 수치로 요약해서 보여준다면 '시각화'는 요약한 데이터 수치를 시각적으로 표현해 직관적인 해석을 가능하게 한다. 데이터 분석의 효과를 극대화하기 위해서는 이 둘을 함께 활용해야 한다.**

수치형 변수 집산을 활용한 시각적 분석 사례

이제 실제 분석 사례를 통해 시각적 분석에서 어떻게 수치형 변수 집산이 활용되는지 알아보자. 분석에 활용한 데이터는 서울시 지하철 호선별 역별 승하차 인원 수 데이터다. 2018년 1월부터 9월까지의 월별 데이터를 수집해서 활용했다.

사용일자	노선명	역ID	역명	승차총승객수	하차총승객수	등록일자
20180101	1호선	151	시청	12256	10889	20180104
20180101	1호선	152	종각	22524	17721	20180104
20180101	1호선	153	종로3가	18578	15828	20180104
20180101	1호선	154	종로5가	10588	10225	20180104
20180101	1호선	155	동대문	10044	10855	20180104
20180101	1호선	156	신설동	7257	7050	20180104
20180101	1호선	157	제기동	10290	10559	20180104
20180101	1호선	158	청량리(서울시립대입구)	17025	17058	20180104
20180101	1호선	159	동묘앞	7858	8346	20180104
20180101	2호선	201	시청	8081	5865	20180104
20180101	2호선	202	을지로입구	22824	21471	20180104
20180101	2호선	203	을지로3가	7060	6496	20180104
20180101	2호선	204	을지로4가	3447	3213	20180104
20180101	2호선	205	동대문역사문화공원	10909	11727	20180104
20180101	2호선	206	신당	7206	8039	20180104
20180101	2호선	207	상왕십리	5671	5910	20180104
20180101	2호선	208	왕십리(성동구청)	9480	8790	20180104

그림 4.11 서울시 열린데이터 광장, '서울시 지하철노선 역별 승하차 인원 정보(2018. 01~09)[8]

그림 4.11을 보면 열에 포함된 특정 데이터 값이 해당 열의 정보만 가진 로우 데이터 형태임을 알 수 있다. 데이터는 일간으로 수집됐다. 데이터에 포함된 변수의 유형을 나눠보면, '사용일자', '노선명', '역ID', '역명'은 범주형 변수이고, '승차 총 승객수'와 '하차 총 승객수'는 수치형 변수다.

데이터를 확인한 뒤 시각화 차트를 만들고 데이터 인사이트를 찾는 것이 시각적 분석이다. 수치형 데이터 집산의 기준을 다르게 해서 시각적 분석을 해보자. 가장 먼저 2018년 1월부터 9월까지 서울시 지하철역 가운데 가장 많은 승차 승객수를 기록한 역을 찾아보자. 지하철 역이 매우 많으므로 상위 10개 지하철역으로 범위를 제한해서 살펴보자.

---

8 서울특별시, 코레일, 공항철도, 서울시 지하철 노선 역별 승하차 인원 정보, 서울시 열린데이터 광장, http://bit.ly/2R0haze

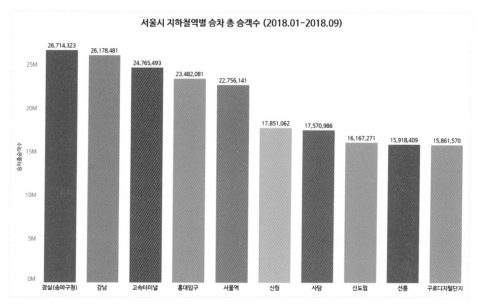

그림 4.12 서울시 지하철 역별 승차 총 승객수, 2018년 1월 ~ 9월 누적, 상위 10개역

그림 4.12는 2018년 1월부터 9월까지 일별로 수집된 승차 승객수를 역별로 '합산'한 뒤 상위 10개 지하철역 데이터를 막대 차트로 그린 것이다. 가장 많은 누적 승차 승객수를 기록한 역은 잠실(송파구청)역이다. 그 뒤를 강남, 고속터미널, 홍대입구, 서울역이 이었다. 2018년 9월까지 누적 승차 승객수가 2천만 명을 넘는 것을 알 수 있다.

다음으로 하루 평균 승차 승객수가 많은 상위 10개 역을 찾아보자. 일간으로 수집된 승차 총 승객 수 데이터의 집산 기준을 '평균'으로 하면 된다. 같은 데이터지만 계산 방식에 따라 시각화 차트로 표현될 수치 값이 달라진다. '평균' 값을 기준으로 한 집산 결과를 막대 차트로 시각화했다.

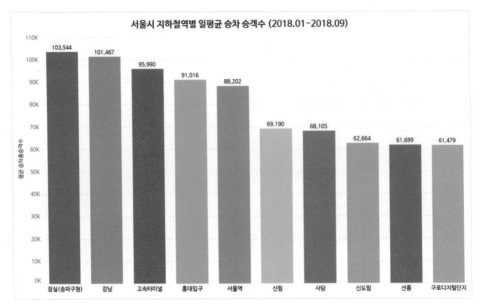

그림 4.13 서울시 지하철 역별 일평균 승차 승객수(2018년 1월 ~ 9월) 상위 10개역

그림 4.13으로 질문의 답을 찾을 수 있다. 2018년 1월부터 9월까지 9개월간 하루 평균 승차 승객수 기준으로 상위 10개 지하철역을 살펴보면 앞서 그림 4.12를 통해 확인한 누적 승차 총 승객수 기준으로 상위 10개 지하철역과 같다는 것을 알 수 있다. 아무래도 하루 평균 승차 승객수가 많은 지하철역의 누적 승차 승객수가 많은 것이 자연스러운 결과이기 때문에 이 같은 결과가 나온 것이라고 볼 수 있다.

중앙값을 기준으로 데이터를 집산하면 어떨까? 서울시 지하철역별 승차 승객수를 막대 차트로 시각화하되 이번에는 데이터 집산의 기준을 '중앙값'으로 해봤다.

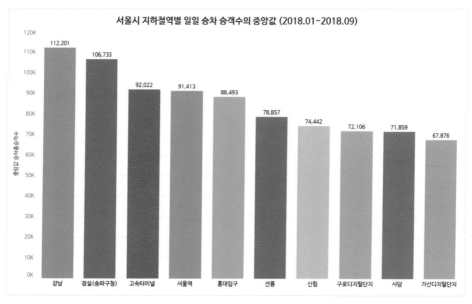

그림 4.14 서울시 지하철 역별 일일 승차 승객수의 중앙값(2018년 1월 ~ 9월) 상위 10개역

그림 4.14는 서울시 지하철 역별 일일 승차 승객수를 중앙값으로 집산한 결과로 상위 10개 역을 나타냈다. 이번에는 그림 4.12, 4.13과 달리 강남역이 1위를 차지한 것을 볼 수 있다. 평균과 달리 이상치의 영향을 받지 않는 특징을 갖는 중앙값을 기준으로 보면 하루 평균 승차 승객수 기준 1위를 차지했던 잠실(송파구청)역은 2위로 내려가고, 강남역이 1위를 차지했다. 서울역, 선릉역, 구로디지털단지역의 경우도 유사하게 평균을 기준으로 했을 때보다 중앙값을 기준으로 했을 때 순위가 높아졌다. 중앙값의 개념 정의를 역으로 생각해보면 이들 역의 경우 평균값 계산 결과에 이상치의 영향이 컸음을 알 수 있다. 한편, '합산', '평균' 기준의 데이터 집산 결과에서 상위 10위권에 포함되지 않았던 가산디지털단지역의 중앙값이 상위 10위권 내 등장한 것도 눈에 띈다.

이제 지난 9개월간 일일 최대 승차 승객수를 기준으로 한 상위 10개 지하철역을 알아보자. 또 반대로 일일 최소 승차 승객수를 기준으로 할 때 상위 10개 지하철역도 살펴보자. 데이터 집산의 기준으로 각각 '최댓값'과 '최솟값'을 활용하면 된다.

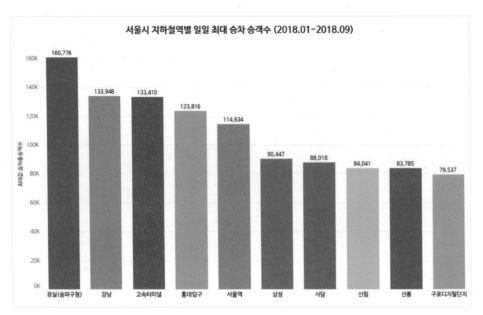

그림 4.15 서울시 지하철 역별 일일 최대 승차 승객수(2018년 1월 ~ 9월) 상위 10개역

그림 4.15는 서울시 지하철 역별 일일 승차 승객수를 최댓값을 기준으로 집산한 결과를 표현한 막대 차트다. 상위 10개 역을 살펴보면 주로 앞에서 살펴본 데이터 집산 결과 상위권에 이름을 올리지 못했던 지하철역이 나타난 것이 특징이다. 삼성역의 경우 누적 승차 승객수, 하루 평균 승차 승객수 기준 상위 10위권에 들지 못했지만 일일 최대 승차 승객수 기준으로 6위에 올랐다.

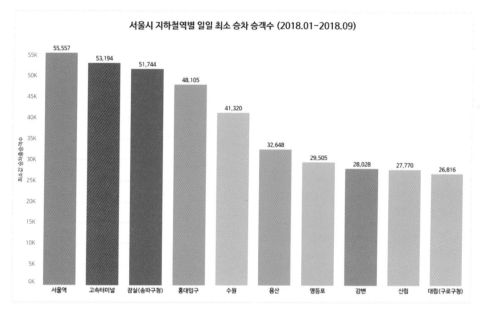

그림 4.16 서울시 지하철 역별 일일 최소 승차 승객수(2018년 1월 ~ 9월) 상위 10개 역

이번에는 일일 최소 승차 승객수 기준으로 상위 10개 지하철역을 막대 차트로 시각화한 그림 4.16을 보자. 1위는 서울역(5만 5천 557명)이다. 서울역의 경우 누적 총 승차 승객수, 하루 평균 승차 승객수, 일일 최대 승차 승객수에 이어 일일 최소 승차 승객수까지도 다른 지하철 역에 비해 높은 수준임을 알 수 있다. 이와 비슷한 패턴을 보인 지하철역으로 고속터미널, 잠실(송파구청), 홍대입구, 신림역을 찾을 수도 있다.

지금까지 승차 승객수의 데이터 집산 기준을 다르게 해서 막대 차트를 그리고, 그 결과로 알 수 있는 인사이트를 정리했다. **같은 데이터를 사용했고, 모두 막대 차트로 시각화했으나 얻을 수 있는 인사이트는 모두 달랐다.** 시각적 분석에 수치형 변수의 데이터 집산이 어떻게 활용되 는지 직접적으로 이해할 수 있다.

한편, 지금까지 과정상 수치형 변수 데이터를 집산한 기준은 데이터 분포를 파악하는 요약 통 계의 항목이었다. 그 결과를 모두 막대 차트로 시각화했지만 이를 하나의 시각화로 표현하는 방법도 있다. 바로 **박스 플롯(box plot, box-and whisker plot)**을 활용하는 방법이다. 물 론 데이터 집산 기준별 상위 10개 지하철역을 파악하기는 어려우나 지하철역별로 일일 승차 승객수의 분포를 직관적으로 파악하는 데 효과적이다.

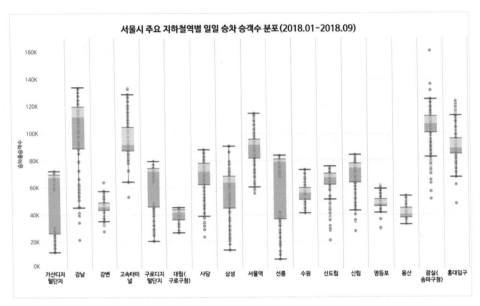

그림 4.17 서울시 지하철 주요 역별 일일 승차 승객수 분포(2018년 1월 ~ 9월)

그림 4.17은 앞선 분석 사례에서 살펴본 지하철역별 일일 승차 승객수 데이터를 박스 플롯으로 시각화한 결과다. 노란색 점은 일일 승차 승객수를 의미한다. 점의 분포를 통해 지하철역별 일일 승차 승객수 분포를 이해할 수 있다. 또 검은색 선은 수염이라고 부르는데, 선의 범위 밖의 점을 이상치(혹은 아웃라이어)라고 보면 된다. 지하철역별로 점들이 몰려 있다면 일일 승차 승객수가 일별로 비슷한 수준이라는 것을 의미한다. 반대로 점이 넓게 퍼져 있다면 일일 승차 승객수의 변동이 큰 것이다. 박스 플롯에 대한 기본적인 이해를 바탕으로 지하철역별 분포를 비교해서 인사이트를 도출할 수 있다.

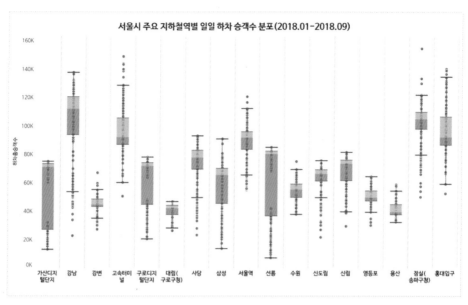

그림 4.18 서울시 지하철 주요 역별 일일 하차 승객수 분포(2018년 1월 ~ 9월)

추가로 이번에는 앞선 분석 사례에서 분석 대상으로 하지 않은 수치형 변수 '하차 승객수'를 기준으로 데이터 집산 기준을 달리해서 인사이트를 도출할 수도 있다. 그림 4.18과 같이 박스 플롯 시각화를 그렸을 때, 승차 승객수를 기준으로 그린 박스 플롯 시각화(그림 4.17)와 시각적 패턴이 다른 것을 알 수 있다. 승차 승객수 기준의 데이터 인사이트와 비교하면서 '서울시 지하철역별 승객 현황'에 대한 종합적인 데이터 분석 결과를 도출할 수 있다.

한편, 수치형 변수의 데이터 집산은 기본적인 요약 통계를 내는 기준뿐 아니라 **데이터 분석을 하는 사람이 임의로 그 기준을 만들어 활용할 수도 있다.** 그 방법은 사칙연산을 활용해 원하는 수식을 만들고 계산해서 활용하는 것이다. 예를 들면, 승차 승객수와 하차 승객수를 더해 '총 승객수'라는 새로운 수치형 변수를 만들어 시각적 분석에 활용할 수 있다. 이 경우 기존 변수를 활용해 **파생변수**를 만들었다고 한다. 파생변수를 활용하면 좀 더 다양한 데이터 탐색과 인사이트 도출이 가능하다.

범주형 변수를 활용한 시각적 분석

범주형 변수는 개별 항목으로 구분되는 데이터 값을 갖는 변수를 말한다. 범주형 변수의 값은 텍스트, 날짜 형태를 갖는다. 간혹 숫자 형태의 값을 갖는 변수를 범주형 변수로 활용하기도 하는데, 이 경우 숫자의 형태를 띤 값이지만 수학적으로 계산할 수 없다는 특성을 갖고 있다는 점이 수치형 변수와 구별된다.

주문 날짜	우선순위	지역	상품 분류	주문 건수	판매량	할인율	단가
2012-12-30	낮음	부산	사무용품	37	257.46	0.09	7.28
2012-12-30	중간	서울	사무용품	10	14.15	0.1	1.48
2012-12-30	낮음	서울	기기·기계	31	672.93	0	19.98
2012-12-30	낮음	서울	사무용품	1	803.33	0.09	832.81
2012-12-30	미정	제주	가구	45	580.96	0.08	13.73
2012-12-30	미정	인천	가구	6	391.12	0.06	60.98
2012-12-30	미정	인천	사무용품	35	448.1	0.1	13.48
2012-12-29	중간	인천	사무용품	27	176.1	0.09	6.78
2012-12-29	중간	경기	사무용품	36	12690.33	0.08	367.99
2012-12-29	높음	경기	사무용품	40	181.8	0.05	4.54
2012-12-29	최우선	서울	기기·기계	46	1936.45	0.1	43.22
2012-12-29	최우선	서울	가구	17	3711.04	0.04	218.75
2012-12-29	미정	인천	사무용품	45	178.7	0.07	3.95
2012-12-28	최우선	서울	사무용품	26	560.03	0.04	21.66
2012-12-28	미정	강원	사무용품	30	2116.7	0.02	67.28
2012-12-28	중간	인천	사무용품	2	44.45	0.01	20.98

그림 4.19 범주형 변수의 유형 – 텍스트, 날짜, 지역, 숫자

범주형 변수의 종류는 텍스트 값이 무엇을 의미하느냐에 따라 조금 더 세분화해 볼 수 있는데, 1) 일반 텍스트 2) 지역 3) 날짜 4) 숫자로 정리할 수 있다.

시각적 분석에 범주형 변수의 집산이 필요한 이유

범주형 변수의 데이터 집산은 특정한 변수 값을 기준으로 전체 데이터를 여러 그룹으로 나누는 것이다. 전체 데이터를 성별, 연령별, 지역별 그룹 등으로 나누는 것을 예로 들 수 있다. 수학적 계산 과정에 따라 데이터를 집산하는 수치형 변수의 데이터 집산과 구별된다.

시각화 차트는 범주형 변수와 수치형 변수의 데이터 집산 결과를 시각적 요소로 표현한 것이다. 풀어서 설명하면 먼저 전체 데이터를 범주형 변수 기준으로 여러 그룹으로 나눈 뒤, 각 그룹별 수치형 변수의 값을 수학적으로 계산한 결과를 시각화하는 것이다.

대부분 데이터 하나에도 여러 개의 범주형 변수가 포함된다. 따라서 시각화 차트를 만들 때 어떤 범주형 변수를 활용하느냐에 따라 서로 다른 결과물을 얻을 수 있다. 범주형 변수의 데이터 집산을 적극적으로 활용하면 우리는 데이터 하나로도 수십 개 혹은 그 이상으로 데이터를 나눠서 살펴볼 수 있다. 서로 다른 기준으로 데이터 집산한 시각화 차트의 시각적 패턴을 근거로 다양한 데이터 인사이트를 찾을 수 있다.

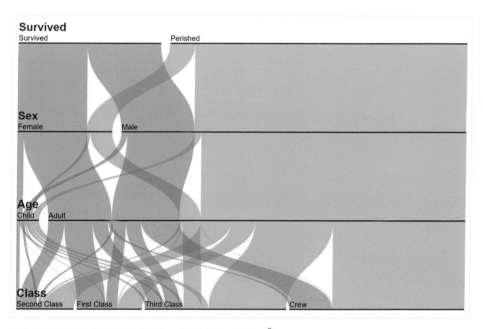

그림 4.20 타이타닉 생존자 분포 시각화 – 패러럴 셋(Parallel Sets)[9]

9　Jason Davies, 'Parallel sets', https://www.jasondavies.com/parallel-sets/

간단한 예로 범주형 변수의 데이터 집산의 효과를 알아보자. 그림 4.20은 1912년 타이타닉 침몰 사고 당시 탑승객 분포를 시각화한 것이다. 4개의 범주형 변수(생존 여부, 성별, 연령, 등급)별로 데이터를 집산한 결과를 한 번에 시각화했다. 이러한 시각화 유형을 페러럴 셋(Parallel Sets)이라고 하는데, 여러 개의 범주형 변수를 기준에 따라 탑승객의 비중이 어떻게 달라지는지 한눈에 알 수 있다는 것이 장점이다.

먼저 시각화의 상단을 보면 첫 번째 범주형 변수의 기준이 생존 여부인 것을 볼 수 있다. 생존 여부를 기준으로 전체 탑승객의 그룹을 나눠보면 생존자보다 사망자가 많다. 나머지 범주형 변수 기준별로도 데이터를 살펴보자. 성별을 기준으로 할 때 여성보다는 많은 남성이 탑승해 있었으며, 아이보다는 어른의 비중이 압도적이었다. 또 탑승객 등급별로 그룹을 나눴을 때는 선원이 가장 많았다.

위 사례를 통해 서로 다른 범주형 변수를 기준으로 할 때마다 알 수 있는 데이터 인사이트가 달라진다는 것을 이해할 수 있다. 역으로 생각하면 다양한 데이터 인사이트를 도출하기 위해 여러 개의 범주형 변수를 기준으로 데이터를 집산해보는 과정이 데이터 분석 과정에 필요하다는 것 역시 알 수 있다.

범주형 변수의 데이터 집산에 효과적인 시각화 유형

범주형 변수는 다양한 시각화 유형 중 적합한 시각화 유형을 결정하는 데 중요한 기준이 된다. 효과적인 시각적 분석을 위해 범주형 변수를 활용한 데이터 집산 결과를 어떤 시각화 유형으로 만들면 좋을지 생각해보자.

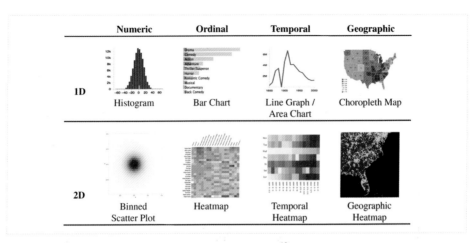

그림 4.21 범주형 변수 유형에 따른 적합한 시각화 유형 예(1차원, 2차원)[10]

범주형 변수의 세부 유형에 따라 효과적인 시각화 유형이 달라진다. 그림 4.21로 살펴보자. 가장 먼저 범주형 변수가 지역 정보를 포함한다면 지도 시각화, 시계열 정보를 포함한다면 시계열에 적합한 선 차트 등의 시각화 유형을 사용하는 것이 좋다. 그 밖에 텍스트를 값으로 갖는 범주형 변수의 경우, 시각화 의도에 따라 유형을 선택하면 된다.

구체적인 사례를 통해 범주형 변수의 세부 유형별로 활용하면 좋을 시각화 유형은 무엇인지 알아보자.

1) '텍스트' 변수를 활용한 데이터 집산과 시각화

텍스트 변수는 범주형 변수 가운데 텍스트 형태의 값을 데이터로 갖는 경우를 말한다. 데이터 값은 독립적인 항목으로 구분된다. 이를 활용해 시각화 차트를 만드는 방법은 **범주형 변수의 항목별로 시각화 요소를 그리되, 그 크기나 색을 수치형 변수의 데이터 집산 결과에 따르는 것이다.**

---

10 Zhicheng Liu, Biye Jiang and Jeffrey Heer, 「imMense : Real-time Visual Querying of Big Data」 (2013), https://sfu-db.github.io/cmpt884-fall16/Papers/immens.pdf

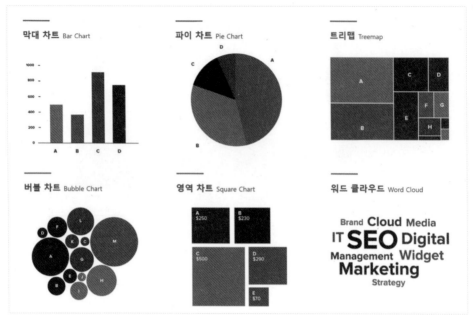

그림 4.22 텍스트 형태의 값을 갖는 범주형 변수를 활용할 경우 적합한 시각화 유형

기본적으로 항목별 개별 시각화 요소로 데이터를 표현하는 모든 시각화 유형이 여기에 포함
된다. 그림 4.22의 막대 차트, 파이 차트, 트리맵, 버블 차트, 워드 클라우드 등을 예로 들 수
있다.

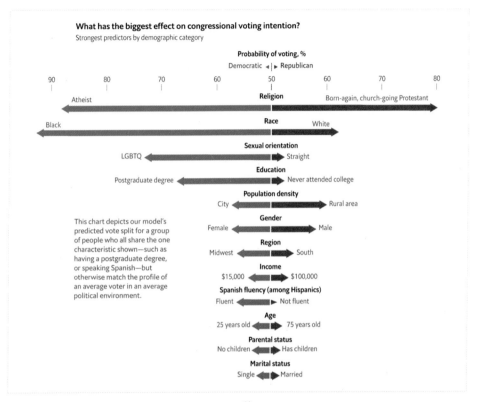

그림 4.23 기준 항목별(범주형 변수) 투표 가능 정당 비중 비교[11]

그림 4.23은 '미국 의회 투표 의사결정에 가장 큰 영향을 미치는 것은 무엇일까?'라는 주제에
따라 범주형 변수(종교, 인종, 성적 취향, 교육, 인구, 성별, 지역, 소득 등) 12개를 기준으로
데이터를 집산하고 시각화한 것이다. 인구 피라미드 차트와 유사해 보이는데, 정확하게는 나
비 차트(Butterfly Chart)로 볼 수 있다. 2가지 데이터 값을 갖는 범주형 변수 하나를 선택해
양방향 막대 차트를 그린 뒤, 같은 방식으로 그린 12개의 양방향 막대 차트를 일렬로 나열했
다. **범주형 변수 기준별로 데이터 집산 결과가 다른 것을 한눈에 파악할 수 있다.** 차트를 해석
해보면 미국 의회 투표에서 백인보다는 흑인, 종교가 없는 사람이 민주당에 투표할 가능성이
크다는 사실을 알 수 있다.

---

11 'How the forecast an American's vote', The Economist, 2018. 11. 03, https://econ.st/2R0Q1w0

텍스트 변수의 데이터 값이 특정한 의미 정보를 갖는 경우도 있다. 데이터 값이 순서의 의미를 갖는 경우가 대표적이다. 계절을 예로 들면, 계절은 텍스트 형태의 값이면서, '봄, 여름, 가을, 겨울'의 의미적 순서를 갖는다. 이 경우 항목별 개별 시각화 요소로 데이터를 표현하는 시각화 유형을 사용하되 **항목의 순서를 고려해서 요소를 배치하는 것이 좋다.**

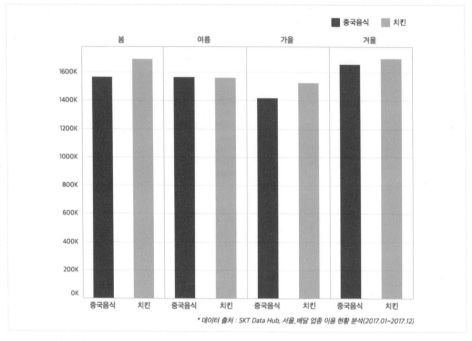

그림 4.24 서울시 배달 음식 업종 이용 현황(2017년)

그림 4.24는 2017년 서울시 배달 음식 업종 이용 현황을 계절별로 시각화한 그룹 막대 차트다. 봄, 여름, 가을, 겨울 순서대로 막대를 배치해서 시간 흐름에 따른 데이터의 변화를 쉽게 파악할 수 있게 했다.

텍스트 형태의 범주형 변수 2개가 의미상 계층 구조를 갖는 경우도 있다. 계층 구조를 갖는 텍스트 변수 2개 이상을 활용한 데이터 집산 결과를 시각화할 경우 **계층 구조를 표현하는 데 효과적인 시각화 유형을 선택하는 것이 좋다.**

그림 4.25 계층형 데이터 시각화의 대표적인 유형

그 예로 그림 4.25의 트리맵, 서클 패킹(Circle Packing), 선버스트(Sunburst) 차트 등이 있다. 시각화 사례를 바탕으로 이해를 더해보자.

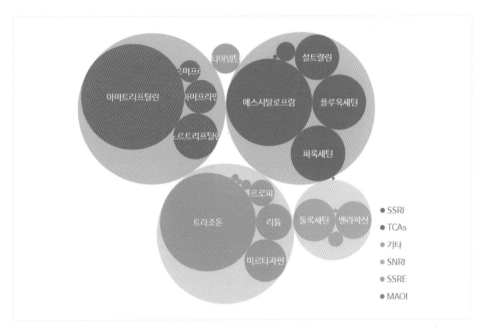

그림 4.26 우울증 항우울제 처방 현황(2015) – 항우울제 계열별 성분별 비중[12]

12　뉴스젤리, '대한민국 우울증 보고서', http://project,newsjel.ly/depressed/

그림 4.26은 2015년 기준 국내 우울증 환자에게 처방된 항우울제의 계열별, 성분별 비중을 한번에 보여주는 서클 패킹 시각화다. 두 개의 텍스트 변수(계열, 성분)를 기준으로 데이터를 집산한 뒤 시각화했다. 첫 번째 텍스트 변수인 계열(SSRI, TCAs, SNRI, SSRE, MAOI, 기타)을 기준으로 할 때 SSRI 계열(남색) 항우울제가 가장 많이 처방된 것을 알 수 있다. 다음으로 두 번째 텍스트 변수인 성분을 기준으로 보면 SSRI 계열 항우울제 중에서도 '에스시탈로프람' 성분 처방이 가장 많았다. **하나의 시각화 유형으로 계층별 데이터의 비중을 파악할 수 있다는 것이 장점이다.**

2) '지역' 변수를 활용한 데이터 집산과 시각화

텍스트 변수 중에서도 지역 이름이 데이터 값인 경우 '지역' 변수로 구분한다. 지역 변수의 경우, 텍스트 변수 그 자체로 활용할 수 있으면서도 지역의 지리적 정보(위치, 영역)를 부가적으로 활용할 수 있으므로 **다양한 지도 시각화 유형으로 만드는 것이 효과적인 시각화 방법이다.** 단순히 지역별 데이터의 수치적 크기를 비교하는 데서 나아가 지역의 지형, 인구 등의 특성을 함께 고려해 보다 종합적인 인사이트를 찾을 수 있다.

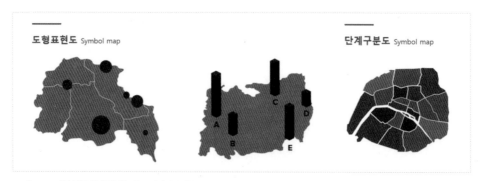

그림 4.27 지역 변수를 활용한 지도 시각화 유형

지도 시각화의 대표적인 예로 도형 표현도와 단계 구분도를 들 수 있다. 도형 표현도는 지역별 데이터의 크기를 시각화 요소(원, 사각형, 막대, 파이 차트 등)로 표현한다. 반면 단계 구분도는 지역 영역 범위마다 데이터의 크기를 색으로 표현한다.

지도 시각화에서는 어떻게 범주형 변수의 집산을 활용해 데이터 인사이트를 도출할 수 있을까? 지역 변수는 그 자체로 계층적인 의미를 갖는다. **계층을 개별 범주형 변수로 활용해 데이터를 집산 및 시각화하면 시각화마다 서로 다른 인사이트를 발견할 수 있다.**

그림 4.28 서울시 인구 현황, 단계 구분도로 시각화[13]

예를 살펴보자. 그림 4.28은 서울시 자치구별 인구수 데이터를 시각화한 단계 구분도다. 3개의 단계 구분도에 차이가 있다면 시각화로 표현할 때 활용한 범주형 변수의 지역적 계층이 다르다는 것이다. 중앙에 있는 단계 구분도를 보자. 범주형 변수로 자치구를 기준으로 인구수를 합산한 뒤 시각화했다. 자치구별 영역에 인구수의 크기에 따라 색을 달리 표현했는데, 왼쪽 단계구분도는 '자치구'보다 큰 개념인 '시/도'를 기준으로 한 것이다. 자치구를 기준으로 했을 때와 다른 시각적 패턴을 보인다.

일반적인 지역 계층 외에 임의로 계층을 만들어서 시각화할 수도 있다. 서울시를 생활권역으로 나누는 것이다. 서울시의 생활권역은 5개로 나뉜다. 이를 범주형 변수 기준으로 하면 오른쪽의 단계 구분도를 그릴 수 있다. 데이터 분석가가 임의로 범주형 변수의 변수를 만들어 사용한다는 점에서 파생변수를 만들어 활용했다고 볼 수 있다. 3개의 단계 구분도를 통해 어떤 지역 계층 단위를 범주형 변수로 활용하느냐에 따라 같은 데이터를 사용하더라도 서로 다른 시각적 패턴을 보이는 시각화를 만들 수 있음을 알 수 있다.

13 서울특별시 스마트도시정책관 빅데이터담당관, '서울시 주민등록인구(구별) 통계', 서울 열린데이터 광장, http://bit.ly/35ZEdP6

3) '날짜' 변수를 활용한 데이터 집산과 시각화

범주형 변수 중 날짜 형태의 값을 갖는 변수를 '날짜' 변수로 구분한다. '날짜'라고 하지만 경우에 따라 시간 정보를 포함하는 경우도 있다. 날짜 변수를 포함한 데이터는 시간에 따라 데이터를 수집한 것으로, **시계열 데이터**라고도 한다.

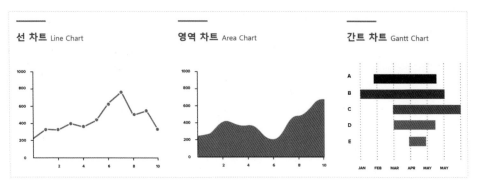

그림 4.29 날짜 변수 데이터를 표현하는 데 효과적인 시각화 유형

날짜 변수를 활용한 데이터 시각화는 시간의 흐름에 따라 변화하는 데이터를 직관적으로 보여주는 것이 중요하다. 주로 선 차트, 영역 차트, 간트 차트 등을 사용한다. 선 차트, 영역 차트는 데이터의 변화를 선의 높낮이 기준으로 파악할 수 있고, 간트 차트는 막대의 길이로 사건(이벤트)별 기간의 길이를 빠르게 알 수 있다.

날짜 변수도 지역 변수처럼 그 자체로 계층적인 의미 정보를 갖는다. 일간으로 수집된 데이터라도 주, 월, 분기, 계절, 년 등 다른 계층을 기준으로 데이터를 집산할 수 있다. 물론 서로 다른 기준에 따라 다른 시각적 패턴의 차트를 만들고 다양한 인사이트를 도출할 수 있다.

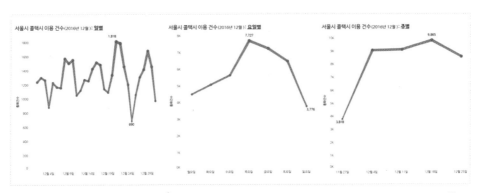

그림 4.30 2016년 12월 한 달간 서울시 콜택시 이용 건수의 날짜 변수 계층 기준을 달리한 데이터 집산 결과 시각화[14]

그림 4.30은 2016년 12월 서울시 콜택시 이용 건수 데이터로 만든 선 차트다. 일간으로 수집된 데이터지만 집산의 기준이 되는 계층을 다르게 해서 요일별, 주별 이용 건수 현황 선 차트도 만들었다. 일별 서울시 콜택시 이용 건수의 변화, 요일별, 주별 이용 건수의 변화를 개별 차트의 시각적 패턴을 바탕으로 파악할 수 있다.

선 차트, 영역 차트, 간트 차트 외에도 날짜 변수의 데이터 집산 결과를 시각화하는 다양한 방법이 있다. 우리에게 다소 낯선 형태지만 유용한 시각화 유형 사례를 알아보자.

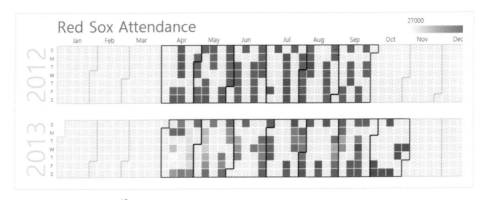

그림 4.31 캘린더 차트의 예[15]

14 SK 텔레콤 빅데이터 허브, '16년 12월 서울 콜택시 이용 통화량', https://www.bigdatahub.co.kr/product/view.do?pid=1001438

15 Google Chart, 'Calendar Chart', http://bit.ly/30JXDXg

가장 먼저 **캘린더 차트**를 알아보자. 그림 4.31로 알 수 있듯이 캘린더 차트는 일 단위의 데이터 수치를 달력과 같은 형태로 시각화한다. 데이터의 크기는 일별 영역에 색을 다르게 하는 방식으로 표현한다. 데이터의 크기가 클수록 색을 진하게 표현한다.

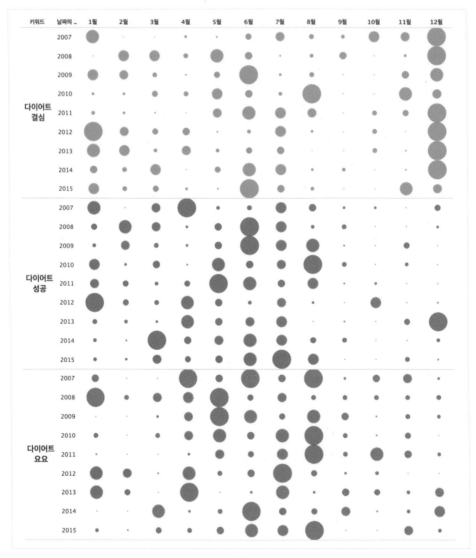

그림 4.32 연도별 x 월별 다이어트 연관 키워드 검색량 변화[16]

---

16 뉴스젤리, '데이터로 보는 다이어트', http://bit.ly/38XwSBs

캘린더 차트와 비슷해 보이지만 알고 보면 다른 **XY 히트맵**도 시계열 데이터를 시각화하는 데 유용하다. 날짜 변수의 데이터 집산 계층 중 2가지를 선택해 시각화한다. 그림 4.32를 예로 살펴보자. 그림 4.32는 지난 2007년부터 2015년까지 '다이어트 결심', '다이어트 성공', '다이어트 요요' 키워드 검색량을 XY 히트맵의 형태로 제작한 사례다. 차트의 X축은 월, Y축은 연도를 의미한다. 보통의 XY 히트맵은 데이터의 크기를 영역별 색을 다르게 해서 표현하는데 그림 4.32는 키워드 검색량의 크기에 따라 원의 크기를 달리해서 표현했다. 이로써 연도×월별 데이터의 분포를 파악할 수 있는데, 주로 12월에 '다이어트 결심' 키워드 검색량이 많은 것을 알 수 있고, 4월과 8월 사이에 '다이어트 성공', '다이어트 요요'와 같은 키워드의 검색량이 많은 것 또한 파악할 수 있다.

방사형 선 차트(Radial Line Chart)도 시계열 데이터를 표현하는 데 사용된다. 방사형 선 차트는 기본적인 선 차트를 동그랗게 말아 놓은 형태를 띤다.

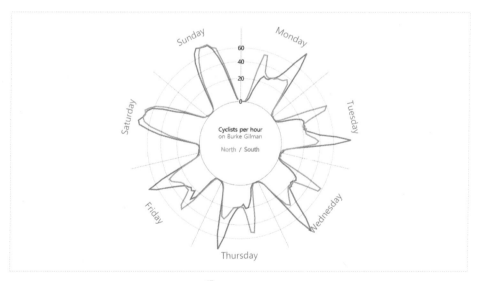

그림 4.33 요일별×시간별 자전거 이용 기록 시각화[17]

---

17 Rebecca Barter's blok, Burke Gilman Trail, http://bit.ly/2ubwi44

그림 4.33은 날짜 변수의 데이터 집산 기준으로 '요일'과 '시간'을 활용한 결과를 방사형 선 차트로 시각화한 것이다. 오른쪽 상단부터 시계 방향으로 월요일부터 일요일의 데이터를 차례로 확인할 수 있다. 요일별 데이터는 시간대별로도 변화를 확인할 수 있다. 선의 시각적 패턴을 근거로 요일별 데이터 변화뿐만 아니라 주중과 주말의 데이터가 서로 다른 패턴을 보이는 것도 파악할 수 있다.

시간 흐름에 따른 데이터의 변화를 하나의 차트가 아닌 여러 개의 개별 차트로 나누어 그린 뒤 한 번에 나열하는 **스몰 멀티플즈**도 효과적인 시각화 방법 중 하나다.

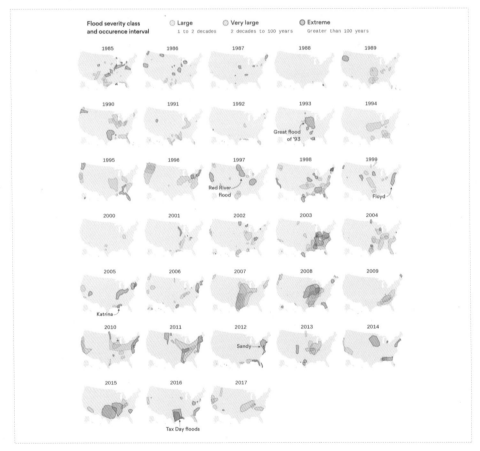

그림 4.34 지난 30년간 미국에서 발생한 대형 홍수 현황 시각화[18]

---

18 AXIOS, 『Thirty years of major flooding in the U.S.』 2017. 09. 01, http://bit.ly/2QzJg4q

그림 4.34는 미국에서 발생한 연도별 대형 홍수 현황 데이터를 스몰 멀티플즈로 표현한 지도 시각화다. 연도별 데이터를 개별 지도로 시각화한 뒤 격자 모양으로 배치했다. 지도 시각화임에도 시점에 따른 데이터의 변화를 직관적으로 확인할 수 있다.

4) '숫자' 변수를 활용한 데이터 집산과 시각화

앞서 살펴봤듯이 범주형 변수의 대부분은 텍스트나 날짜 형태의 값을 갖는다. **그러나 예외적으로 숫자 형태의 값을 가진 숫자 변수를 범주형 변수로 활용해서 시각화하는 경우가 있다. 이때 주로 활용하는 시각화 유형은 히스토그램이다.** 히스토그램은 특정 변수의 데이터를 기준으로 구간(bin, interval)을 나누고, 구간별 빈도수를 시각화한 것이다.

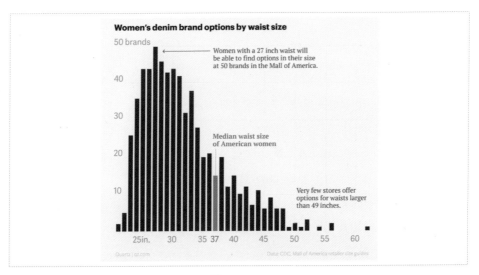

그림 4.35 허리 사이즈별 미국 여성 청바지 브랜드 수[19]

그림 4.35는 여성의 청바지 허리 사이즈를 기준으로 브랜드 개수를 센 결과를 시각화한 히스토그램이다. 데이터를 집산한 기준인 x축의 값은 허리 사이즈인 숫자다. 숫자 값을 데이터로 갖는 변수를 수치형 변수가 아닌 범주형 변수로 활용한 것이다. 이처럼 데이터의 의미상 계산을 할 수 없을 때 숫자 변수를 범주형 변수로 활용한다.

19 Amanda Shendruk, 'Women's clothing retailers are still ignoring the reality of size in the US', QUARTZ, 2018. 06. 23, http://bit.ly/2FUV4rJ

'나이' 역시 숫자 형태의 데이터 값을 갖지만 수치적 계산이 무의미하기 때문에 범주형 변수로 사용하는 것이 일반적이다. 이번에는 '나이' 데이터를 활용해 만든 히스토그램 사례를 살펴보자.

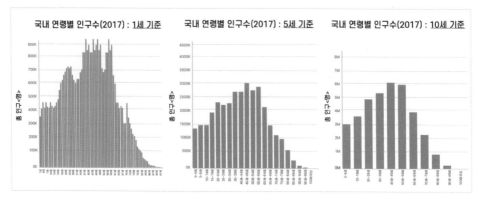

그림 4.36 2017년 국내 인구수: 연령별 분포(1세, 5세, 10세 기준별)[20]

그림 4.36은 2017년 국내 인구수 데이터를 활용해 만든 3개의 히스토그램이다. 숫자 변수인 나이를 기준으로 데이터를 집산했다. 같은 데이터를 활용해 만든 3개의 히스토그램은 무엇이 다를까? 연령을 나누는 범위를 1세, 5세, 10세로 달리했다. 0세부터 100세 이상 데이터를 시각화할 때 1세를 기준으로 하면 최소 100개의 막대를 그리고, 1세별 인구수를 막대의 길이로 표현한다. 5세를 기준으로 하면 0세부터 4세까지의 데이터를 합친 뒤 하나의 막대로 표현하고, 그 이후의 연령 역시 5세를 기준으로 묶어서 하나의 막대로 표현한다. 이 경우 히스토그램에는 총 20개의 막대가 표현된다. 마지막으로 10세를 기준으로 하면 10대, 20대 등으로 표현하는 10개의 막대를 그린다. 위 사례로 우리는 연령별 인구수를 시각화할 때 연령이라는 숫자 변수의 범위를 어떻게 하느냐에 따라 서로 다른 시각적 패턴을 보이는 차트를 만들 수 있다는 것을 알 수 있다.

숫자 변수를 범주형 변수로 사용할 때 그 범위를 설정하는 것을 두고 데이터 변수의 **구간**을 설정한다고 한다. 구간을 어떻게 하느냐에 따라 하나의 데이터로도 다양한 인사이트를 도출할 수 있다.

---

20 KOSIS, 인구총조사, 연령 및 성별 인구 – 읍면동(2015), 시군구(2016~)

5

사례로 알아보는
시각화의 가치

지금까지 1~4장을 통해 데이터 시각화는 무엇이고, 왜 필요한지, 또 우리가 데이터 시각화를 활용할 줄 알면 무엇이 좋은지 알아봤다. 그렇다면 우리 주변에서 데이터는 어떻게 활용되고 있을까? 아무리 좋은 것이라도 나에게 적용할 방법을 떠올리지 못하고, 활용하지 못한다면 그 가치에 공감하기 어려울 것이다. 따라서 실제 시각화는 어떻게 활용되고 있는지 구체적인 사례를 알아볼 필요가 있다.

데이터 시각화는 데이터가 존재하는 곳이라면 어디든 활용할 수 있으므로 데이터 유형에 따라 시각화 활용 사례를 이야기하고자 한다. 데이터 유형은 데이터가 존재하는 곳을 기준으로 크게 개인, 공공, 기업의 3가지로 나눴다. 이번 장을 통해 다양한 곳에서의 데이터 시각화의 활용, 시각적 분석 사례에 대한 이해를 더하며, 궁극적으로는 시각화의 가치를 직간접적으로 경험하면서 데이터 시각화를 어떻게 활용할 수 있을지에 대한 아이디어를 얻는 기회가 되길 바란다.

5.1
개인 데이터를 활용한
시각적 분석

데이터를 이용하고 싶은 사람은 당연히 데이터를 찾아야 한다. '어디에서 데이터를 찾을까?'라는 고민의 답을 주로 나 자신을 제외하고 다른 곳에서 찾으려고 하는 것이 보통이다. 그러나 나에게서 가장 가까운 곳에 있는 데이터는 스스로에게 있다. **개인의 데이터를 활용한 시각화, 그리고 시각적 분석을 통한 인사이트 도출 사례를 알아보자.**

뉴스젤리는 일주일 간 개인별로 시간을 어떻게 활용했는지에 대한 데이터를 수집하고, 이를 활용해 시각적 분석 및 인사이트 도출 워크숍을 진행했다. 고등학생, 대학생, 직장인, 일반인 등 다양한 사람들이 참여한 워크숍에서 개인이 자신의 데이터를 활용해 어떤 인사이트를 도출할 수 있는지 확인할 수 있었다.

워크숍의 첫 단계는 지난 일주일 간 무엇을 하면서 시간을 보냈는지를 기록하는 것으로 시작한다. 일자별, 시간대별로 무엇을 했는지 캘린더 형태의 표를 작성하고, 같은 항목마다 같은 색상을 칠한다.

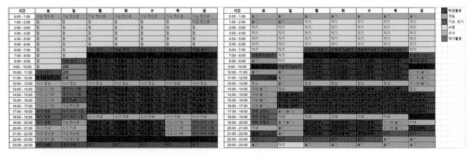

그림 5.1 고등학생 2명의 지난 일주일 간의 생활 시간 기록표

각자 생활 시간 기록표를 작성하고 색으로 칠하는 과정은 시각화 차트를 그린 뒤 색을 더하는 컬러 인코딩 과정이라고 할 수 있다. 그림 5.1은 워크숍에 참가한 고등학생 2명이 같은 기준으로 색칠한 결과물이다. 데이터의 시각적 패턴이 유사하다는 것을 한눈에 알 수 있다. 그림 5.1로 볼 때 두 고등학생은 공통적으로 잠들기 전에 게임을 하고 주중에 비해 주말에 공부하는 시간이 크게 줄었다는 것을 알 수 있다.

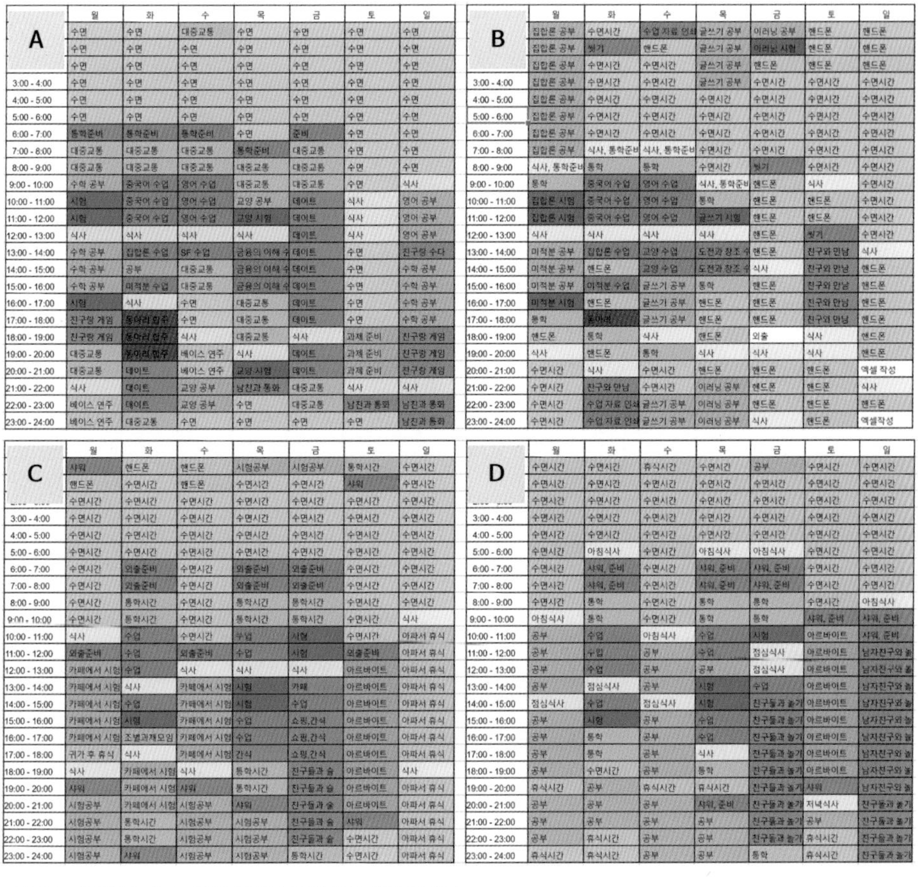

그림 5.2 대학생 A, B, C, D의 일주일 간의 생활 시간 기록표

그림 5.2의 사례도 살펴보자. 그림 5.2는 대학생 A, B, C, D가 일주일간 생활 시간 기록표를 같은 기준으로 색칠한 결과물이다. 시각화 패턴을 통해 A와 B, C와 D가 비슷한 패턴을 보이는 것을 직관적으로 알 수 있다. A와 B는 월요일부터 목요일까지만 학교에 나오고, 점심 식사

시간이 같았다. 반면 C와 D는 학교에 나오는 요일이 화, 목, 금으로 같았고, 또 이 기간에는 다른 요일과 확연히 다른 패턴을 보이는 것을 시각적으로 확인할 수 있다. 알고 보니 A와 B, C와 D는 학교 생활을 같이 하는 단짝 친구였는데, 데이터 시각화 결과물도 이들이 서로 친구라는 것을 증명하는 것과도 같았다.

워크숍의 다음 단계는 첫 단계의 결과물로 확보한 데이터를 자유롭게 탐색하는 과정이다. 첫 단계에서 생활 시간 기록표를 작성한 결과물은 '행동'을 단위로 기록하는 경우가 많다. 예를 들어 잠, 식사, 이동, 학교(혹은 회사), TV 보기, 책 읽기 등이다. 그런데 행동 외에도 생활 시간 기록표에 작성된 데이터에는 다양한 의미 정보를 내포하고 있다. 예를 들어, 같은 데이터를 지리적 위치를 기준으로 다시 정리할 수 있다. 이 경우 새로운 기준으로 데이터를 살펴보고 다른 인사이트를 찾을 수 있다. 이 과정을 한 문장으로 요약하면 '나의 데이터를 설명할 수 있는 또 다른 기준'을 파생변수로 만들어 데이터를 집산하고 시각화하는 것이라고 할 수 있다. 워크숍 참가자는 이 방법으로 데이터를 자유롭게 탐색하면서 자신이 시간을 어떻게 사용하고 있는지, 어떤 문제점은 없는지 등을 발견한다.

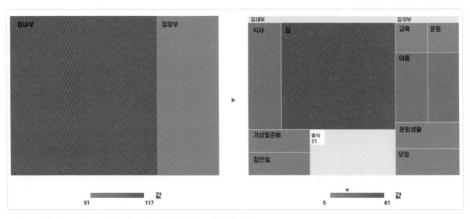

그림 5.3 집 내부, 외부에서 보내는 시간을 파생변수로 활용한 사례

그림 5.3은 '집 내부에서 보내는 시간, 집 외부에서 보내는 시간' 항목을 파생변수로 활용한 사례다. 워크숍의 첫 단계에서는 작성한 생활 시간 기록표의 데이터를 집 내부에 있던 시간인지 아닌지를 기준으로 나눴다. 전체 데이터를 계층형 데이터로 구성한 뒤 트리맵으로 시각화

했다. 집 내부, 집 외부에서 보낸 시간의 비중을 알 수 있는 동시에 항목마다 세부적으로 무엇을 했는지까지도 한 번에 볼 수 있다.

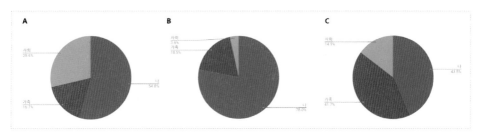

그림 5.4 '나를 위한 시간, 가족과 함께하는 시간, 사회생활을 하는 시간'을 파생변수로 활용한 사례

그림 5.4는 생활 시간 기록표의 데이터를 또 다른 파생변수로 정리해서 시각화한 파이 차트다. 시각화 기준 파생변수는 '나를 위한 시간, 가족과 함께하는(혹은 가족을 위한) 시간, 사회생활을 하는 시간'이라는 3가지 항목으로 구성된다. 시각화 결과로 A, B, C 개인별 특징을 발견할 수 있다. A, B, C는 모두 일반인(주부)이었는데, B의 경우 거의 80%에 이르는 시간을 스스로를 위해 쓰고 있다는 이유로 다른 사람들의 부러움의 대상이 됐다.

한편, 이 시각화 결과물을 시작으로 워크숍 참가자들 사이에서 추가적인 논의가 이뤄졌다. 그중 하나가 수면시간을 '나를 위한 시간으로 봐야 하는 것인가'에 대한 논의였다. 이에 동의하지 않는 한 참가자는 전체 데이터 중 수면 시간을 포함한 경우와 그렇지 않은 경우의 데이터셋을 따로 구성해서 비교하는 결과물을 제시했다.

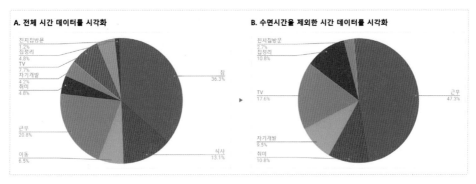

그림 5.5 전체 시간, 수면 시간을 제외한 시간 기준으로 데이터셋을 구성해 비교 시각화를 만든 사례

그림 5.5의 파이 차트를 보자. 전체 시간을 기준으로 한 왼쪽 파이 차트의 경우 '잠'에 가장 많은 시간을 보낸 것을 알 수 있고, 오른쪽 파이 차트로는 잠을 제외한 시간 가운데 가장 많은 시간을 '근무'하는 데 사용했음을 알 수 있다. 이처럼 데이터에 대한 추가적인 논의를 바탕으로 또 다른 기준으로 데이터 탐색을 이어가는 현상은 **자신의 데이터 분석 결과가 과연 옳은 것인지에 대한 비판적 사고**를 기반으로 한다. 데이터 분석 과정에서 중요한 부분 중 하나다.

나아가 이 시각화 결과물을 만든 참가자는 분석 결과로 'TV 보는 시간보다 자기계발 시간이 적다'는 이외의 인사이트를 발견했다고 이야기했다. 자기계발을 할 시간이 없어서 못하고 있다고 생각했던 것이 사실이 아니라는 점을 데이터로 확인한 것이다. 데이터를 근거로 자신의 문제를 인식한 사례라고 할 수 있다.

우리는 일상생활에서 '느낌적인 느낌'으로 스스로를 판단하는 경우가 많다. 쉬운 예로 '이번 달에 별로 돈을 많이 안 쓴 것 같다!'라고 생각하지만 실제로 카드 사용 내역을 보면 지난달과 별반 차이가 없는 경우를 들 수 있다. 개인 데이터를 활용한 워크숍은 개인이 자신을 생각할 때의 '느낌적인 느낌이 진짜인지' 데이터로 검증할 수 있는 워크숍으로 데이터 활용의 중요성을 공감할 수 있는 동시에 시각화로 데이터 인사이트를 쉽게 도출할 수 있다는 것도 경험할 수 있는 사례다.

한편, 개인 데이터는 생각보다 다양한 방식으로 활용되어 서비스로 제공되고 있다. 사용자의 선호에 따른 맞춤형 콘텐츠를 큐레이션해서 제공하는 추천 알고리즘을 예로 들 수 있다. 추천 알고리즘은 사용자의 광범위한 행동 데이터를 수집해 이를 근거로 선호할 만한 항목을 추측해서 추천하는 것을 의미한다. 이에 따르면 사용자는 자신이 좋아할 만한 상품 및 서비스에 대한 정보를 쉽게 얻을 수 있다. 또 기업 차원에서는 고객이 필요로 할 만한 맞춤형 콘텐츠를 제공해서 구매를 유도하는 '개인화 마케팅'의 핵심으로 매출을 늘리는 데 활용하기도 한다. 우리가 흔히 사용하고 있는 영화, 음악, 쇼핑몰의 추천 상품/콘텐츠 서비스를 떠올릴 수 있다. 소셜 네트워크 서비스에서 볼 수 있는 친구, 콘텐츠 추천 역시 이를 기반으로 한다.

공공데이터를 활용한
시각적 분석

정부의 공공데이터 개방 정책에 따라 공공 영역의 다양한 주체가 웹 사이트 등을 통해 데이터를 공개한다. 공개된 데이터는 기업이 서비스를 만드는 데 활용하기도 하고, 일반인들도 단순 정보 취득, 데이터 분석 등의 다양한 목적으로 활용한다. 특히 일반인이 데이터를 수집하는 방법 중 가장 간단한 방법이 정부가 공개한 공공데이터를 활용하는 것이다.

또 정부는 민간의 데이터 활용도를 높이는 차원에서 데이터 시각화를 중심으로 한 웹 서비스 사이트를 만들어서 공개하기도 한다. 직접 데이터를 수집하고 시각화하지 않고서도 빠르게 데이터를 활용하고 인사이트를 얻을 수 있다는 점이 특징이다.

이번에는 건강보험심사평가원의 보건의료 빅데이터개방 시스템을 통해 공개된 **의료이용지도** (health map)[1]를 활용해 시각적 분석을 해보자. 건강보험심사평가원의 의료이용지도 서비

---

1 보건의료빅데이터개방시스템, 의료이용지도 서비스 웹 사이트, http://gisopendata.hira.or.kr/map.do

스는 2006년 미국 보스턴 아동병원이 처음 구축한 '헬스 맵(Health Map)'을 참고해서 만들어진 것으로, 전 국민의 증상에 따른 의료기관 이용 행태를 지도로 파악할 수 있다.

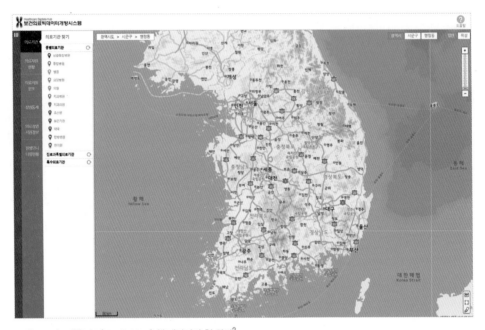

그림 5.6 의료이용지도(Health Map) 웹 페이지의 첫 화면[2]

의료이용지도 웹 사이트에 접속하면 의료기관 위치 정보, 의료 자원 현황, 의료 자원 분포, 질병통계, 의료경영자원정보, 질병 모니터링 현황 데이터를 지도 시각화 기반으로 확인할 수 있다. 의료기관 위치 정보는 지도 시각화 유형 중 점 밀집도(Dot Density Map)으로 제공되며, 그 밖의 데이터의 경우 단계구분도로 보여준다.

계층형 위치 정보에 근거한 지도 시각화의 시각적 분석

데이터를 탐색하고 인사이트를 도출하는 기본적인 방법은 데이터를 쪼개거나 합칠 수 있는 여러 기준을 분석 기준으로 활용하는 것이다. 데이터 집산을 이용해 데이터 인사이트를 도출해보자.

---

2 보건의료빅데이터개방시스템, 의료이용지도 서비스 웹 사이트, http://gisopendata.hira.or.kr/map.do

먼저 의료이용지도에서 제공하는 데이터는 광역시, 시군구, 행정동 단위다. 이로써 지역 정보를 기준으로 계층형 데이터 집산을 통한 시각적 분석 및 인사이트를 도출할 수 있음을 알 수 있다.[3]

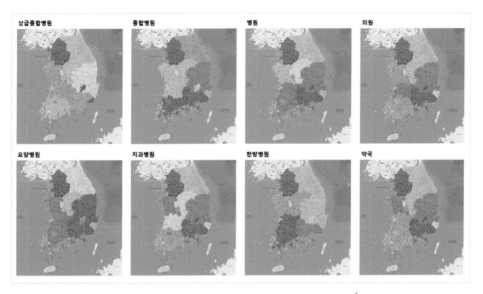

그림 5.7 광역시도별×종별 요양기관 현황(요양기관 종류 중 일부 선택, 2018. 02. 14 기준)[4]

먼저 지역 정보 기준으로서 가장 큰 범위 계층인 광역시도 단위 데이터를 확인해보자. 광역시도별×종별 요양기관 현황을 시각화한 그림 5.7을 보면 요양기관 종류와 크게 상관없이 서울·경기권에 다수 분포하고 있음을 대략적으로 파악할 수 있다. 동시에 요양기관별 개별 지도를 자세히 비교해보면 요양기관 종류별로 상이한 패턴을 보이는 것 역시 알 수 있다. 예를 들어, 요양병원, 치과병원, 한방병원을 비교해 보자. 요양병원의 경우 서울, 경기, 경북, 경남 지역에 다수 분포돼 있고 강원, 세종, 제주 지역에는 상대적으로 적게 분포했다. 치과병원의 경우 많은 수가 분포한 지역은 요양병원과 유사한 가운데 충청도 지역에 분포한 병원 수가 상대적으로 적었다. 반면, 한방병원의 경우 요양병원, 치과병원이 많이 분포한 서울, 경기, 경상도 지역보다 광주, 전라도 지역에 많은 수가 분포한 것을 특징으로 꼽을 수 있다.

---

3 데이터를 탐색할 수 있는 기능으로는 '행정동'을 제공하지만 데이터를 행정동 단위로 확인하기는 어렵다.

4 보건의료빅데이터개방시스템, 의료이용지도 서비스 웹 사이트, http://gisopendata.hira.or.kr/map.do

한편, 그림 5.7은 동일한 데이터 값(요양기관 수)을 표현하되 범주형 변수 항목별(요양기관 종류)로 같은 유형의 시각화 차트를 나열했으므로 스몰 멀티플즈 방식으로 시각화했다고 볼 수 있다.

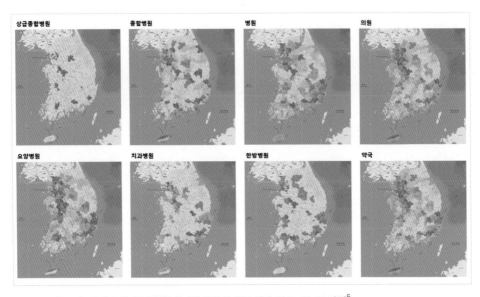

그림 5.8 시군구별×종별 요양기관 현황(요양기관 종류 중 일부 선택, 2018. 02. 14 기준)[5]

다음으로 광역시도 아래 지역 단위인 시군구 단위로 데이터를 확인해보자. 그림 5.8의 시군구별×종별 요양기관 현황 시각화로 무엇을 알 수 있을까? 그림 5.8에서 상급종합병원 현황 지도를 먼저 보자. 앞서 그림 5.7로 살펴본 광역시도 단위 지도에서는 알 수 없었던 상급종합병원의 시군구별 위치를 확인할 수 있다.

병상수 규모에 따른 요양기관 종류(상급종합병원, 종합병원, 병원, 의원)별 분포 현황도 살펴보자. 그림 5.8 상단의 지도 4개를 보면 된다. 병상 수가 적은 규모의 요양기관일수록 상대적으로 넓은 지역에 분포하고 있음을 시각적으로 확인할 수 있다. '광역시도' 단위의 분석에서 파악하지 못했던, 좀 더 자세하고 정확한 분석을 '시군구 단위'의 지도에서 시각화로 할 수 있음을 알 수 있다.

---

5 보건의료빅데이터개방시스템, 의료이용지도 서비스 웹 사이트, http://gisopendata.hira.or.kr/map.do

앞서 확인한 데이터 인사이트가 전체 데이터를 탐색하는 계층형 데이터의 기준을 달리한 것이라면 이번에는 데이터 자체의 범위를 줄여서 인사이트를 찾아보자. 특정 광역시도의 데이터만 살펴보면 된다. 전국 시군구별 지도 시각화 자료로 우리가 알 수 있는 것이 '전국 시군구 기준 가장 많은 병원이 분포한 지역' 등의 인사이트라면, 이번에는 '특정 광역시도 안에서 가장 많은 병원이 분포한 지역' 등을 찾을 수 있다는 점에서 차이가 있다. 몇 가지 예를 살펴보자.

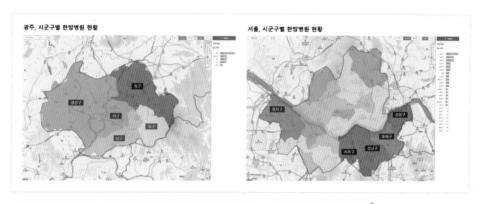

그림 5.9 서울, 광주의 시군구별 한방병원 현황 (2018. 02. 14 기준, 상위 5개 지역만 라벨 표기)[6]

전국 시도 중 가장 많은 한방병원이 분포하고 있는 광주를 살펴보자. 광주의 자치구 중 한방병원이 가장 많은 지역은 북구(39개)다. 반면, 서울은 강남구가 8개로 가장 많다. 광주와 서울의 자치구를 한방병원의 분포를 기준으로 비교해 볼 때, 가장 많은 한방병원이 있는 자치구의 데이터가 약 5배 정도 차이 나는 것을 알 수 있다. 전국의 모든 시군구별 데이터를 표현한 지도에서는 이러한 인사이트를 빠르게 찾기 어렵지만 각 시도를 기준으로 데이터의 범위를 제한해 개별 지도 시각화를 그리면 쉽게 알 수 있다.

정확한 시각적 분석을 위해 한 가지 짚고 넘어가자. 위에서 살펴본 지도에 사용된 색과 면적에 관한 부분이다. 먼저 그림 5.9에서 광주 북구와 서울 강남구의 데이터를 표현한 색의 차이를 비교해보자. 단계구분도에서는 수치값의 크기를 색의 진하기로 표현하므로, 지도만 봤을

---

6 보건의료빅데이터개방시스템, 의료이용지도 서비스 웹 사이트, http://gisopendata.hira.or.kr/map.do

때는 마치 두 지역의 데이터가 비슷할 것이라고 예상할 수도 있다. 그러나 우리가 앞서 살펴본 바와 같이 두 지역의 데이터 상 약 5배의 차이가 났음에도 불구하고, 이러한 해석상의 오류를 범할 수 있는 것은 각 지도에 표현된 색이 실제 수치와 별개로 각 지도별 데이터의 최댓값과 최솟값의 범위를 기준으로 하기 때문이다. 즉, 그림 5.9의 각 지도는 동일한 색상 계열을 활용해 데이터를 표현하지만 표현한 데이터의 범위는 다르다.

따라서 의료이용지도 서비스에서 다수의 지도 시각화를 근거로 데이터 인사이트를 도출할 경우, 색을 기준으로 지도별 데이터의 크기를 서로 비교하지 않도록 유의해야 한다. 쉽게 말해 더 진한 빨간색으로 표현된 서울의 1위 지역인 강남구의 데이터(8개)가 광주 남구(17개)보다 많은 것이라고 착각하면 안 된다는 이야기다. 만약 의료이용지도 서비스에서 각 지도별 색 범례를 표현하는 것과 함께 최댓값과 최솟값을 텍스트로 표기한다면 데이터를 해석하는 데 도움이 될 것이다.

인구 특성별 조건을 분석 기준으로 활용한 지도 시각화의 시각적 분석

이번에는 인구 특성별 조건을 데이터 집산 기준으로 해 시각적 분석과 인사이트를 도출해보자. 의료이용지도에서 인구 특성별 조건에 따라 데이터를 확인할 수 있는 항목은 '질병통계'로서, 성별, 연령별 조건에 따라 주요 질병의 환자 수를 확인할 수 있다. 비만 환자 수 데이터를 살펴보자.

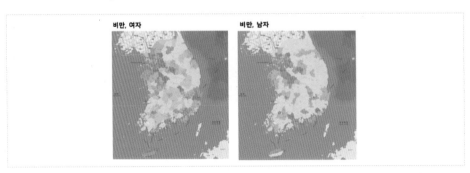

그림 5.10 성별×시군구별 비만 환자 수 현황(2017. 06 기준)[7]

---

7 보건의료빅데이터개방시스템, 의료이용지도 서비스 웹 사이트, http://gisopendata.hira.or.kr/map.do

먼저 **성별**로 시군구별 비만 환자 수 데이터를 확인해보자. 그림 5.10을 보면 성별에 따른 2개의 지도 시각화의 시각적 패턴을 근거로 남자에 비해 여자의 경우 상대적으로 넓은 지역에서 비만 환자가 발생한 것을 알 수 있다.

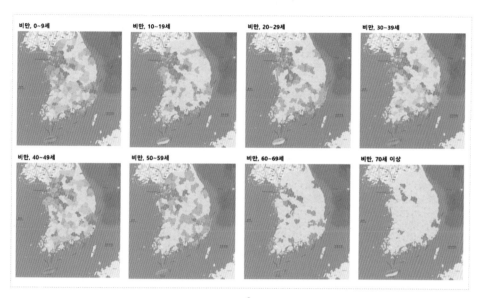

그림 5.11 연령별×시군구별 비만 환자 수 현황(2017. 06 기준)[8]

연령을 기준으로도 비만 환자 수 데이터를 살펴보자. 10세 기준으로 비만 환자수를 시각화한 그림 5.11을 보면 연령대별 비만 환자 수의 분포를 지도의 시각화 패턴으로 확인할 수 있다. 60세 이상 비만 환자 수의 시군구별 분포가 다른 연령대의 패턴과 뚜렷하게 구별되는 것을 알 수 있다.

시계열 데이터를 활용한 지도 시각화의 시각적 분석

마지막으로 시계열 데이터 기준에 따라 시각적 분석을 해보자. 의료이용지도에서 제공하는 데이터는 항목별로 일, 월 단위로 데이터를 확인할 수 있다. 가장 긴 기간의 데이터를 확인할 수 있는 요양기관 개 · 폐업 현황 데이터를 살펴보자. 왜 가장 긴 기간의 데이터를 확인하는지

8 보건의료빅데이터개방시스템, 의료이용지도 서비스 웹 사이트, http://gisopendata.hira.or.kr/map.do

궁금증을 가질 수 있다. 이는 의료 데이터 특성상 짧은 기간 내 눈에 띄게 데이터가 변화하지 않을 것이라는 판단 때문이다. 시각적 분석을 위해 요양기관 개 · 폐업 현황 데이터 중에서도 데이터의 범위를 줄여, 요양병원, 한방병원, 치과병원, 종합병원의 운영 기관수 데이터의 시계열 변화를 살펴보자.

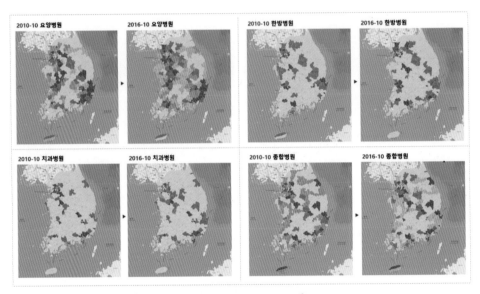

그림 5.12 요양기관별 운영 기관수 현황 변화: 2010년 10월 vs. 2016년 10월[9]

그림 5.12는 요양기관 유형별로 2010년 10월의 데이터와 2016년 10월의 데이터를 2개의 시각화 지도로 표현한 것이다. 지도에 표현된 시각적 패턴을 근거로 요양병원, 한방병원, 치과병원의 경우 6년 사이 상대적으로 많은 지역에 병원이 생긴 것을 쉽게 파악할 수 있다.

종합병원의 경우는 어떨까? 2010년 10월과 2016년 10월 데이터를 시각화한 그림 5.12의 오른쪽 하단의 2개의 지도를 보면 종합병원이 분포하는 지역은 유사한 것 같은데, 각 지역별 데이터가 어떻게 변화했는지는 알기 쉽지 않다. 더군다나 지도마다 표현된 색이 의미하는 수치가 다르기 때문에 특정 지역의 종합병원 수가 증가했는지, 감소했는지도 파악하기 어렵다. 이런 경우에는 어떻게 해야 할까? **정확한 데이터 인사이트 도출을 위해서는 다른 시각화 유형을 활용해야 한다.**

---

9 보건의료빅데이터개방시스템, 의료이용지도 서비스 웹 사이트, http://gisopendata.hira.or.kr/map.do

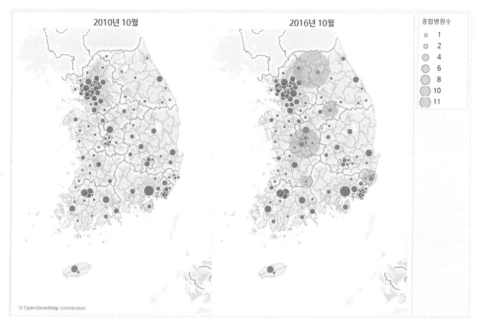

그림 5.13 종합병원 운영기관 수 변화: 2010년 10월 vs. 2016년 10월

먼저 다른 지도 시각화 유형인 도형표현도로 시각화해보자. 단계구분도가 각 지역별 데이터를 색으로 표현하는 것이라면 도형표현도는 데이터의 크기를 도형의 크기로 나타낸다. 보통의 경우 도형표현도도 지도별로 표현된 도형의 크기의 데이터 범위가 다르지만 그림 5.13은 두 지도에 표현된 데이터의 도형 크기를 같은 기준으로 표현되게 했다. 그림 5.13의 오른쪽 상단에 있는 도형 크기에 대한 범례를 참고해서 데이터 인사이트를 도출하면 된다. 두 지도를 나란히 두고 데이터를 비교할 경우 도형 크기를 기준으로 상호 비교해도 데이터 해석상 오류가 발생하지 않는다.

물론, 도형표현도도 지도 위 좁은 영역에 많은 도형을 겹쳐서 표현하면 정확한 데이터 분석이 어렵다는 단점이 있으나 두 지도를 살펴보면 시계열에 따른 데이터의 변화를 찾아낼 수 있다. 2010년 10월 대비 2016년 10월 지도의 노란색 음영 부분을 보면 데이터상 차이가 있음을 확인할 수 있다.

도형표현도 말고 시계열 데이터 변화를 한눈에 볼 수 있는 더 나은 시각화 방법은 없을까? 그림 5.13에서 좁은 지역에 많은 도형이 겹쳐 있어 데이터를 확인하기 어렵던 서울과 경기지역의 종합병원 수 데이터를 막대 차트로 시각화해보자.

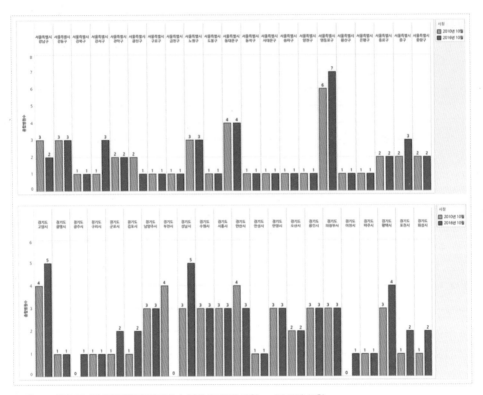

그림 5.14 서울, 경기의 종합병원 운영기관 수 변화: 2010년 10월 vs. 2016년 10월

그림 5.14의 막대 차트 중 회색 막대는 2010년 10월, 남색 막대는 2016년 10월 데이터를 의미하며, 서울, 경기의 시군구별 데이터를 막대의 높이 기준으로 비교한다. 보다시피 **지도 시각화보다 직관적으로 데이터의 변화를 파악할 수 있다.**

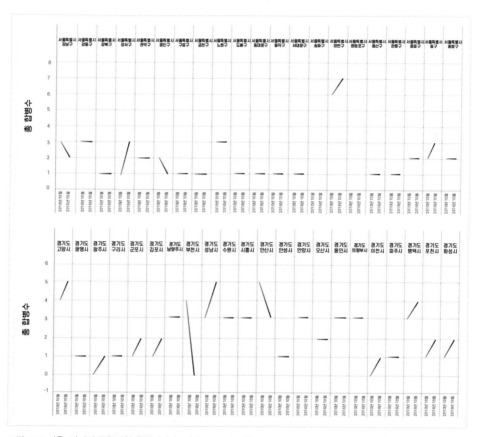

그림 5.15 서울, 경기의 종합병원 운영기관 수 변화: 2010년 10월 vs. 2016년 10월

물론 막대 차트 말고도 그림 5.15와 같이 **시계열 데이터를 시각화하는 기본 유형인 선 차트로도 동일한 효과를 얻을 수 있다.** 선 차트에서는 시계열에 따른 데이터 변화 정도를 선의 각도 기준으로 파악한다.

조금 더 나아가 다른 인사이트도 찾아보자. 2010년 10월과 2016년 10월 사이 전국 시군구 중 종합병원 수의 변화가 가장 큰 지역은 어디일까? 이 질문의 답 역시 그림 5.12의 지도 시 각화로는 찾기가 어렵다. 그렇다면 어떻게 해야 할까?

지금까지(5.2.1, 5.2.2, 5.2.3절)는 시각화 인사이트 도출을 위해 범주형 변수의 집산 기준을 달리하는 방법을 활용하고, 수치형 변수로는 절대적인 수치(운영기관 수, 비만 환자 수)를 이용했다. **이번에는 수치형 변수의 집산을 다른 방식으로 해야 답을 찾을 수 있다.** 수치형 변수의 집산 방식은 2016년 10월의 종합병원 운영기관 수에서 2010년 10월의 종합병원 운영 기관 수를 빼는 것이다. 그 결과, 값이 0이면 해당 기간 사이 종합병원 운영기관 수에 변화가 없음을 의미한다.

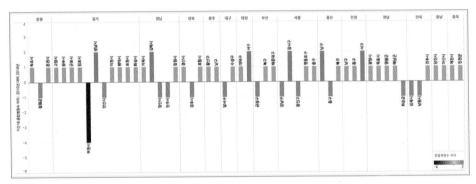

그림 5.16 2010년 10월 대비 2016년 10월 전국 시군구별 종합병원 운영기관 수 차이

그림 5.16은 수치형 변수의 집산을 한 파생변수 '2016년 10월과 2010년 10월의 종합병원 운영기관 수 차이'를 활용해 양방향 막대 차트를 만든 것이다. 그림 5.16에서는 기간 내 데이터의 변화가 없는 시군구를 제외했다. 또 집산 결괏값이 마이너스(-)인 경우에는 빨간색 계열, 플러스(+)인 경우에는 파란색 계열로 표현했다. 시각화 차트 우측 하단에는 색 범례를 배치해서 색을 기준으로 차트를 봤을 때 데이터 해석상 오류가 없게 했다.

이제 시각화 차트로 정답을 찾아보자. 지난 6년 사이 종합병원 운영기관 수의 변화가 가장 큰 지역은 어디인가? 정답은 '경기도 부천시'다. 그림 5.16의 차트 중 가장 진한 빨간색 막대로 확인할 수 있는데, 2010년 10월 대비 21016년 10월 4곳이나 줄었다.

지금까지 공공데이터 중 의료 데이터를 활용한 서비스 의료이용지도를 활용해 시각적 분석을 해봤다. 데이터 인사이트 말고도 지도 시각화가 효과적인 경우와 그렇지 않은 경우에 대해서도 알 수 있었다. 모든 상황에 적합한 완벽한 시각화 유형은 없다. 따라서 데이터를 통해 알고자 하는 것이 무엇인지, 어떤 이유와 목적으로 시각화를 만들려고 하는지 명확한 의도를 가지고 시각화 분석을 해야 한다. 더군다나 시각적 분석의 목적이 '데이터를 시각적으로 아름답게 디자인'하는 것이 아니라 '데이터 인사이트를 찾는 것'을 최우선의 목표로 한다는 점을 고려할 때 데이터가 위치 정보를 포함하고 있더라도 멋있어 보이는 지도 시각화를 고집하지 말고, 더 정확한 인사이트를 도출하고, 메시지를 정확히 전달할 수 있는 시각화 유형이 무엇인지 고민하고 선택해야 한다.

5.3
기업 데이터를 활용한 시각적 분석

많은 기업은 자체 보유 데이터를 활용하는 데 큰 관심을 갖고 다양한 시도를 하고 있다. 데이터 분야의 역량을 가진 인재를 직접 채용하거나, 사내 교육을 통해 인재 육성에 발 벗고 나서는 한편, 데이터 기반의 의사결정을 문화로 정착시키기 위해 전사적으로 활용할 수 있는 데이터 플랫폼을 구축하기도 한다.

데이터 플랫폼의 핵심은 데이터 활용의 활성화 관점에서 **데이터 시각화 대시보드**라고 꼽을 수 있다. 기업은 전사적으로 공유할 수 있는 데이터 시각화 대시보드를 만들고, 적극적인 활용을 도모한다. 기업 내 서로 다른 분야의 실무자는 각자의 관점에서 시각화 대시보드를 보고 다양한 인사이트를 도출하고 공유한다. 이를 바탕으로 기업은 문제 정의 단계부터 해결 단계까지 기업이 일하는 모든 과정에서 데이터 기반의 의사결정을 도입하고, 의미 있는 성과를 만들어 낼 수 있다.

기업에서 데이터를 활용할 때 사용하는 시각화 대시보드 유형

기업의 데이터를 활용한 시각적 분석을 이야기하기에 앞서 기업이 활용하는 데이터 시각화 대시보드에 대해 알아보자. 업무 분야에 따라 활용하는 시각화 대시보드를 크게 3가지로 구분할 수 있다.

그림 5.17 핵심 지표 모니터링을 위한 데이터 시각화 대시보드의 예

첫 번째, 경영진의 기업 핵심 지표(KPI) 변화 모니터링을 위한 데이터 시각화 대시보드다. 상세한 데이터 지표를 일일이 보여주기보다는 중요한 몇 가지 핵심 지표를 한눈에 볼 수 있다는 것이 특징이다. 시간 흐름에 따라 데이터 변화를 비교할 수 있는 선 차트를 중심으로 표현하거나 특정 기간 대비 증감률 등의 보조 지표를 활용하는 경우가 많다.

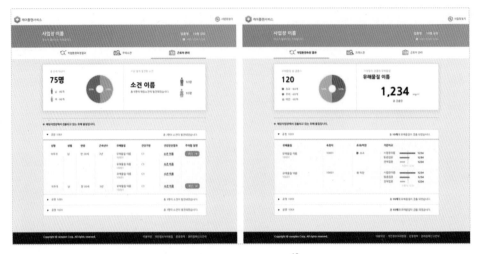

그림 5.18 사업장별 데이터 인사이트 도출이 가능한 시각화 대시보드의 예[10]

두 번째, 인사 관리 부서에서는 부서 혹은 지점, 구성원 개인 등을 기준으로 데이터를 탐색할 수 있는 시각화 대시보드를 활용한다. 부서별로 성과를 한눈에 비교할 수 있는 시각화 차트를 활용하거나 데이터 필터의 기준을 부서로 설정해서 부서별 상세 데이터를 탐색하고 인사이트를 도출해 평가 근거로 활용한다.

마지막으로 마케팅 부서에서는 온·오프라인의 다양한 마케팅 데이터를 시각화 대시보드로 만들어 마케팅 성과를 측정하고 개선점을 파악하는 데 활용한다. 앞서 언급한 첫 번째와 두번째 유형의 대시보드는 시각화 대시보드를 어떻게 구성하는 것이 중요한 반면, 마케팅 부서에서는 데이터 시각화 대시보드를 어떻게 구성하는 것보다 어떤 데이터를 활용할 것인지 결정하는 것이 중요하다.

예를 들어, 마케팅 액션 성과를 측정하기 위해서는 온라인 광고, 소셜 채널에서의 반응을 데이터로 수집하고 시각화한다. 채널별 성과를 정기적으로 모니터링해 개선점을 도출하고 개선된 액션을 실행한다.

10 케어플랜 유해인자 정보 가이드

마케팅 액션 계획을 수립하기 위한 데이터로 자사 제품 · 서비스의 구매 데이터를 시각화 대시보드로 만들면 데이터로 고객에게 반응이 좋은 제품 · 서비스를 선별해서 집중 마케팅을 진행할 수 있다. 또 타깃 마케팅을 목표로 한다면 고객 데이터를 활용한 시각화 대시보드로 자사 고객 특성을 도출할 수 있는데, 특정 연령대, 성별 등을 기준으로 기업의 핵심 고객 페르소나를 특정할 수 있다.

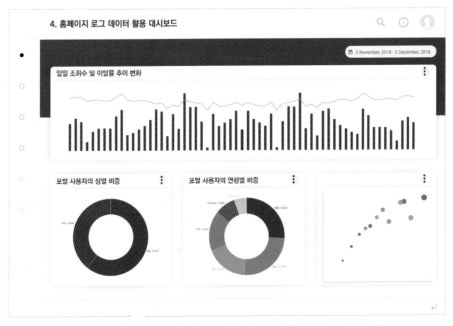

그림 5.19 홈페이지 방문 및 고객 활동 데이터를 활용한 기업 고객 데이터 분석 시각화 대시보드의 예

이때 단순히 제품을 구매한 고객 데이터를 분석하는 것뿐만 아니라 자사 홈페이지에 방문한 고객 데이터를 활용할 수도 있다. 좀 더 넓은 범위의 고객 데이터 분석, 이를 기반으로 한 마케팅을 진행할 수 있다.

기업 내부 데이터뿐만 아니라 외부 데이터를 함께 활용하는 경우도 있다. 대표적인 사례가 날씨 마케팅이다. 제품의 판매량 데이터와 날씨 데이터를 바탕으로 시각적 분석을 통해 고객의 구매 패턴을 파악할 수 있다. 고객의 구매 패턴은 마케팅 액션을 수립하는 데 중요한 근거가 된다.

콜택시 통화량 데이터를 활용한 시각적 분석

지금부터는 실제 기업 데이터를 활용해 시각적 분석을 한 사례를 알아보자. 시각적 분석에 앞서 분석에 활용한 데이터에 대해 알아보자. 데이터는 SK 텔레콤 빅데이터 허브[11]가 공개한 데이터로, 2016년 12월 기준 콜택시 통화량을 활용했다. SK 텔레콤의 통화량 데이터와 업종 데이터를 기반으로 추출한 것으로, 전체 콜택시/대리운전 서비스 이용 현황이 반영돼 있는 데이터는 아니다. 통화량 역시 T 고객(발신) 기준 이용자의 콜택시 통화 건수를 기준으로 하며, 5건 미만의 값도 5건으로 표시한다. SK 텔레콤 빅데이터 허브는 주요 도시의 데이터를 개별 파일로 제공했기 때문에 이를 하나의 데이터셋으로 병합하는 정제 과정을 진행한 뒤 활용했다.

먼저 데이터셋에 어떤 데이터 변수가 포함돼 있는지 확인해보자.

기준년월일	요일	시간대	발신지_시도	발신지_시군구	발신지_읍면동	통화건수
20161201	목	0	서울특별시	강남구	신사동	5
20161201	목	0	서울특별시	강남구	삼성동	5
20161201	목	0	서울특별시	강남구	논현동	5
20161201	목	0	서울특별시	강남구	역삼동	15
20161201	목	0	서울특별시	강동구	천호동	5
20161201	목	0	서울특별시	광진구	자양동	5
20161201	목	0	서울특별시	마포구	합정동	5
20161201	목	0	서울특별시	마포구	신공덕동	5
20161201	목	0	서울특별시	마포구	용강동	5
20161201	목	0	서울특별시	서대문구	대현동	5
20161201	목	0	서울특별시	서대문구	연희동	5
20161201	목	0	서울특별시	서초구	반포동	5
20161201	목	0	서울특별시	서초구	양재동	5
20161201	목	0	서울특별시	서초구	방배동	5
20161201	목	0	서울특별시	성동구	성수동2가	5
20161201	목	0	서울특별시	송파구	송파동	5
20161201	목	0	서울특별시	영등포구	여의도동	5
20161201	목	0	서울특별시	용산구	후암동	5
20161201	목	0	서울특별시	용산구	한남동	5
20161201	목	0	서울특별시	은평구	불광동	5

그림 5.20 2016년 12월 기준 콜택시 통화량 데이터[12]

11 SK 텔레콤 빅데이터 허브 웹사이트, https://www.bigdatahub.co.kr/index.do

12 SK 텔레콤 빅데이터 허브, '16년 12월 서울 콜택시 이용 통화량', https://www.bigdatahub.co.kr/product/view.do?pid=1001438

그림 5.20으로 데이터에 날짜 형태의 변수가 일 단위로 기록돼 있음을 알 수 있다. 날짜 변수 옆에는 요일을 나타내는 변수가 따로 표기돼 있다. 사실 날짜 변수만 있어도 파생 변수로 요일 변수를 만들 수 있는데, 이 데이터는 친절하게도 파생 변수를 따로 만들어 제공한다. 시간 대 정보를 포함한 변수도 있다. **시계열 데이터를 중심으로 시각적 분석을 통해 유의미한 인사이트를 찾을 수 있을 것으로 보인다.**

다른 한편으로 시도, 시군구, 읍면동 변수가 있어 지도 시각화를 활용한 위치 데이터 분석을 할 수 있다는 것도 알 수 있다. 5.2절 '공공데이터를 활용한 시각적 분석'에서 지도 시각화를 활용한 시각적 분석 사례를 살펴봤기 때문에 이번에는 시계열 데이터를 중심으로 한 시각적 분석을 해보자.

'날짜' 변수를 활용한 시각적 분석

시계열 데이터 변수 중 가장 먼저 '날짜' 정보를 의미하는 '기준년월일' 변수를 활용해 시각적 분석을 하고자 한다.

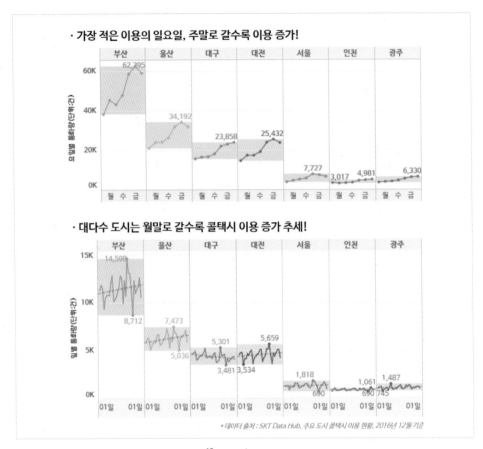

그림 5.21 주요 도시의 일별. 요일별 콜택시 통화량[13]

그림 5.21은 국내 주요 도시의 일별, 요일별 통화량을 시각화한 선 차트다. 시간 흐름에 따른
데이터 추이 변화를 확인할 수 있다. 도시별로 약간의 차이가 있으나 주초에 비해 주말로 갈
수록 통화량이 증가하는 것을 볼 수 있다. 일별 통화량 추이 변화는 요일별 통화량 추이 변화
패턴이 반복되는 양상을 보인다. 일별 통화량 선 차트에는 추세선을 그렸는데, 대구를 제외한
도시 모두 월말로 갈수록 통화량이 증가하는 추세를 보인다는 인사이트도 도출할 수 있다.

13 뉴스젤리, '콜? 콜! 지난 겨울 우리가 부른 콜택시 – 데이터로 보는 연말 콜택시 트렌드', 2017. 12. 07, http://contents.newsjel.ly/issue/tableau_calltaxi/

그림 5.22 주요 도시의 일별 콜택시 통화량[14]

그림 5.22는 일별 통화량을 선 차트가 아닌 캘린더 차트와 유사한 형태로 만든 것이다. 도시별 데이터를 달력 형태로 시각화한 뒤 격자 무늬로 나열했으므로 스몰 멀티플즈 방식으로 표현했다고도 할 수 있다. 색은 통화량 수치의 크기에 따라 표현했다. 인천, 대구, 광주를 제외한 나머지 도시의 경우 세 번째 주 수요일인 2016년 12월 21일의 통화량이 12월 중 가장 많았다. 앞서 요일별 통화량 분석 결과, 대략 목~토요일 사이에 높은 통화량을 기록한다는 인사이트를 확인했는데, 세부적으로 살펴보니 새로운 인사이트를 찾을 수 있었다.

14 뉴스젤리, '콜? 콜! 지난 겨울 우리가 부른 콜택시 – 데이터로 보는 연말 콜택시 트렌드', 2017. 12. 07. http://contents.newsjel.ly/issue/tableau_calltaxi/

'시간대'를 기준으로 한 시각적 분석

이번에는 시간 정보를 포함한 변수를 활용해 시각적 분석을 해보자.

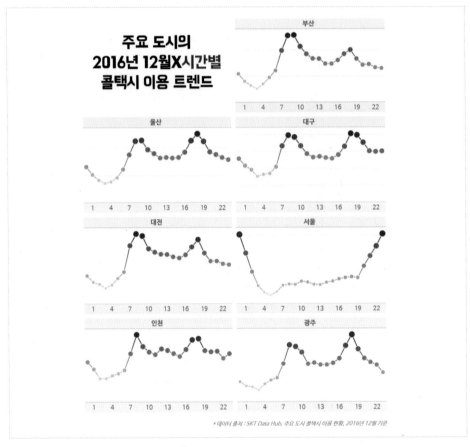

그림 5.23 주요 도시의 시간별 콜택시 통화량[15]

15 뉴스젤리, '콜? 콜! 지난 겨울 우리가 부른 콜택시 – 데이터로 보는 연말 콜택시 트렌드', 2017. 12. 07. http://contents.newsjel.ly/issue/tableau_calltaxi/

그림 5.23의 선 차트는 시간대별로 구분된 데이터 변수를 활용해 주요 도시의 콜택시 통화량을 시각화한 것이다. 통화량이 많을수록 선의 색이 짙어지도록 표현했다. 그 결과, 분석 대상 7개 도시 중 서울을 제외한 6개 도시에서는 출·퇴근 시간대의 콜택시 통화량이 급증했다. 반면 서울은 나머지 도시와 명확히 구별되는 패턴을 보였다. 서울의 콜택시 통화량은 하루 중 밤 11~12시에 가장 많았다. 서울의 경우 타 도시에 비해 대중교통 시스템이 잘 구축돼 있어 대중교통을 이용할 수 없는 시간대에 콜택시 이용이 증가한 것이라고 유추해 볼 수 있다.

1시간대별로 구분된 데이터 변수는 파생 변수를 만들어서 시각적 분석을 할 수도 있다. 시간 범위를 1시간 이상으로 설정해 그룹을 짓는 방식으로 파생 변수를 만들 수 있다. 예를 들면, 하루 24시간을 오전과 오후로 나누어 통화량을 비교하는 것이다.

시간 변수로 파생변수를 만들어 시각적 분석을 하기 위해 임의로 시간 그룹을 만들어보았다. 사실상 콜택시를 이용하는 승객 입장에서 전날 밤 11시나 당일 새벽 1시에 이용하는 것을 같은 시간 범주로 여길 것임을 감안해서 '아침', '낮', '저녁', '밤'의 항목으로 구분되는 파생 변수를 만들었다. 파생변수의 항목마다 6시간 범위로 그룹지었는데, 아침은 04시부터 09시, 낮은 10시부터 15시, 저녁은 16시부터 21시, 밤은 22시부터 다음날 3시까지로 나눈 뒤 시각화에 이용했다.

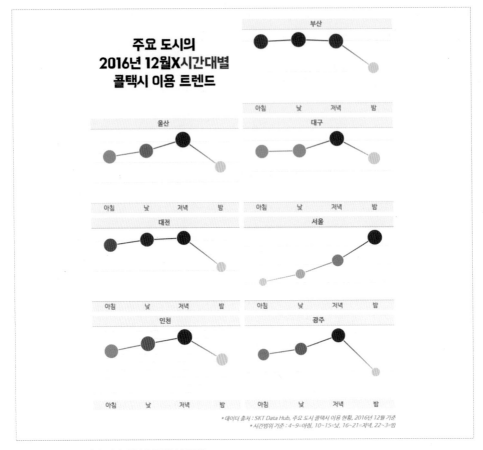

그림 5.24 주요 도시의 시간 범위별 콜택시 통화량

그림 5.24의 선 차트를 보자. 이 경우에도 다른 도시와 달리 명확히 구별되는 서울의 특징을 찾을 수 있다. 서울은 밤이 될수록 통화량이 증가했다.

'날짜', '시간대' 변수를 함께 활용한 시각적 분석

데이터에 포함돼 있는 '날짜', '시간대' 변수, 또 이를 활용해 만든 파생변수를 함께 활용하면 또 다른 시각화를 만들 수 있다. 어떤 변수 조합의 데이터를 활용할 것인지, 어떤 형태로 시각화할 것인지 가능한 경우의 수마다 새로운 데이터 인사이트를 찾을 수 있다. 조합 가능한 데이터의 경우의 수와 가능한 시각화 유형의 수를 모두 다 시도해보는 데는 많은 시간과 노력이 필요하므로 앞선 시각적 분석 과정에서 찾은 인사이트 중 하나를 선택해 조금 더 자세한 분석을 시도해보고자 한다.

앞서 우리는 국내 주요 도시 7곳 중 4곳(인천, 광주, 대전 제외)의 2016년 12월 일별 통화량 중 가장 많은 통화량을 기록한 날이 21일(수)인 것을 확인한 바 있다. 일반적인 요일별 통화량 패턴과 차이를 보인 이날, 과연 무슨 일이 있었던 것일까?

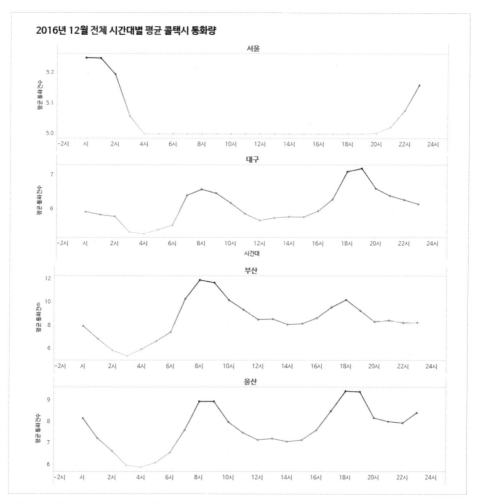

그림 5.25 서울, 대구, 부산, 울산의 12월 전체 데이터의 시간대별 평균 통화량 데이터

먼저 그림 5.25로 서울, 대구, 부산, 울산의 12월 전체 데이터의 시간대별 평균 통화량 건수 데이터를 살펴보자.

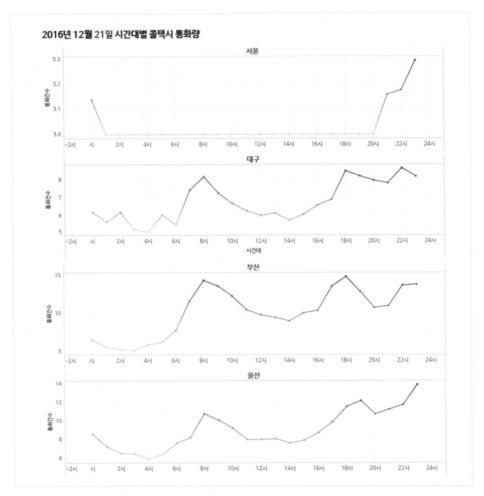

그림 5.26 서울, 대구, 부산, 울산의 12월 21일 시간대별 통화량 데이터

다음으로 12월 21일의 시간대별 통화량 데이터를 시각화 그림 5.26도 살펴보자. 서울을 제외한 도시에서 밤 9시 이후 통화량이 증가한 것을 알 수 있다. 12월 전체 시간대별 평균 콜택시 통화량 시각화 차트에서는 밤 9시 이후 통화량이 감소했는데, 이와 반대되는 패턴을 보이는 것이다. 서울의 경우에도 12월 전체 시간대별 평균 콜택시 통화량에서는 0~1시 통화량이 23시 통화량보다 많으나 21일에는 0~1시의 통화량이 23시 통화량보다 적다.

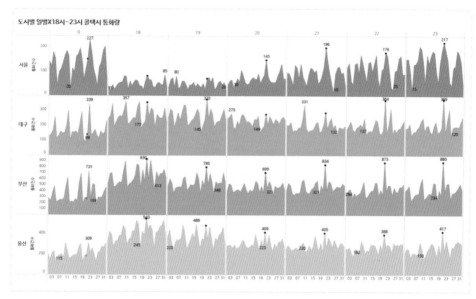

그림 5.27 도시별, 일별×18~23시 콜택시 통화량 추이

이번에는 도시별로 통화량 데이터를 시각화하되 일별×시간대별 통화량을 볼 수 있게 했다. 그림 5.27은 18시부터 23시의 데이터를 각각 일별로 확인할 수 있는 선 차트다. 특정 시간대별 통화량 중 가장 많은 통화량을 기록한 날짜가 언제인지 찾을 수 있다. 또 도시별로도 색을 달리해 차트를 그렸기 때문에 차이를 비교할 수 있다. 선 차트에는 최댓값과 최솟값을 텍스트 레이블로 표시했으며, 21일 데이터에는 검은색 점을 그려 구별할 수 있게 했다. 도시별로 차이가 있으나 20시 이후, 21일 통화량이 최고치를 기록했다. 텍스트 레이블과 검은색 점이 동일한 위치에 있는 경우를 보면 된다.

도대체 21일 밤에는 무슨 일이 있었던 것일까? 우리는 시각적 분석 과정을 통해 '21일에 무슨 일이 있었을까?'라는 궁금증의 범위를 '21일 밤에 무슨 일이 있었던 것일까?'라는 범위로 좁혔다.

이번에는 아래의 궁금증에 대한 답을 시각적 분석을 통해 찾아보자.

- "21일이 수요일임을 고려할 때, 혹시 매주 수요일의 시간대별 통화량 패턴은 다른 요일과 다른 패턴을 보인 것은 아닐까?"

- "만약 그렇다면 21일 밤에 콜택시 통화량이 증가한 것은 일반적인 '수요일'의 특징이므로, 특이한 데이터 인사이트라고 말할 수 없는 게 아닐까?"

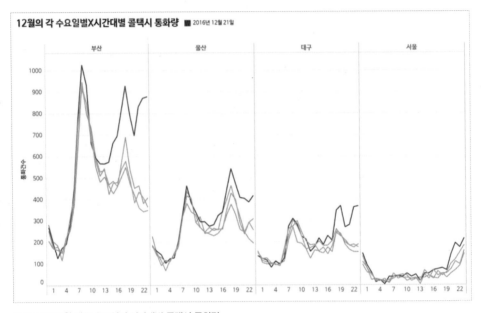

그림 5.28 12월 매주 수요일의 시간대별 콜택시 통화량

분명 21일, 그날 밤 무슨 일이 있기는 했나 보다. 그림 5.28은 12월에 있던 4번의 수요일(7일, 14일, 21일, 28일)의 시간대별 콜택시 통화량 추이를 선으로 시각화하고, 그중 21일의 통화량만 빨간색 선으로 표현한 선 차트다. 4번의 수요일 중 21일의 통화량만 다른 패턴을 보이는 것을 볼 수 있다. 부산, 울산, 대구의 통화량은 다른 날짜의 수요일과 달리 21일 밤에만 유독 증가했다. 서울의 경우 시간대별 통화량 추이 패턴은 21일에도 평소와 유사하나 21일의 통화량이 그중에서도 가장 많았다.

한편, 선 차트가 아닌 다른 시각화 유형을 사용해 또 다른 인사이트를 도출할 수도 있다.

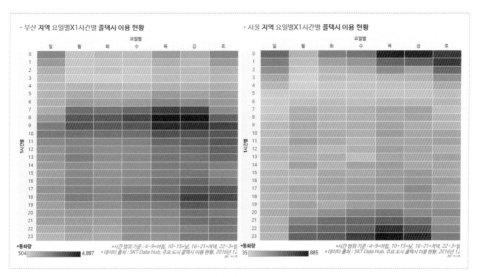

그림 5.29 날짜×시간 변수 조합으로 보는 주요 도시의 콜택시 통화량

그림 5.29는 부산과 서울의 통화량을 요일별×시간대별 조합으로 시각화 한 XY 히트맵이다. 데이터의 크기를 색을 기준으로 판단하면 된다. 부산은 출근 시간대, 목·금요일 8시에 통화량이 많았다. 반면, 서울은 부산과 뚜렷이 구별되는 시각적 패턴을 보인다. 서울은 목·금요일 0시, 23시에 통화량이 많았다. 그중에서도 목요일 23시의 통화량이 가장 많았다.

시각적 분석에서 같은 데이터를 사용하지만 다른 시각화 유형을 그려보는 방식을 활용하면 조금 더 상세한 데이터 분석과 인사이트 도출이 가능하다는 것을 이해할 수 있다.

에필로그

데이터 활용을 위한
가장 쉬운 방법,
시각화

지금까지 1~5장을 통해 데이터 시각화에 대해 자세히 알아봤다. 데이터 활용 역량이 요구되는 시대적인 상황 속 데이터 시각화는 누구나 어렵지 않게 데이터를 활용할 수 있는 방법이다. 따라서 우리가 데이터 역량을 보유한 인재로서 사회에서 맡은 역할을 충실히 이행하는 데 있어 **데이터 시각화가 중요하면서도 쉬운 방법**이라고 할 수 있다.

이 책의 1장에서는 데이터 시각화의 개념과 장점을 비롯해 활용 분야를 언급하며 데이터가 존재하는 모든 곳에서 데이터 시각화가 접목될 수 있다는 것을 알아봤다. 2장에서는 실질적으로 데이터 시각화 차트를 만드는 데 필요한 데이터에 대한 이해를 시작으로 시각화 차트를 만드는 원리를 알아봤다. 로우 데이터를 시각화 차트로 만드는 과정은 여느 시각화 솔루션(소프트웨어)에서 단계별로 보여주지 않는 부분이라 굳이 알아야 하느냐고 반문할 수 있으나, 오히려 이를 이해하고 있을 때 어떤 **시각화 제작 도구를 사용하더라도 큰 어려움 없이 시각화 차트를 만들 수 있다.** 특히 이 과정에서 우리가 흔히 보는 통계표가 계산된 데이터임을 인지하고, 좀 더 넓은 범위의 자유로운 데이터 활용 및 인사이트 도출을 위해 로우 데이터가 필요하다는 사실을 인지할 수 있다는 점을 기억하자.

이 책의 3장에서는 시각화 차트를 좀 더 효과적으로 만들기 위해 알아두면 좋을 방법을 알아봤다. **사실상 시각화 차트를 만드는 사람에게 중요한 것은 얼마나 많은 종류의 시각화 차트 유형을 알고 있는지보다 자신이 시각화를 통해 전달하고자 하는 데이터 인사이트를 효과적으로 전달하는 방법을 아는 것이다.** 같은 시각화 차트 유형으로 데이터를 표현했더라도 시각화 요소의 색을 무엇으로 할지, 또 부가 요소로 선이나 텍스트를 표기하느냐 마느냐 등에 따라 시각화를 통한 데이터 인사이트(메시지) 전달력에 차이가 발생한다. 무엇보다 차트를 만드는 본인의 의도를 얼마나 효과적으로 표현했느냐가 관건이며, 한편으로 잘못 만들어진 시각화 차트가 데이터 해석의 오류를 야기한다는 것을 간과하지 말아야 한다. 차트를 만드는 사람이 실수로 잘못 만들었든, 데이터의 의미를 과장하거나 축소해서 전달하기 위해 의도적으로 잘못 표현했든, 그 이유와 상관없이 잘못 만들어진 차트는 데이터 해석의 오류를 야기한다. 또 데이터 기반의 의사결정에 치명적인 부작용을 야기한다. 따라서 앞서 책의 2장에서 다룬 **데이터 시각화 개념과 원리에 대한 이해를 바탕으로 시각화 차트를 만들거나 시각화 차트를 볼 때 모두 비판적으로 바라볼 필요가 있다.**

한편, 이 책의 3장에서는 데이터 시각화 유형 자체의 한계를 극복하기 위한 시각화 방법에 대해서도 알아봤다. 3부의 많은 지면을 할애해서 설명한 스몰 멀티플즈는 익숙하지 않은 방법일 수 있으나 어렵지 않은 방법이므로 누구나 시도해볼 만하다. 데이터 시각화 대시보드는 여러 데이터 시각화 차트를 한 번에 놓고 인사이트를 도출하는 데 효과적인 방법이다. 특히 대시보드에서 데이터를 필터링하거나 하이라이팅하는 인터랙티브 기능은 자유로운 데이터 탐색과 인사이트 도출을 가능하게 한다. 데이터 시각화 대시보드의 장점을 극대화하기 위해서는 시각화 대시보드를 잘 만드는 방법에 대해서도 알아둘 필요가 있는데, 무엇보다도 **사용자의 관점에서 '설계'돼야 한다는 점이 중요하다.**

데이터 시각화라고 하면 일반적으로 데이터 분석 결과를 전달하기 위한 수단으로 생각하는 것이 일반적이다. 그러나 데이터 시각화 차트를 만드는 원리의 주요한 개념인 **데이터 집산을 활용하면 동일한 데이터로도 수없이 많은 시각화 차트를 만들 수 있고, 시각화 차트로 표현된 데이터의 시각적 패턴을 근거로 수없이 많은 데이터 인사이트를 도출할 수 있다.** 시각화로 데이터를 탐색하고 분석하는 것을 시각적 분석이라고 한다. 시각적 분석은 데이터에 대한 고도의 기술, 지식 없이도 누구나 쉽게 시도할 수 있기 때문에 데이터 시각화는 데이터를 활용하기 위한 가장 쉽고 빠른 방법이라고 재차 강조하고 싶다.

이 책의 4장에서는 수치형 변수와 범주형 변수의 데이터 집산을 활용해 어떻게 시각적 분석을 할 수 있는지 알아봤고, 5장에서는 개인, 공공, 기업의 데이터를 활용한 시각적 분석 사례를 살펴봄으로써 **데이터 시각화가 단순히 '보여주기'용으로 국한되어 사용되는 것이 아닌 데이터를 효과적으로 탐색하고 인사이트를 도출하기 위한 '방법'으로 활용된다는 사실을 경험적으로 이해할 수 있다.** 한편, 이 과정에서 다양한 시각화 유형과 시각화를 통한 실질적인 데이터 분석 과정을 확인했다.

이 책에서 인용한 사례의 출처들을 복기해보면 다수가 해외 자료라는 점을 생각할 수 있다. 최근 국내에서도 데이터 시각화에 대한 관심이 늘어나는 추세이나 여전히 데이터 시각화를 데이터 분석 결과를 전달하기 위한 부수적인 요소로 생각하는 것이 일반적이라는 느낌이 든다. 여전히 데이터 시각화는 데이터를 다루는 사람이나 관심을 가질 만한 주제이고, 특정 기관이나 기업 등 조직에서 데이터를 활용할 때나 필요한 것이라고 생각하는 것 같기도 하다.

그러나 책의 곳곳에서 언급했듯이 데이터를 활용할 만한 상황에 있는 누구라도 데이터를 활용할 수 있는 가장 쉬운 방법은 데이터 시각화다. **데이터 시각화는 데이터 분석 결과를 전달하기 위한 목적뿐 아니라 데이터에서 의미를 찾아내는 데이터 분석 과정에서도 의미 있는 역할을 한다는 점을 인식할 필요가 있다.** 데이터를 보유한 개인뿐만 아니라 기관, 기업, 나아가 국가는 데이터 활용에 시각화를 얼마나 적극적으로 활용하느냐에 따라 데이터의 존재 그 이상의 가치를 만들어 낼 수 있다고 생각하기 때문이다. 이 같은 맥락에서 책의 1장에서 저자가 언급한 바 있는 데이터를 효과적으로 활용하기 위한 방법을 찾아내는 **'데이터 기획' 역량, '시각화 기획' 역량에 대한 개별적인 사회의 인정**이 필요하다. 같은 데이터를 활용하더라도 어떻게 시각적으로 표현하느냐에 따라 그 활용 가치가 달라진다. 데이터 시각화 대시보드를 이야기할 때 '설계'를 강조한 이유도 여기에 있다.

한편, 데이터 활용 역량을 보유한 인재에 대한 수요는 앞으로도 계속 증가할 것으로 예상된다. 이미 많은 데이터를 보유하고 있는 분야에서 적극적으로 데이터를 활용하기 시작하면서 인재 발굴 및 확보에 열을 올리고 있는 것을 보면 앞으로 현재 데이터 활용이 적극적이지 않은 분야도 같은 추세를 따를 것으로 예상되기 때문이다. 또 데이터 활용 역량에 대한 요구사항 역시 세분화될 것으로 예상한다. 데이터가 활용되고, 데이터를 활용하고 있는 곳마다 필요한 수준이 모두 같지 않을 것이기 때문이다. 무조건 높은 수준의 인재를 모든 기업이 보유할 필요는 없다. **따라서 우리는 우리가 기대하는 분야에서 기대하는 역할을 수행하기 위한 방법으로서 데이터를 효과적으로 활용하는 방법과 역량을 갖추면 되는데, 그 시작을 시각화가 적극적으로 도울 것으로 본다.**

부록

데이터 시각화 차트
유형 모아보기

세상에는 얼마나 많은 시각화 차트가 있을까? 우리는 얼마나 많은 시각화 차트를 알고 있을까? 우리가 흔히 알고 있는 기본적인 시각화 차트 유형 외에도 정말 많은 차트가 존재한다. 또 어딘가에서는 지금도 새로운 시각화 차트 유형을 개발하고 있을 것이다. 그 이유는 무엇일까? 모두 자신이 의도한 바를 정확히 전달하기 위한 가장 효과적인 시각화 표현 방법을 찾고 있기 때문이다.

부록에서는 시각화 차트 분류 기준 5가지(비교, 추이, 비중, 관계, 지도)별로 다양한 시각화 유형을 살펴본다. 시각화 유형별로 개념은 물론 사례를 통해 차트를 만드는 과정, 데이터 인사이트 도출 방법을 알 수 있다. 시각화 유형에 대한 정확한 이해는 상황과 목적에 맞는 시각화 유형을 선택하는 데 도움이 된다.

부록 A

비교를 위한 시각화 차트

모든 데이터 시각화 차트는 기본적으로 시각화 요소로 데이터의 크기를 쉽게 비교하기 위해 만든다. 따라서 사실상 '비교를 위한 시각화 차트' 분류에 모든 차트가 포함된다고 봐도 무방하다. 그러나 다른 시각화 차트와 비교할 때 비교적 '단순 비교'에 초점이 맞춰진 기본적인 차트를 선별해 소개한다.

막대 차트
Bar, Column chart

설명	범주형 변수 항목을 기준으로 막대를 그리고, 데이터 크기에 따라 막대 길이를 다르게 한다. 차트 방향에 따라 가로형 막대 차트, 세로형 막대 차트로 구분한다.
사례	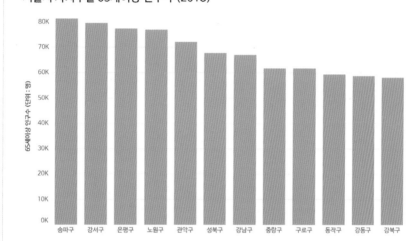 그림 6.1 서울시 자치구별 65세이상 인구수(2018, 상위 12위)[1] 서울 자치구(범주형 변수1)별로 막대를 그렸다. 막대 길이는 2018년 기준 65세 이상 인구수(수치형 변수1)의 크기에 따라 다르게 표현했다. 2018년 기준으로 65세 이상 인구가 가장 많이 살고 있는 곳은 송파구다.

---

1 서울특별시, '서울시 고령자현황(구별) 통계, 서울 열린데이터 광장 https://bit.ly/3ga63OH

그룹 막대 차트
Paired Bar, Multi-set Bar, Clustered (column) Bar

설명	막대 차트를 그룹별로 그리기 때문에 그룹 막대 차트라 한다. 막대 길이를 기준으로 데이터의 크기를 비교한다. 차트의 방향에 따라 가로형 그룹 막대 차트, 세로형 그룹 막대 차트로 구분한다.
사례	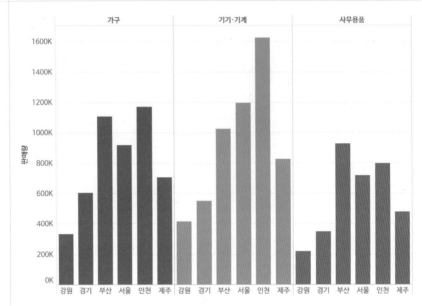 그림 6.2 품목별×지역별 판매량

품목(범주형 변수1)별 판매량(수치형 변수1)을 그린 막대 차트를 세분화해서 지역별(범주형 변수2)로 볼 수 있게 한 그룹 막대 차트다. 막대 길이를 기준으로 품목별 판매량을 지역별로 비교할 수 있다.

누적 막대 차트
Stacked Bar chart

설명	그룹 막대 차트에서 세부 항목별 막대를 하나로 쌓은 형태다. 막대 전체 길이를 기준으로 데이터를 비교할 수 있고, 막대별 조각으로도 세부 항목별 데이터를 비교할 수 있다. 차트의 방향에 따라 가로형, 세로형으로 표현한다.
사례	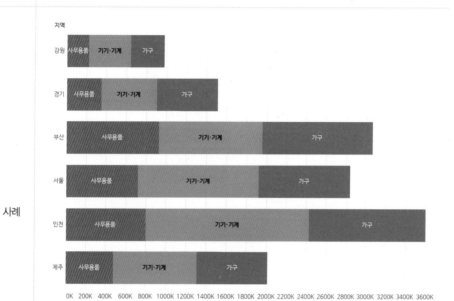 그림 6.3 지역별×품목별 판매량

지역(범주형 변수1)별로 판매량(수치형 변수1)을 막대 차트로 그리되, 품목(범주형 변수2)별 판매량을 누적한 형태로 표현했다. 지역별 전체 판매량을 알 수 있는 동시에 지역별로 어떤 품목의 판매량이 많은지도 볼 수 있다.

양방향 막대 차트
Back-to-back bar chart, Paired Bar chart, Diverging Bar chart

설명	2개의 세부 항목으로 구성된 그룹별 막대 차트를 그리되 세부 항목마다 막대 방향이 반대되게 한다. 주로 찬성/반대, 긍정/부정의 의미로 막대의 방향을 달리한다. 막대 길이로 데이터 크기를 비교한다.
사례	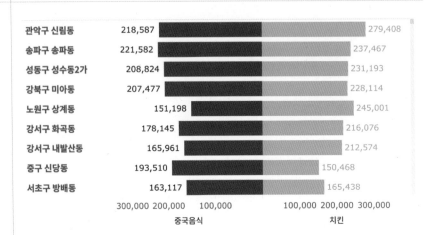 그림 6.4 서울시 자치구 행정동별 배달음식 업종 이용 현황[2] 서울시 자치구의 행정동별(범주형 변수1) 배달 음식 업종 이용 현황(수치형 변수1)을 막대 차트로 시각화했다. 2가지 음식 업종(범주형 변수2)별로 색이 다른 막대를 반대 방향으로 배치했다.

2 SK 텔레콤 빅데이터 허브, '17년 12월 서울시 배달업종별 이용 통화량', https://www.bigdatahub.co.kr/product/view.do?pid=1001743

피라미드 차트
Pyramid chart, Population Pyramid, Age & Sex Pyramid

설명   양방향 막대 차트와 동일한 형태이나 성별, 연령별 인구수 데이터를 시각화할 때 활용하는 차트다. 인구 피라미드 차트라고 부르기도 한다.

사례

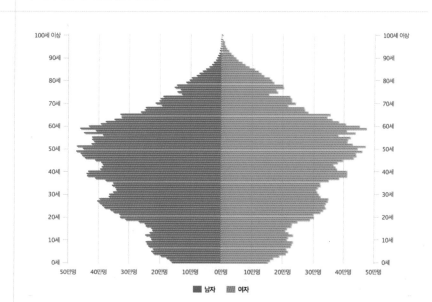

그림 6.5 성 · 연령별 인구수(2020년 장래추계인구)[3]

연령별(범주형 변수1) 인구수를 그리는 동시에 성별(범주형 변수2) 막대가 서로 반대 방향으로 배치되게 했다. 성별에 따른 연령별 인구수 현황을 확인할 수 있다.

---

3 통계청 장래인구추계(2019.3.18) 결과, 통계지리정보서비스(SGIS) 통계주제도 '인구 피라미드, 2020', http://bit.ly/2RFiurH

양방향 누적 막대 차트
Diverging Stacked Bar chart

설명	양방향 막대 차트의 막대를 범주형 변수의 세부 항목별로 조각을 나눈 형태이다. 막대 길이를 기준으로 데이터 크기를 비교한다.
사례	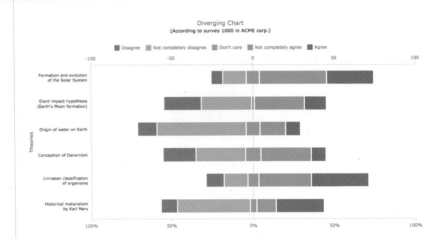

그림 6.6 이론별 동의 정도 데이터를 양방향 누적 막대 차트로 시각화한 예[4]

이론(범주형 변수1)별로 응답(범주형 변수 2)에 따라 데이터(수치형 변수1)를 양방향 누적 막대 차트로 시각화했다. X축의 0을 기점으로 오른쪽은 긍정, 왼쪽은 부정을 의미하며, 세부 응답별로 나누어 표현했다. 응답 중 '보통'을 의미하는 데이터는 회색으로 표현하되, 0을 기점으로 왼쪽과 오른쪽에 반반 차지하게 했다.

4 AnyChart, Diverging bar chart, http://bit.ly/38qNmSv

범위 차트
Range chart

설명	범주형 변수의 항목별로 수치형 변수 데이터 값의 범위를 시각화하는 차트다. 연속적인 값을 갖는 수치형 변수의 최솟값과 최댓값 사이를 막대의 길이로 표현해 두 값의 차이의 크기를 파악한다.
사례	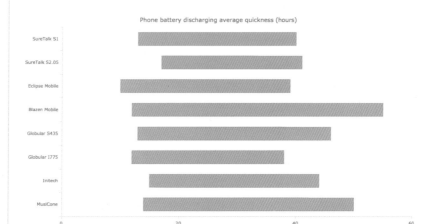

그림 6.7 핸드폰별 배터리 평균 방전 최소-최대 시간[5]

핸드폰별(범주형 변수1)로 배터리 평균 방전 시간(수치형 변수)의 최솟값과 최댓값 범위를 막대 길이로 표현했다. 막대 길이가 짧을수록 평균 방전 시간의 차이가 적은 휴대폰이라는 것을 알 수 있다.

5 AnyChart, Range Bar Chart, http://bit.ly/2QZMtdB

점 차트
Cleveland Dot Plot, Dot Plot

설명 수치형 변수 데이터의 크기에 따라 원의 위치를 다르게 한다. 막대 차트의 끝 점에 원을 찍었다고 볼 수 있다. 막대 차트에서 막대의 길이로 데이터 크기를 비교했다면 점 차트에서는 원의 위치를 기준으로 데이터 크기를 파악한다.

사례

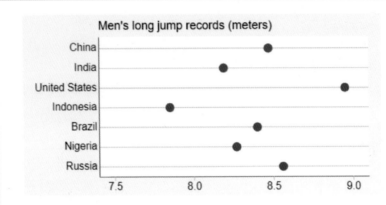

그림 6.8 국가별 남성의 점프 기록[6]

국가별(범주형 변수1) 남성의 점프 기록(수치형 변수)을 원으로 표현하면서 데이터 크기에 따라 위치를 다르게 했다. 미국 남성의 기록이 가장 높은 것을 볼 수 있다.

---

6 PRACTICAL REPORTING INC. 'A Frendier Dot Plot?', 2019.02.21, http://bit.ly/3am5H4y

막대 사탕 차트
Lollipop Chart

설명	막대 차트와 점 차트를 합친 형태라고 볼 수 있다. 막대 사탕과 같은 모양이라서 막대 사탕 차트라고 부른다. 범주형 변수의 항목별로 막대를 그리고 그 끝에 원도 표시한다. 원의 위치와 막대의 길이를 기준으로 데이터의 크기를 비교한다.
사례	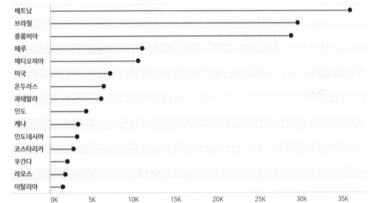 그림 6.9 2017년 국가별 커피류 수입 현황[7] 국가별(범주형 변수 1)로 막대와 원을 그린다. 막대의 길이와 원의 위치는 커피류 수입 중량(수치형 변수1)에 따라 표현해 비교한다.

---

7 관세청, 수출입무역통계, https://unipass.customs.go.kr/ets/index.do

연결된 점 차트
Connected Dot Plot, Barbell chart, dumb-bell chart

설명	범주형 변수별로 2개의 수치 데이터를 원을 표시한 뒤 그 사이를 선으로 연결한다. 시각화 요소의 형태가 덤벨과 비슷해 덤벨 차트라고 부르기도 한다. 두 원 사이 선의 길이, 덤벨 모양의 시각화 요소의 위치를 근거로 데이터의 의미를 해석한다.
사례	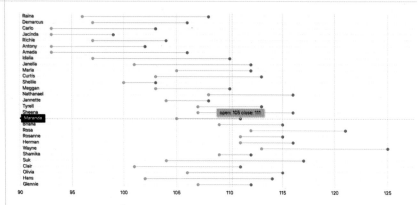 그림 6.10 학생별 점수 차이[8] 학생 개인(범주형 변수1)마다 처음 받은 점수(수치형 변수1)와 마지막에 받은 점수(수치형 변수2)를 점으로 찍고 두 점 사이를 선으로 연결했다. 시각화 요소가 덤벨과 같은 형태임을 알 수 있다. 선의 길이가 길수록 점수 변화가 크다는 의미이며, 덤벨이 오른쪽에 위치할수록 높은 수준의 점수를 얻었다는 것을 나타낸다.

8 amchart, 'Horizontal Dumbbell Plot', https://www.amcharts.com/demos/horizontal-dumbbell-plot/

콤보 차트
Combo Chart

설명

막대 차트와 선 차트를 동시에 표현한다는 의미에서 콤보 차트라고 한다. 범주형 변수의 항목별 2개의 수치 값을 하나의 차트로 표현해서 비교할 때 활용한다. 수치 데이터 하나는 막대로, 다른 하나는 선으로 시각화하고 이중 축을 표기해 데이터 해석을 돕는다. 막대 길이와 선의 높낮이를 기준으로 데이터의 크기와 변화를 비교한다.

사례

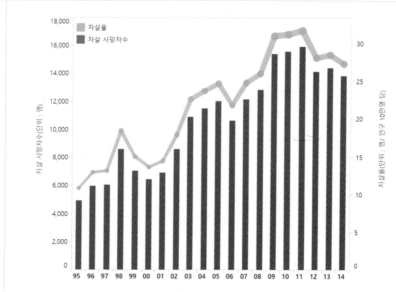

그림 6.11 우리나라 자살률, 자살 사망자 수[9]

연도별(범주형 변수1)로 자살률(수치형 변수 1) 데이터와 자살 사망자 수(수치형 변수 2) 데이터를 콤보 차트로 시각화했다. 자살률 데이터의 변화는 선의 높낮이로, 자살 사망자 수 데이터의 변화는 막대 길이로 파악한다. 자살률과 자살 사망자 수 데이터가 비슷한 패턴으로 변화하는 것을 알 수 있다.

9 KOSIS(통계청, '사망원인통계', '사망원인(103항목)/성/연령(5세)별 사망자수, 사망률')

픽토그램
Pictogram, Isotype, Pictorial bar, Stacked shape chart, Tally chart

설명	도형이나 아이콘을 나열하는 방식으로 수치 데이터의 크기를 표현한다. 나열된 도형의 개수, 형태의 길이 등을 기준으로 데이터의 크기를 비교한다.
사례	 그림 6.12 내셔널 하키 리그 팀별 선수의 턱수염[10] 팀별(범주형 변수 1) 선수 수(수치형 변수1)를 표현하기 위해 픽토그램을 사용했다. 얼굴 모양의 픽토그램을 선수 숫자만큼 반복해서 나열했으며, 선수별로 턱수염 길이 정도(범주형 변수2) 데이터를 표현하기 위해 픽토그램의 형태와 색을 다르게 활용해 쉽게 구별할 수 있게 했다.

---

10 Andrew Beaton, 'Who Wins the Stanley Cup of Playoff Beards?', The Wall Street Journal, 2015.05.18, https://www.wsj.com/articles/who-wins-the-stanley-cup-of-playoff-beards-1431899011

비례도형도
Proportional symbol chart, Proportional shape chart

설명	범주형 변수 항목별로 도형을 그리고, 도형의 크기로 수치형 변수 데이터의 크기를 표현한다. 어떤 형태의 도형으로 표현하느냐에 따라 최종 결과물의 형태가 달라질 수 있다.
사례	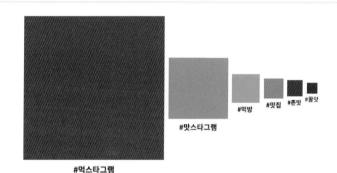

그림 6.13 맛집 관련 인스타그램 해시태그별 콘텐츠 수

맛집 관련 트렌드를 볼 수 있는 인스타그램 해시태그별(범주형 변수1)로 사각형 도형을 그리고 콘텐츠 수(수치형 변수1) 크기에 따라 도형의 크기를 다르게 했다. 해시태그 키워드별 도형의 색을 다르게 표기했을뿐만 아니라 데이터 크기 순서에 따라 도형을 배치해 데이터를 쉽게 구별하고 이해할 수 있다.

버블 차트
Bubble Chart

설명	범주형 변수의 항목별 수치 데이터를 원의 크기로 표현한다. 비례도형도인데, '원'을 도형으로 활용한 차트라고도 볼 수 있다. 원의 크기를 기준으로 데이터의 크기를 비교한다.
사례	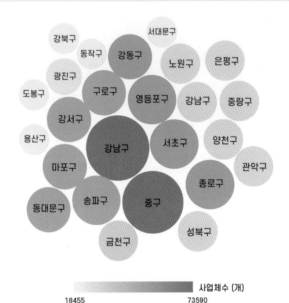 사업체수 (개) 18455 73590 그림 6.14 서울시 자치구별 사업체 현황(2015)[11] 서울시 자치구별(범주형 변수1)로 원을 그리고, 사업체 수(수치형 변수1)의 크기를 기준으로 원의 크기와 색을 다르게 표현했다. 원의 크기가 클수록, 색이 진할수록 데이터 값이 큰 것을 의미한다.

11 황재일,(스마트도시정책관 빅데이터담당관, 서울특별시), 서울특별시 사업체조사결과 정보(2015), http://bitly.kr/0MIW33L9

워드 클라우드
Word Cloud, Tag cloud

설명	범주형 변수의 값을 텍스트 형태의 시각화 요소로 표현하고, 수치형 변수의 크기에 따라 요소의 크기를 다르게 한다. 요소의 크기를 기준으로 데이터의 크기를 비교한다.
사례	 그림 6.15 '아재' 키워드의 연관 키워드[12] 웹에서 '아재' 키워드를 검색했을 때 함께 언급되는 키워드를 연관 키워드로 보고, 연관 키워드(범주형 변수1)별 언급량(수치형 변수1) 크기에 따라 텍스트 크기를 다르게 표현했다. 키워드별 텍스트의 위치는 임의로 배치한다.

12 뉴스젤리, '오빠와 꼰대 사이 등장한 그들, 아재 – 빅데이터로 살펴본 2016 화제의 키워드 1', 2016. 11. 28, http://contents.newsjel.ly/issue/youth_ajae/

XY 히트맵
XY Heat map, Heat map

설명	2개의 범주형 변수의 항목을 x축과 y축에 배치한 격자 무늬 형태의 차트 영역에 수치형 변수 데이터 크기를 색으로 표현한다. 수치형 변수 데이터의 구간을 정해 구간별로 다른 색으로 표현해 데이터의 크기를 파악할 수 있다. 같은 계열 색을 활용해 표현하는 경우도 있고, 대비되는 색을 활용하는 경우도 있다.
사례	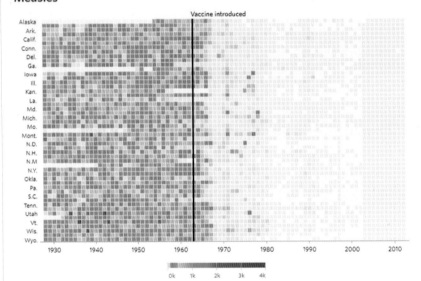 그림 6.16 미국 주별 인구 10만 명당 홍역 발생 현황(1928–2012)[13] 미국 주(범주형 변수1)와 연도(범주형 변수2)를 기준으로 격자 무늬의 배경을 그린 뒤 격자무늬 셀마다 인구 10만 명당 홍역 발생 수(수치형 변수1) 데이터를 색으로 표현한다. 홍역 발생 수가 많을수록 붉은 계열 색으로 표현하고, 반대로 적은 경우 푸른 계열 색으로 표현했다.

---

13 Tynan DeBold, Dov Friedman, 'Battling Infectious Diseases in the 20th Century: The Impact of Vaccines', 2015. 02. 11, The Wall Street Journal, http://graphics.wsj.com/infectious-diseases-and-vaccines/

레이더 차트
Radar Chart, star chart, spider diagram, web chart

설명
다수의 평가 항목에 대한 수치를 한 번에 볼 수 있는 차트다. 항목 수에 따라 원을 같은 간격으로 나누고, 중심으로부터 일정 간격으로 칸을 나눈 뒤 정량화된 점수에 따라 위치에 점을 찍고 선을 잇는다. 선으로 이어진 도형의 형태를 기준으로 평가 항목 간의 균형 정도를 파악할 수 있다. 시각적으로 보면 막대 차트를 원의 형태로 말아 놓았다고도 볼 수 있고, 레이더의 표시 장치, 거미줄의 모양과 유사해 스파이더 차트라고 부르기도 한다.

사례

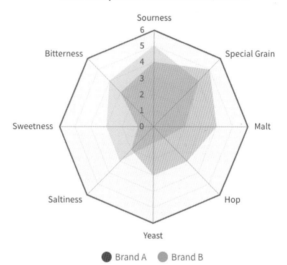

그림 6.17 맥주 평가 지표 항목에 따른 브랜드 A와 B의 비교[14]

맥주를 평가하는 8개 지표(범주형 변수1)에 대해 브랜드 A, B(범주형 변수2)의 평가 결과 점수(수치형 변수1)를 시각화한 레이더 차트다. 평가 지표별 점수 분포를 바탕으로 맥주의 특징을 파악할 수 있다. 기본적인 레이더 차트가 평가 지표별 점수를 선으로 이은 것이라면 위 사례는 선으로 이은 도형 안쪽을 같은 색으로 칠해서 표현했다. 브랜드별 도형 색을 다르게 해서 브랜드별로도 쉽게 비교할 수 있다.

---

14 FusionChart, 'What is Radar(Spider, Web, Polar Bar) Chart?', http://bit.ly/2Tx43qZ

폴라 차트
Polar Chart, Coxcomb plot, polar area plot

설명

레이더 차트와 유사한 형태로 다수의 평가 항목에 대한 수치를 한 번에 비교해 볼 수 있는 차트다. 항목 수에 따라 원을 같은 간격으로 나누고 항목마다 수치형 변수의 데이터 크기에 비례해 조각을 그린다. 쉽게 생각하면 레이더 차트는 데이터의 크기를 선으로 표현한 선 차트를 동그랗게 말아 놓은 형태이며, 폴라 차트는 데이터의 크기를 막대의 길이로 표현한 막대 차트를 동그랗게 말아 놓은 대신 막대 형태를 파이 차트의 조각처럼 표현한 것이라고 할 수 있다.

사례

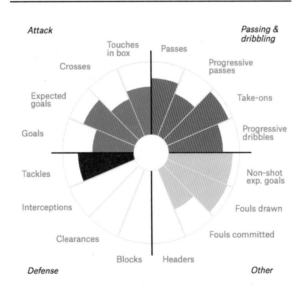

그림 6.18 축구선수 메시의 월드컵(2018) 성과 지표별 점수[15]

축구선수 메시를 평가하는 16개의 항목별(범주형 변수1) 점수(수치형 변수)를 폴라 차트로 시각화했다. 항목별 높은 점수를 받은 항목은 무엇인지, 낮은 점수를 받은 항목은 무엇인지 빠르게 확인할 수 있다. 특히 16개 항목을 공격, 패스와 드리블, 방어, 기타의 4가지 항목(범주형 변수2)으로 묶어서 항목별로 색을 다르게 표현했다. 색을 통해 선수가 강점을 갖는 부분이 무엇인지 직관적으로 알 수 있다.

---

15 FiveThirtyEight, '50 Years of World Cup Doppelgangers', 2018. 07. 15, https://53eig.ht/2tqYEak

추이,
트렌드 파악을 위한
시각화 차트

날짜나 시간 정보를 포함한 시계열 데이터는 시간 흐름에 따라 달라지는 데이터의 추이 변화를 보면 쉽게 데이터 인사이트를 도출할 수 있다. 시계열 데이터의 시각화에 초점이 맞춰진 다양한 시각화 차트를 활용하면 시계열 정보를 기준으로 데이터를 다각도로 분석할 수 있다.

선 차트
Line chart

설명	범주형 변수, 주로 시계열 데이터를 기준으로 수치형 변수의 크기에 따라 위치에 점을 찍고 선으로 연결한다. 연결된 선의 높낮이 변화를 바탕으로 데이터가 변화하는 추이 경향을 파악한다.
사례	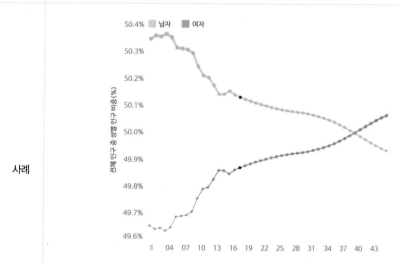

그림 6.19 연도별 전체 인구 중 성별 인구 비중(%) (2000–2045년)[1]

연도별(범주형 변수1)로 성별(범주형 변수2) 인구 비중(수치형 변수) 데이터의 크기에 따라 위치에 점으로 찍고, 선으로 연결한다. 시간 흐름에 따라 변화하는 데이터를 선의 높낮이 변화를 기준으로 파악한다.

---

1 KOSIS(통계청, 장래인구추계, 성 및 연령별 추계인구(1세별, 5세별)/전국), http://bit.ly/363TyOx

영역 차트
Area chart

설명	선 차트 하단의 영역을 동일한 색 혹은 동일 계열의 색으로 채운 형태다. 연결된 선의 높낮이 변화 패턴을 기준으로 데이터가 변화하는 추이 경향을 파악한다.
사례	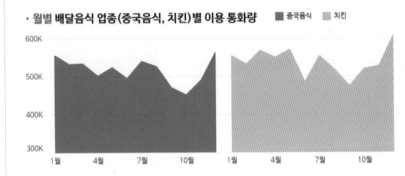

그림 6.20 월별 배달음식 업종(중국음식, 치킨)별 이용 통화량 변화[2]

배달음식 업종의 월별(범주형 변수1) 이용 통화량(수치형 변수1)을 선 차트로 시각화하고, 선의 하단 영역을 동일한 색으로 채웠다. 업종별(범주형 변수2)로 영역차트를 그려서 나열했다. 선 차트와 마찬가지로 선의 높낮이 변화를 기준으로 데이터 추이 변화를 파악한다.

---

2 SK 텔레콤 빅데이터 허브, '17년 12월 서울시 배달업종별 이용 통화량', https://www.bigdatahub.co.kr/product/view.do?pid=1001743

누적 영역 차트
Stacked Area chart

설명	여러 항목에 대해 그린 영역 차트를 하나로 누적해서 쌓은 형태다. 시간 흐름에 따라 달라지는 항목별 면적 크기 변화를 바탕으로 데이터의 변화를 파악한다.
사례	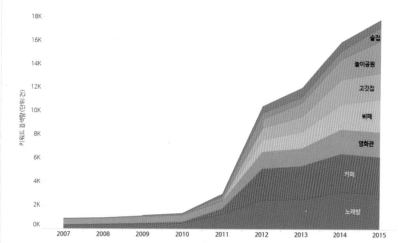 그림 6.21 연도별 키워드별 검색량 추이[3] 연도(범주형 변수1)에 따른 키워드별(범주형 변수2) 검색량(수치형 변수1)을 누적 영역 차트로 시각화했다. 키워드 1개의 검색량을 영역 차트로 그린 뒤 한 번에 쌓은 형태로 볼 수 있으며, 최근으로 올수록 키워드마다 검색량이 증가했다는 것을 확인할 수 있다.

---

3 뉴스젤리, '데이터로 보는 1인 가구', 2016.07.19, http://bit.ly/2NBdn9A

팬 차트
Fan chart

설명	시계열 기준 데이터의 예측 값까지 시각화할 때 활용하는 차트다. 시계열 데이터로 선 차트를 그리면서 예측 데이터의 경우 중앙 추정치와 예상 범위를 선과 영역으로 표현한다. 먼 미래의 데이터일수록 예측이 점점 더 불확실해지기 때문에 영역의 면적이 넓게 표현된다.
사례	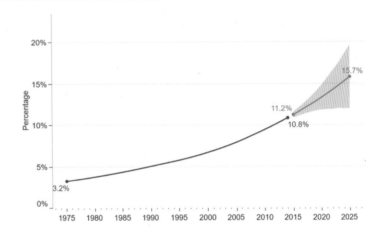

그림 6.22 전 세계 비만 남성 비중 변화(연령표준화, 1975–2014, 2015~2025 예측치)[4]

1975년부터 2014년까지 연도별(범주형 변수1)로 비만 남성의 비중 수치(수치형 변수 1)를 선 차트로 시각화했다. 2014년 이후 시점의 예측 데이터는 다른 색으로 표현한다. 중앙 추정치를 짙은 선으로 표현하고, 가능한 예상 데이터 범위를 영역으로 표현한다. 미래에 데이터가 어떻게 변화할 것인지 예측해 볼 수 있다.

---

4 Ramon Martinez, 'Trends in Adults BMI', 2016. 04. 03. https://tabsoft.co/32Z63cy

범프 차트
Bump chart

설명	시간에 따라 달라지는 항목별 데이터의 순위 변화를 표현하는 데 주로 활용하는 차트다. 선의 높낮이 변화로 데이터의 추이 변화를 파악한다.
사례	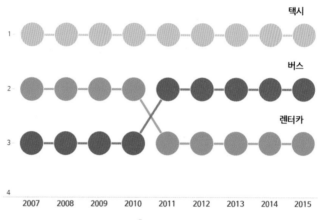

그림 6.23 연도별 키워드별 검색량 순위 변화[5]

연도별(범주형 변수1)로 교통수단 키워드별(범주형 변수 2) 검색량 순위(수치형 변수1)를 범프 차트로 시각화했다. 키워드별 순위 변화를 선의 높낮이 변화로 쉽게 알 수 있다.

---

5 뉴스젤리, '데이터로 보는 제주여행', 2016. 06. 20, http://bit.ly/38jZO67

경사 차트
Slop chart

설명 | 두 시점의 데이터 변화를 직관적으로 보여주는 데 효과적인 차트다. 선 차트와 동일하게 시점별로 데이터 크기를 기준으로 위치에 점을 찍어 선을 연결한다. 두 시점의 데이터를 연결한 선의 방향과 기울기를 기준으로 데이터 변화를 파악한다.

사례

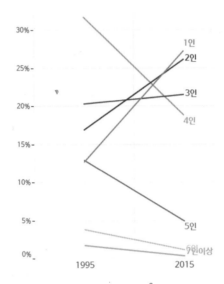

그림 6.24 국내 가구원수별 구성 비율 비교(1995년, 2015년)[6]

시점 연도(1995년, 2015년 – 범주형 변수1)마다 가구원수별(범주형 변수2)의 구성 비율(수치형 변수1)을 경사 차트로 시각화했다. 두 시점 간의 데이터 변화를 선의 방향과 기울기를 기준으로 파악하는데, 다른 항목에 비해 4인, 5인으로 구성된 가구수의 비중이 급격히 감소했음을 쉽게 알 수 있다.

6 KOSIS(통계청, 인구총조사, 가구원수별 – 읍면동(2015), 시군구)

주가 차트
Stock Price Chart, One-high-low-close chart(OHLC chart), Price chart, Candlestick chart

설명

통화, 주가 등 시간 흐름에 따른 가격 변동 정도를 시각화할 때 활용하는 차트다. 주로 하루 동안 데이터의 변화를 하나의 선으로 그린다. 선의 양 끝점은 하루 동안 기록한 최고치와 최저치를 의미하며, 중앙의 막대는 시작 시점의 수치와 끝나는 시점의 수치 사이를 연결해서 그린다.

막대의 색은 당일의 데이터 변화 유형에 따라 다르게 표현하는데, 시작 시점의 수치에 비해 끝나는 시점의 수치가 낮은 경우 데이터 수치가 떨어졌으므로 빨간색으로 표현하는 것이 일반적이다. 반대로 시작 시점의 수치에 비해 끝나는 시점의 수치가 더 높을 경우 초록색이나 파란색으로 표현한다. 색을 기준으로 전일에 비해 데이터 수치가 증가했는지, 떨어졌는지를 빠르게 구분해 데이터의 경향을 파악할 수 있다.

사례

그림 6.25 GE 주식 가격 변화[7]

일별(범주형 변수1)로 주식 가격(수치형 변수1)이 변동한 범위를 막대와 선으로 그렸다. 일별 선의 길이가 길수록 하루동안 가격 변동 격차가 큰 것을 의미한다. 선의 중앙에 표현된 막대는 당일의 시작 시점의 데이터 수치와 끝나는 시점의 데이터 수치 사이를 이어서 그린 것이다. 전일 대비 가격이 상승한 경우 막대의 색을 초록색으로 표시하고, 반대의 경우 빨간색으로 표시했다. 막대의 색을 기준으로 가격 변동이 상승세인지, 하락세인지 데이터의 추이 변화 경향을 파악할 수 있다.

---

7 FusionCharts, 'Candlestick Chart', http://bit.ly/360HXQf

폭포 차트
Waterfall Chart

설명

월별 현금 흐름이나 분기별 예산 변화 등 시계열 데이터의 변화와 총합 데이터를 한 번에 볼 수 있는 시각화 유형이다. 개별 막대는 시점별 데이터를 의미하는데, 이전 시점 데이터와 비교해 변동된 수치를 기준으로 한다. 이전 시점과 비교할 때 증가량, 감소량을 막대의 길이로 표현하는 것이다. 증가할 경우 파란색이나 초록색으로 표현하고, 반대로 감소할 경우 빨간색으로 표현하는 것이 일반적이다. 차트의 막대 중 가장 우측에 위치한 막대는 변동의 최종 결과로서 현 시점의 데이터를 의미한다. 경우에 따라 시점별 데이터가 아닌 항목별 데이터 변화량을 그리고, 변화량의 총 합계를 표현하는 경우도 있다.

사례

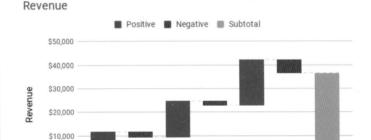

그림 6.26 연도별 수익 변화(2013-2018)[8]

2013년부터 2018년까지 연도별(범주형 변수1)로 데이터의 변화량(수치형 변수1)를 막대로 그렸다. 막대 차트와 다른 점은 차트의 두 번째 막대부터는 막대의 시작점이 0이 아니라 이전 막대의 끝점을 기준으로 하는 것이다. 전년도보다 데이터가 줄어든 경우, 이전 막대의 끝점을 기준으로 줄어든 만큼 그 아래로 막대를 그린다. 전년도 대비 증감 결과에 따라 색을 다르게 해서 데이터의 변화 패턴을 파악할 수 있다. 차트의 가장 오른쪽 막대는 2013년부터 2018년까지의 데이터 변화 결괏값을 표현한 것이다.

---

8 Google, 'Docs Editors Help – Waterfall charts', https://support.google.com/docs/answer/9146779?hl=en

타임라인 차트
Timeline chart, Range chart, gantt chart

설명	특정 사건(이벤트)별 기간을 시각화할 때 활용하는 차트다. 사건이 시작한 시점과 끝나는 시점 사이를 막대로 표현한다. 사건별 기간이 길수록 막대의 길이를 길게 표현한다.
사례	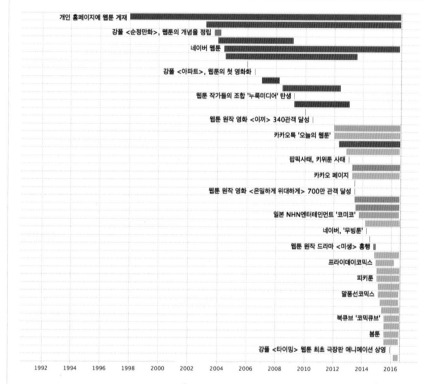

그림 6.27 국내 웹툰 관련 시기별 주요 이슈[9]

1990년대 말부터 2016년 7월까지 국내 웹툰 관련 이벤트(범주형 변수1)별로 기간(수치형 변수1)을 타임라인 차트로 그렸다. 막대의 길이는 이벤트별 시작 시점과 종료 시점 간의 차이를 계산(수치형 변수1)한 값을 표현한다. 막대의 길이가 길면 이벤트가 오랜 기간 이어졌다는 의미다.

9 뉴스젤리, '데이터로 보는 웹툰', http://bit.ly/2NyyJo7

연결된 산점도
Connected Scatter Plot

설명

2개의 수치형 변수 데이터를 활용한 산점도에 표현된 점을 시계열 데이터 순서에 따라 선으로 이은 시 각화 차트다. 수치형 변수 간의 관계를 산점도에 표현된 점의 분포로 확인하는 동시에 시계열 순서에 따라 점의 이동 패턴을 확인해서 데이터 변화를 파악한다.

사례

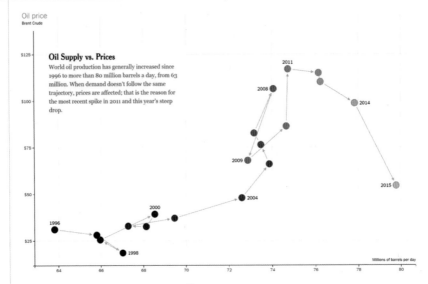

그림 6.28 전 세계 석유 공급량과 가격 비교[10]

석유 공급량(수치형 변수 1)과 석유 가격(수치형 변수2) 사이의 관계를 알기 위해 산점도를 그린 뒤, 연 도(범주형 변수1) 순서에 따라 점과 점을 선으로 잇는다. 점의 분포를 바탕으로 석유 공급량과 석유 가 격 간의 상관 관계를 파악할 수 있다. 또 시간 순서에 따라 연결한 선을 따라 점의 분포를 파악하면 시 계열에 따른 데이터의 변화도 파악할 수 있다.

10 JEREMY ASHKENAS, ALICIA PARLAPIANO and HANNAH FAIRFIELD, 'How the U.S. and OPEC Drive Oil Prices', The New York Times, 2015. 09. 30, https://nyti.ms/37qEUS6

방사형 선 차트
Radial Line Chart, Circular Line Chart, Polar Line Chart

설명 선 차트를 동그랗게 말아놓은 형태의 시각화 차트다. 차트 영역의 중앙으로부터 멀어질수록 수치 데이터 크기가 큰 것을 의미하며, 방사형으로 표현된 선의 시각화 패턴을 기준으로 데이터를 해석한다.

사례

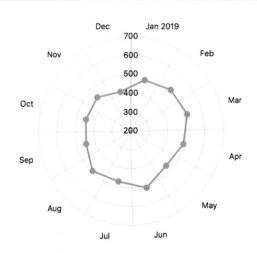

그림 6.29 2019년 월별 데이터 변화의 예[11]

2019년 월별(범주형 변수1) 데이터 수치(수치형 변수1)의 변화를 방사형 형태의 선 차트로 시각화했다. 선의 위치가 차트 영역 중앙으로부터 멀어질수록 데이터 크기가 크다는 것을 의미한다. 원을 세로로 쪼갰을 때 왼쪽은 2019년 하반기, 오른쪽은 2019년 상반기로 이해할 수 있다. 이 기준으로 비교하면 2019년 하반기에 비해 상반기의 데이터가 약간 큰 경향을 보이는 것을 알 수 있다.

---

11 amCharts, 'Radial line graph', https://www.amcharts.com/demos/radial-line-graph/

연/월 히트 맵
XY Heat map

설명	x, y축 각각에 시계열 데이터를 표현하는 범주형 변수 항목을 나열해 격자 무늬의 차트 영역을 만든다. 차트 영역의 셀마다 데이터의 크기를 색을 활용해 표현한다. 주로 x, y축 변수로 '연'과 '월'을 표현하는 경우가 많아 연/월 히트맵이라고 부르나, 그 밖에 시계열 데이터 변수를 사용하는 것도 가능하다. 또 범주형 변수를 활용할 수도 있는데, 이 경우 XY 히트맵과 동일하다고도 볼 수 있다.
사례	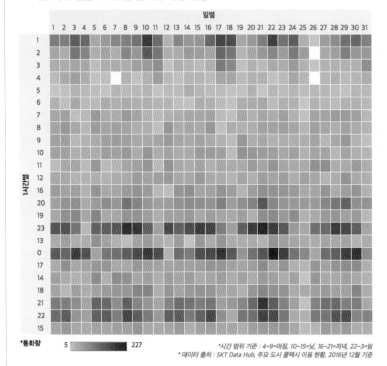 그림 6.30 서울 일별 X 1시간별 콜택시 이용 현황[12] 서울 지역의 콜택시 이용 현황을 일별(범주형 변수1), 1시간별(범주형 변수2) 조건별로 파악하기 위해 XY 히트맵으로 시각화했다. 범주형 변수의 항목을 X축과 Y축에 범주형 변수의 항목을 나열한 뒤 선을 그어 격자 무늬 차트 영역을 만든 뒤, 일별x1시간별 항목 조합마다 콜택시 이용 통화량(수치형 변수1)을 계산해서 셀마다 색을 표현했다. 색이 진할수록 콜택시 이용 통화량이 많은 것을 의미하며, 색의 패턴을 바탕으로 데이터 의미를 해석한다.

캘린더 차트
Calendar Chart, Calendar Heatmap

설명
격자 무늬의 차트 영역의 셀에 색으로 데이터 크기를 표현한다. 얼핏 보기에는 히트맵과 같아 보일 수 있으나, 격자 무늬 영역을 만드는 2개의 범주형 변수가 '주'와 '요일'로 차트 형태가 달력과 동일해 캘린더 차트라고 부른다. 따라서 셀 하나는 하루를 의미한다. 히트맵과 같이 차트에 표현된 색의 패턴을 기준으로 데이터 의미를 파악한다.

사례

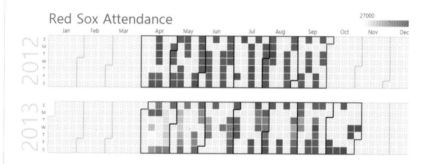

그림 6.31 레드삭스의 관중 수 현황[13]

1년의 데이터를 표현할 수 있는 캘린더 차트를 2012년, 2013년별로 따로 그려서 나열했다. x축에는 주(범주형 변수1), y축에는 요일(범주형 변수2)을 기준으로 격자무늬를 그린다. 셀 하나는 하루를 의미하는데 월의 경계에 진한 회색 선을 그어 달력 모양의 차트 영역을 만들었다. 셀마다 일별 관중 수(수치형 변수1)의 크기에 따라 색을 다르게 표현하고, 색의 패턴을 기준으로 데이터를 해석한다. 수치 데이터 값이 클 경우 짙은 파란색, 반대의 경우 옅은 파란색으로 표현한다. 나란히 배치된 2012년, 2013년 캘린더 차트를 보고 2012년에 비해 2013년에 전반적으로 관중 수가 줄어들었음을 알 수 있다.

---

12 Google Chart, 'Calendar Chart', http://bit.ly/30JXDXg

부록 c
구성 비중,
분포를 보기 위한
시각화 차트

데이터가 어떤 항목으로 어떻게 구성돼 있는지 알고 싶을 때는 전체 데이터를 구성하는 세부 항목별 구성 비중, 분포를 보는 데 효과적인 차트를 사용한다. 이 분류에 포함되는 차트는 주로 전체 데이터를 의미하는 하나의 도형을 그리고, 세부 항목별로 차지하는 비중의 크기에 따라 도형을 나누는 방식으로 표현되는 것이 특징이다.

파이 차트 Pie Chart, Pizza chart	
설명	전체 데이터를 의미하는 하나의 원을 그린다. 범주형 변수의 항목별 데이터가 전체 데이터 중 차지하는 구성 비중 크기만큼 조각의 크기를 다르게 나눈다. 조각 면적의 크기를 기준으로 항목별 데이터가 차지하는 비중의 크기를 비교한다.
사례	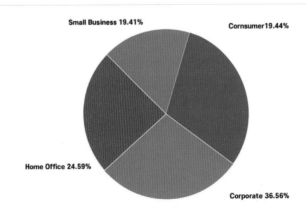 그림 6.32 고객 분류별 주문량 비중 4개의 항목으로 구별되는 고객 분류별(범주형 변수1) 주문량 구성 비중을 보기 위한 파이 차트다. 각 항목별 비중(수치형 변수1)의 크기에 따라 원을 나눈 조각 면적의 크기가 달라진다. 면적이 가장 넓은 조각의 항목이 전체 데이터 중 차지하는 비중이 가장 크다고 볼 수 있다.

도넛 차트
Donut Chart

설명	파이 차트 중앙을 뚫은 형태로 도넛과 같은 모양이라서 도넛 차트라고 부른다. 파이 차트처럼 도넛 띠의 조각별 면적의 크기에 따라 전체 데이터 중 차지하는 비중의 크기를 비교한다.
사례	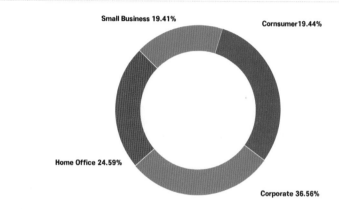

그림 6.33 고객 분류별 주문량 비중 |

4개의 항목으로 구별되는 고객 분류별(범주형 변수1) 주문량 구성 비중을 보기 위한 도넛 차트다. 파이 차트를 그린 뒤 중앙을 뚫은 것이라고 보면 된다. 각 항목별 비중(수치형 변수1)의 크기에 따라 원을 나눈 도넛 띠 면적의 크기가 달라진다. 면적이 가장 넓은 조각의 항목이 전체 데이터 중 차지하는 비중이 가장 크다고 볼 수 있다.

100% 누적 막대 차트
Proportional stacked bar chart

설명	누적 막대 차트이나 y축의 끝을 100%로 하고, 범주형 변수 항목별 데이터 누적 합계를 100%로 표현한 차트다. 범주형 변수의 항목별로 그린 막대 하나가 전체 데이터 100%를 의미하며, 이 막대를 다른 범주형 변수의 항목 데이터 크기에 따라 조각으로 나눈다. 조각별 크기를 기준으로 전체 데이터 중 차지 비중을 파악할 수 있다.
사례	 그림 6.34 연도별 커피류 품목별 매출 비중(2017. 05)[1] 2014년부터 2016년까지 연도별(범주형 변수1) 매출을 100%로 환산해서 3개의 막대를 그리고, 커피류 품목별(범주형 변수2) 매출 비중(수치형 변수1)에 따라 막대를 조각으로 나눈다. 커피류 품목별로 색을 다르게 함으로써 커피류 품목별 비중이 연도별로 어떻게 달라졌는지 직관적으로 확인할 수 있다.

---

1 식품산업통계정보, 커피류 시장 보고서(2017. 05), http://bit.ly/38e2jqB

게이지 차트
Gauge Chart

설명	자동차 계기판과 같은 형태라서 게이지 차트라고 한다. 100% 누적 막대 차트를 반원 형태로 휘어놓은 듯한 모양이다. 100% 누적 막대 차트에서 인사이트를 도출하는 방법 그대로 활용 가능하다. 도형을 나눈 조각의 크기를 기준으로 항목마다 전체 데이터 중 차지하는 비중을 파악할 수 있다.
사례	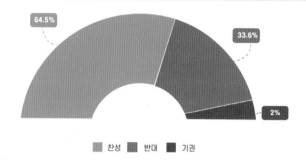 그림 6.35 사안에 대한 찬성, 반대, 기권 득표 현황 전체 투표 수를 하나의 게이지로 보고 찬성, 반대, 기권(범주형 변수1) 항목별 득표 수(수치형 변수1)에 따라 조각의 크기를 나눈 게이지 차트다. 조각의 크기를 기준으로 특정 항목이 전체 데이터 중 차지하는 비중을 알 수 있다. 또 범주형 변수 항목마다 서로 다른 색으로 표현해, 시각적으로 구분하기 쉽다.

와플 차트
Waffle Chart, Grid plot, Unit chart, Square pie

설명	격자 무늬의 사각형을 전체 데이터로 보고, 범주형 변수의 항목별 데이터의 크기에 따라 격자 무늬 셀을 다르게 색칠한다. 색칠한 셀의 수 혹은 영역의 면적에 따라 특정 항목이 전체 중 차지하는 비중을 파악할 수 있다.
사례	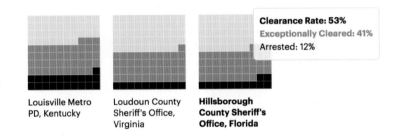 Louisville Metro PD, Kentucky　Loudoun County Sheriff's Office, Virginia　**Hillsborough County Sheriff's Office, Florida**　**Clearance Rate: 53%** Exceptionally Cleared: 41% Arrested: 12% 그림 6.36 미국 지역 경찰 기관별 강간 사건 처리 현황 비중(%)[2] 미국 지역 기관별 강간 사건 전체를 의미하는 격자 무늬 사각형을 그린다. '예외적 처리', '체포' 항목(범주형 변수1)별로 차지하는 비중(수치형 변수1)만큼 격자 무늬 사각형의 셀을 서로 다른 색으로 칠한다. 색이 칠해진 셀의 수 혹은 영역의 면적을 기준으로 항목별로 차지하는 비중을 파악할 수 있다. 위 사례의 경우 인터랙티브 시각화 차트로 마우스를 특정 셀 위에 올리면 툴팁을 통해 항목과 비중 수치를 직관적으로 볼 수 있다.

2　ProPublica, 'Could your police department be inflating rape clearance rates?', 2018. 11. 15, https://bit.ly/36jcGd8

트리맵
Treemap

설명	전체 데이터를 하나의 사각형으로 표현하고, 항목별 데이터 크기에 따라 사각형을 네모 조각으로 나누어 표현한다. 형태로 볼 때 파이 차트의 사각형 버전이라고 봐도 무방하다. 조각의 크기가 클수록 전체 중 특정 항목이 차지하는 비중이 크다는 것을 의미한다.
사례	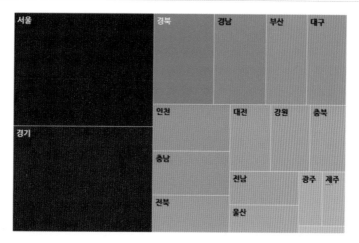 그림 6.37 시도별 커피전문점 사업자 수[3] 커피전문점 전체 사업자 수를 사각형으로 그리고, 시도별(범주형 변수1) 사업자 수(수치형 변수1) 크기에 따라 사각형을 네모 조각으로 나눈다. 조각의 면적을 기준으로 전체 중 특정 시도가 차지하는 비중의 크고 작음을 비교할 수 있다. 위 사례의 경우 데이터 크기에 따라 색을 다르게 활용했는데, 결과적으로 면적과 색을 기준으로 데이터를 직관적으로 파악할 수 있다.

---

3 국세청, 국세통계, 100대 생활밀접업종 사업자 등록현황(2017. 10), http://bit.ly/38oWNSo

계층형 트리맵
Nested Treemap

설명	여러 개의 트리맵을 모아 하나의 큰 사각형을 만든 형태의 차트다. 큰 사각형이 전체 데이터를 의미하며, 네모 조각의 면적 크기에 따라 데이터의 크고 작음을 파악할 수 있다. 계층형 구조의 데이터의 항목별 구성 비중을 보는 데 효과적이다.
사례	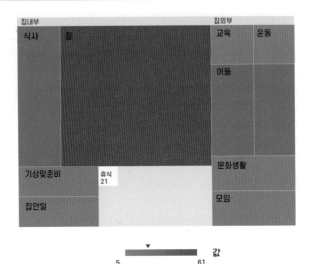그림 6.38 하루 중 집 내부와 외부에 있는 시간 비중[4] 하루 24시간을 의미하는 큰 사각형을 집 내부와 외부(범주형 변수1)로 나누고, 또 다시 하는 일(범주형 변수2)별로 나눈다. 조각의 크기는 하는 일별 시간(수치형 변수1)에 따라 다르게 한다. 하루 24시간을 어떻게 사용하는지 데이터 계층에 따라 인사이트를 도출할 수 있다. 먼저 집 내부와 외부를 비교할 때 외부에 있는 시간보다 집 내부에 있는 시간이 많다는 것을 알 수 있다. 또 집 내부에 있는 시간 중에서도 잠을 자는 시간이 가장 많은 것을 알 수 있다.

4 뉴스젤리, '데이터 기반의 문제 해결 교육 수업 후기 – 참여할 수 있어 좋은 시각화 강의', http://bit.ly/2G0XNzH

서클 패킹
Circle packing

설명	계층형 트리맵이 계층형 구조의 데이터를 사각형 도형으로 표현했다면 서클 패킹은 같은 구조의 데이터를 원으로 시각화한 차트다. 원의 크기를 기준으로 특정 항목이 전체 데이터에서 차지하는 비중을 파악할 수 있다.
사례	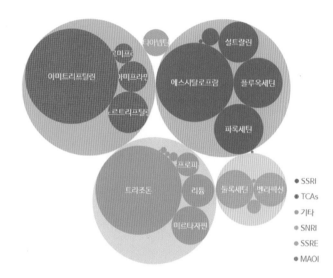 그림 6.39 항우울제 종류별, 개별 성분별 처방 현황[5] 데이터를 구성하는 첫 번째 계층인 항우울제 종류(범주형 변수1)별로 처방 빈도수(수치형 변수1)를 버블 차트로 그린다. 종류별로 색을 다르게 해서 구별하기 쉽게 했다. 종류별 원 안에는 성분(범주형 변수2)별 처방 빈도수에 따라 원을 그려 넣는다. 하나의 원 안에 여러 개의 원을 그려 계층형 데이터를 표현한 것으로, 원의 크기가 클수록 처방 빈도수가 높은 것으로 이해하면 된다.

선버스트 차트
Sunburst Chart, Multi-level Pie chart, Radial Treemap, Adjacency diagram, icicle chart

설명	계층 데이터를 표현하기 위해 파이 차트를 변형한 것으로 볼 수 있다. 가장 큰 범주의 계층을 안의 원으로 그리고, 항목별 비중에 따라 조각을 나눈다. 원 밖에는 조각마다 하위 계층의 항목별 데이터를 표현하는데, 데이터의 크기가 클수록 조각의 면적을 크게 표현한다.
사례	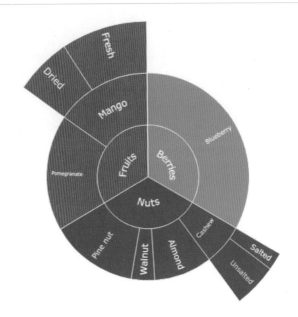

그림 6.40 과일, 열매 견과류 세부 항목별 비중[6]

첫 번째 계층으로 과일, 열매, 견과류(범주형 변수1)의 판매량을 파이 차트로 그린다. 파이의 조각은 전체 판매량 중 항목별 판매량이 차지하는 비중(수치형 변수1)에 따라 크기를 다르게 한다. 중앙의 파이 조각마다 세부 구분 항목(범주형 변수2)이 있을 경우 해당 조각의 겉에 띠를 더하고 조각을 나누어 표현한다.

---

6 Anychart, 'Sunburst Chart', https://www.anychart.com/chartopedia/chart-type/sunburst-chart/

히스토그램
Histogram

설명

전체 데이터 중 특정 항목의 비중을 보는 것은 한편으로 전체 데이터 안의 항목별 분포를 보는 것과 동일하다고 할 수 있다. 데이터를 분포를 보는 데 특히 유용한 시각화 유형을 알아보자.

숫자 형태의 데이터 값을 범주형 변수로 활용할 때 사용하는 가장 대표적인 시각화 차트다. 숫자 데이터 값을 특정한 구간 범위로 구분 지어 범주형 변수의 항목으로 활용한다. 범주형 변수의 항목별 빈도수를 수치형 변수로 활용해 막대 길이로 시각화한다. 얼핏 보면 막대 차트처럼 보일 수 있으나 막대 사이에 간격이 없다는 것에서 구별된다.

사례

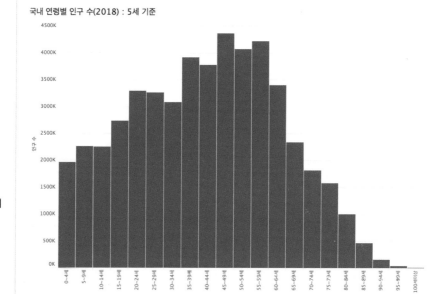

그림 6.41 국내 연령별(5세 기준) 내국인 인구수(2018)[7]

연령 데이터는 데이터 값이 숫자인 형태이기 때문에 범주형 변수로 활용하기 위해서는 데이터의 범위를 지정해야 한다. 위 사례는 연령 데이터를 5세 기준으로 구간 범위를 설정한 뒤 5세 단위(범주형 변수1)마다 인구수(수치형 변수1)를 합산해서 막대의 길이로 표현한 히스토그램이다. 연령에 따른 인구분포를 파악하는 데 유용하다.

---

7 KOSIS (통계청, 인구총조사, '연령 및 성별 인구 – 읍면동(2015), 시군구(2016~))

점 나열 차트
Dot Strip Plot, Strip Plot

설명	범주형 변수의 항목마다 모든 데이터의 수치 데이터 값을 점으로 찍어서 표현한다. 점의 위치가 집중돼 있는지, 점의 간격이 넓은지, 유난히 다른 위치에 찍힌 점은 없는지 등을 시각적으로 파악해서 데이터를 해석한다.
사례	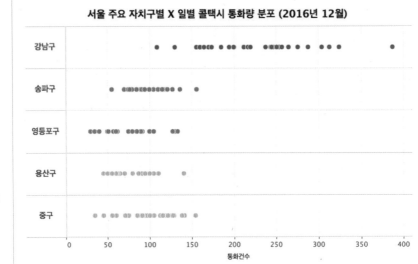그림 6.42 서울 주요 자치구별 일별 콜택시 통화량 분포(2016년 12월)[8] 서울 주요 자치구별(범주형 변수1)로 통화량 데이터를 표현하되, 2016년 12월 한 달 동안 일별(범주형 변수2) 통화량(수치형 변수1) 값을 점으로 찍는다. 차트 영역에는 자치구별로 일별 통화량을 의미하는 31개의 점이 표현된다. 31개의 점이 찍힌 범위를 바탕으로 자치구의 통화량 수준을 파악할 수 있다. 또 자치구별로 점의 분산된 정도를 바탕으로 데이터의 변화량을 파악할 수 있으며, 유난히 차이가 나는 값(아웃라이어)을 한눈에 찾을 수도 있다.

서울 주요 자치구별 X 일별 콜택시 통화량 분포 (2016년 12월)

8 SK 텔레콤 빅데이터 허브, '16년 12월 서울 콜택시 이용 통화량', https://www.bigdatahub.co.kr/product/view.do?pid=1001438

상자 수염 그림
Box and Whisker plot, Box plot

설명

점 나열 차트가 항목별로 모든 데이터를 점으로 뿌려 놓은 형태라면 상자 수염 그림은 이를 좀 더 요약적으로 표현한 시각화 차트다. 통계 측면에서 5가지 요약 수치(five-number summary)[9]를 표현하는 데 활용한다. 중앙의 상자는 사분위수 범위[10]를 나타내며, 상자 안에는 중앙값을 선으로 표현한다. 양 끝의 선(수염)은 상자의 양 끝에서 상자 길이의 1.5배에 해당하는 길이만큼 떨어진 지점을 의미한다. 이 선 밖에 점으로 표현된 데이터가 있다면 매우 특이한 분포를 보이는 이상치로 본다.

사례

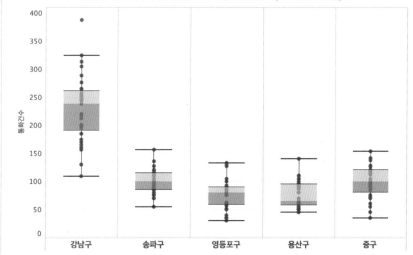

서울 주요 자치구별 X 일별 콜택시 통화량 분포 (2016년 12월)

그림 6.43 서울 주요 자치구별 일별 콜택시 통화량 분포(2016년 12월)[11]

서울 주요 자치구별(범주형 변수1), 2016년 12월 한달 동안 일별(범주형 변수2) 통화량(수치형 변수1)을 시각화한 점 나열 차트 위에 데이터를 통계적으로 요약하는 5가지 요약 수치를 시각화했다. 중앙의 상자를 의미하는 사분위수 범위를 바탕으로 데이터가 얼마나 중앙에 밀집돼 있는지, 또 수염과 상자 밖에 데이터가 있는지 없는지 확인해서 데이터의 분포와 이상치의 존재 여부를 파악할 수 있다.

---

9 최솟값, 제1사분위수, 제2사분위수, 제3사분위수, 최댓값

10 사분위 범위(IQR: inter-quartile range = Q3-Q1)란 전체 데이터의 25% 지점을 의미하는 1사분위수와 전체 데이터의 75% 지점을 의미하는 3사분위수 사이의 간격을 의미한다. 즉, 데이터 안에 담긴 값 중 절반이 상자 수염 그림 중앙의 상자로 표현된다. (강규영, '박스 플롯에 대하여', https://boxnwhis. kr/2019/02/19/boxplot.html)

11 SK 텔레콤 빅데이터 허브, '16년 12월 서울 콜택시 이용 통화량', https://www.bigdatahub.co.kr/product/view.do?pid=1001438

부록 D

관계를 위한
시각화 차트

데이터 간의 관계를 알고 싶을 때는 어떤 시각화 차트를 쓸 수 있을까? 관계를 파악하기 위한 데이터 분석 기법인 상관 분석 결과를 효과적으로 보여줄 수 있는 시각화 차트는 무엇일까? 상관 분석을 하지 않더라도 데이터 간의 관계를 파악할 수 있는 시각화 차트는 없을까? 데이터 간의 관계를 보여주는 데 효과적인 시각화 차트를 알아보자.

	산점도 scatter plot
설명	관계를 파악하고 싶은 2개의 수치형 변수를 기준으로 X, Y축을 그린다. 차트 영역에는 개별 항목별 데이터를 X값, Y값 위치에 맞춰서 점으로 표현한다. 차트 영역에 표현된 점의 분포하는 형태를 바탕으로 데이터 간의 관계를 파악한다. 점이 분포한 형태가 왼쪽 하단에서 오른쪽 상단으로 이어지는 대각선일 경우 양의 상관 관계가 있다고 보고, 그 반대인 경우 음의 상관 관계가 있다고 본다.
사례	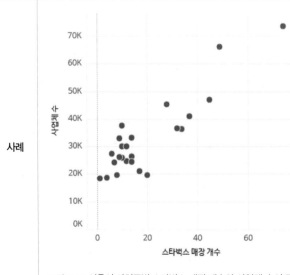 서울시 자치구별 스타벅스 매장 수(수치형 변수1)와 사업체 수(수치형 변수2) 간의 관계를 보기 위한 산점도 차트다. 2개의 수치형 변수를 기준으로 X, Y축을 그린 뒤 자치구별(범주형 변수1) 데이터를 위치에 표시한다. 산점도에는 서울시 자치구 수를 의미하는 25개의 점이 표현된다. 점의 분포 형태를 보고 데이터 간의 관계를 파악하는데, 대체적으로 사업체 수가 많을수록 스타벅스 매장 수도 많다는 것을 알 수 있다. 그림 6.44 서울시 자치구별 스타벅스 매장 개수와 사업체 수의 관계

버블 차트
Bubble chart

설명

2개의 수치형 변수를 활용해 그린 산점도에 1개의 수치형 변수 데이터를 추가로 표현할 수 있는 차트다. 2개의 수치형 변수를 기준으로 X, Y축을 그리고, 원으로 표현된 개별 항목별로 남은 수치형 변수의 데이터 크기를 원의 크기로 표현한다. 데이터 간의 관계를 볼 수 있으면서도 개별 항목별로 추가된 수치형 데이터 값을 함께 비교해 볼 수 있다.

사례

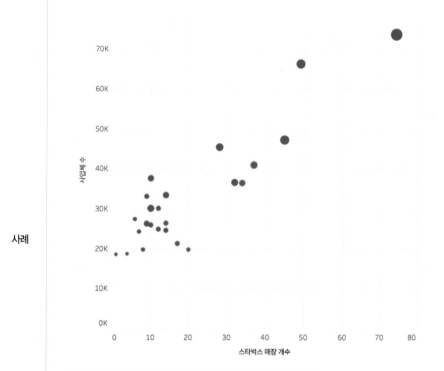

그림 6.45 서울시 자치구별 스타벅스 매장 개수와 사업체 수의 관계

서울시 자치구별 스타벅스 매장 수(수치형 변수1)와 사업체 수(수치형 변수2) 간의 관계를 보기 위해 그린 산점도에 자치구별 고용 인구수(수치형 변수3)를 원의 크기로 표현했다. 서울시 자치구 25개를 의미하는 25개 원의 분포 형태를 기준으로 데이터 간의 관계를 파악하는 동시에 자치구별 고용 인구수를 고려해 인사이트를 얻을 수 있다.

평행 좌표
Parallel Coordinates

설명
다수의 수치형 변수 데이터를 하나의 시각화 차트로 만들어 데이터 간의 관계를 비교할 때 활용하는 차트다. 수치형 변수마다 y축을 그린 뒤 범주형 변수의 항목별 데이터의 위치를 표시한다. 범주형 변수의 항목이 같은 데이터끼리 선으로 연결한다. 이때 수치형 변수별 y축의 범위는 다를 수 있고, y축의 순서를 어떻게 하느냐에 따라서 차트의 시각적 패턴이 달라지는 것이 특징이다.

사례

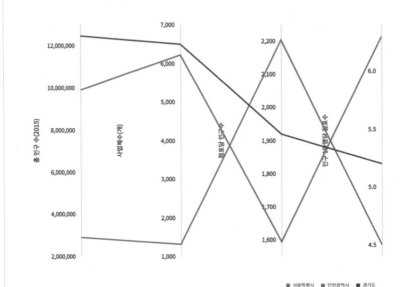

그림 6.46 시도별 총 인구수, 편의점 사업체 수, 점포당 인구수, 인구 1만 명당 점포수(2015)[1]

범주형 변수 1개(시도)와 수치형 변수 4개(총 인구수, 편의점 사업체 수, 점포당 인구수, 인구 1만 명당 점포수)를 활용해 만든 평행 좌표다. 수치형 변수마다 Y축을 그리고 시도별 데이터의 위치를 연결해서 선으로 표현한다. 인구가 많은 지역에 많은 사업체가 있는 것을 알 수 있으며, 서울의 경우 인구에 비해 편의점 사업체수가 많아 점포당 인구수는 다른 시도보다 적고, 인구 1만 명당 점포수는 많은 것을 알 수 있다.

---

1   KOSIS (통계청, 인구총조사, 인구, 가구 주택 – 읍면동(2015), 시군구(2016~))
    KOSIS (통계청, 전국사업체조사, 시도 · 산업 · 사업체구분별 사업체수, 종사자수('06~))

생키 다이어그램
Sankey diagram, Alluvial diagram

설명

범주형 변수의 항목별 데이터의 흐름을 보여주는 데 활용하는 차트다. 일반적으로 2개의 축을 그린 뒤 세부 항목별 데이터의 이동 경로를 곡선으로 그린다. 이때 데이터의 크기가 클수록 이동 경로 곡선의 두께가 두꺼운 것이 특징이다. 선의 경로와 두께를 기준으로 데이터를 해석한다.

사례

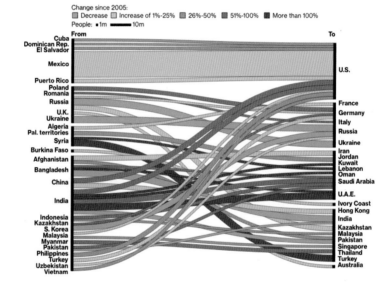

그림 6.47 2017년 1만명 이상의 사람들이 국제 이주한 경로 현황[2]

2017년 국제 이주 현황을 출신 국가(범주형 변수1)와 도착 국가(범주형 변수2) 사이의 경로를 기준으로 파악할 수 있는 생키 다이어그램이다. 오른쪽 출신 국가에서 이어진 곡선의 경로 끝을 확인해서 도착 국가를 알 수 있다. 이동 경로를 의미하는 곡선의 두께가 두꺼울수록 이주민이 많다는 것을 의미한다. 미국에서 멕시코로 이주한 사람 수가 가장 많은 것을 알 수 있다.

2 Bloomberg Businessweek, 'Why Migration is bigger and more contentious than ever', 2019.10.4, https://bloom.bg/2LMOFBW

패러럴 셋
Parallel Sets

설명

다수의 범주형 변수를 기준으로 전체 데이터의 구성과 흐름이 달라지는 것을 한눈에 볼 수 있는 차트다. 범주형 변수마다 축을 그린 뒤 구성 비중에 따라 축의 너비를 다르게 한다. 첫 번째 범주형 변수의 데이터를 기준으로 같은 계열의 데이터를 영역으로 연결한다. 영역의 넓이가 넓을수록 데이터가 크다는 것을 의미한다. 생키 다이어그램이 여러 개 붙어 있는 것으로 볼 수도 있다.

사례

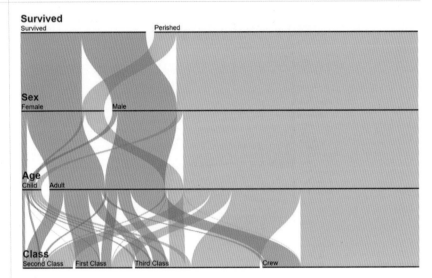

그림 6.48 1912년 타이타닉 침몰사고 생존자 분포[3]

1912년 발생한 타이타닉 침몰 사고 당시 탑승객 수(수치형 변수 1)를 4개의 범주형 변수(생존 여부, 성별, 연령, 등급)의 항목별로 나눠서 시각화했다. 범주형 변수의 기준에 따라 탑승객 수의 구성 비중이 어떻게 달라지는지 한눈에 알 수 있다. 그뿐만 아니라 범주형 변수간 관계 역시 파악할 수 있다. 생존 여부를 기준으로 볼 때 생존자보다 사망자가 알 수 있는 동시에 사망자는 여성보다 남성이 많다는 것을 알 수 있다.

---

3 Jason Davies, 'Parallel sets', https://www.jasondavies.com/parallel-sets/

코드 다이어그램
Chord Diagram, Radial network diagram

설명

데이터 내 항목을 원의 형태로 늘어 놓은 뒤 항목별 데이터의 비중에 따라 호의 길이를 다르게 해서 하나의 원을 만든다. 데이터 내 항목 간 상호 관계를 곡선으로 연결해 표현한다. 시각적으로 볼 때 생키 다이어그램을 동그랗게 말아 놓았다고도 할 수 있다. 곡선으로 연결된 두 데이터 항목은 연관성을 갖는데, 곡선의 두께가 두꺼울수록 데이터가 크다는 것을 의미하고, 데이터 간의 방향성 의미도 포함한다.

사례

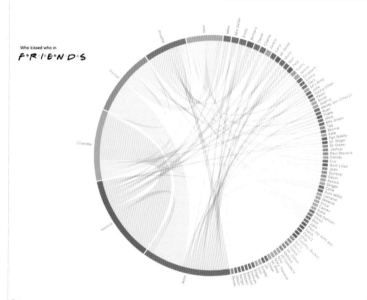

그림 6.49 미국 드라마 『프렌즈』 출연 인물 간 입맞춤 횟수[4]

미국 드라마 『프렌즈』의 출연 인물 간 입맞춤 데이터를 코드 다이어그램으로 시각화했다. 인물별 호의 길이를 통해 전체에서 차지하는 비중을 알 수 있으며, 인물 사이에 연결된 곡선을 바탕으로 관계성을 파악할 수 있다. 연결된 곡선의 굵기가 두꺼울수록 의미하는 수치가 크다.

4 amchart, 'Toggleable chord diagram', https://www.amcharts.com/demos/toggleable-chord-diagram/

네트워크 시각화
Network Diagram

설명	인물 관계 분석 결과, 연관 키워드 분석 결과 등의 관계형 데이터를 보여주는 데 주로 활용되는 시각화 유형이다. 데이터 항목을 의미하는 노드와 관계성을 표현하는 선으로 구성된다. 관계가 있는 노드끼리 선을 이어서 관련성을 표현한다. 선의 굵기나 색 등을 다르게 해서 다양한 형태로 데이터를 표현할 수 있다.
사례	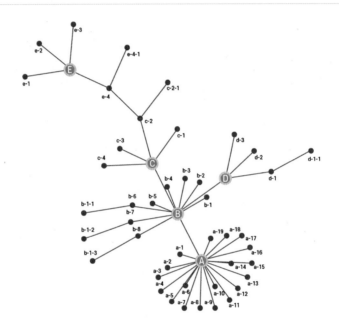 그림 6.50 나(저자)와 브런치 구독자 간의 관계 시각화[5] 작가와 구독자가 활동하는 브런치 플랫폼의 데이터를 활용해서 그린 네트워크 시각화다. 작가 1명과 구독자 다수의 관계를 파악하기 위해 개인마다 노드(빨간 원)를 표시하고 분석 알고리즘 결과상 관계가 있을 경우 선으로 연결해 표현했다.

---

5 강원양, '데이터로 보는 나의 구독자', 2019. 06. 29, https://brunch.co.kr/@dimension-value/68

부록 E

위치 데이터를 활용한 시각화 차트

데이터가 위치 정보를 포함하고 있을 경우 지도 위에 데이터를 표현하는 지도 시각화 유형을 활용한다. 데이터 내 위치 정보는 위도, 경도 값 혹은 지역명으로 존재한다. 특정 위치나 영역에 데이터의 크기를 색으로 표현하거나 도형의 크기로 표현하는 등의 방법으로 시각화한다.

점 밀집도
Dot Density map, Dot Distribution map, Location map, Dot map

설명	지도 상에 모든 데이터의 위치를 점으로 표현한다. 지역마다 점의 분포를 바탕으로 데이터를 해석한다.
사례	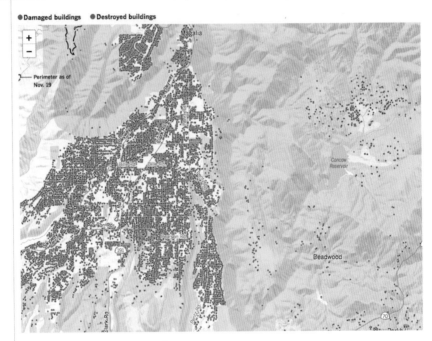● Damaged buildings　● Destroyed buildings 그림 6.51 캘리포니아에서 발생한 화재로 인한 건물 피해 현황[1] 캘리포니아에서 발생한 화재로 인해 피해를 받은 건물의 위치를 지도 위 점으로 표현했다. 점의 분포를 기준으로 화재로 인한 피해가 많은 지역과 그렇지 않은 지역을 알 수 있다. 점의 색을 2가지로 해 피해를 받은 건물과 파괴된 건물을 구별해서 나타냄으로써 데이터를 구별해서 확인할 수 있다.

---

1 Los Angeles Times, 'More than 18,000 buildings burned in Northern California. Here's what that looks like from above', 2018. 11. 15. https://www.latimes.com/projects/la-me-camp-fire-building-destruction-map/

도형표현도
Symbol map, Proportional symbol map, Graduated symbol map

설명	데이터를 표현할 지역별 위치에 도형을 그린다. 수치형 변수 데이터의 크기에 따라 도형의 크기를 다르게 표현한다. 도형으로 원을 활용하는 것이 가장 일반적이다.
사례	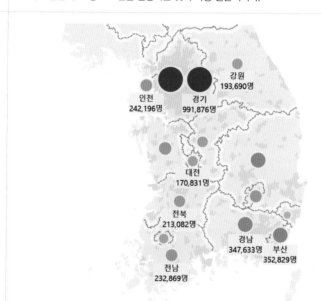

그림 6.52 시도별 1인 가구 현황(2015년)[2]

전국 시도별 위치에 원을 그리고, 1인 가구수 크기에 따라 원의 크기를 비례해 표현했다. 원의 색 역시 데이터 크기에 따라 진하기를 달리해서 표현했다. 원의 크기와 색을 기준으로 수도권 지역인 서울과 경기에 1인 가구 수가 많다는 것을 쉽게 알 수 있다. |

---

2 KOSIS (통계청, 장래인구추계, 성 및 연령별 추계인구(1세별, 5세별)/시도)

단계 구분도
Field map, Choropleth map

설명	지역별 영역에 색으로 수치형 데이터의 크기를 표현한다. 일반적으로 색이 짙을수록 데이터가 크다는 것을 의미하며, 지도 위 색의 패턴을 기준으로 데이터를 해석한다.
사례	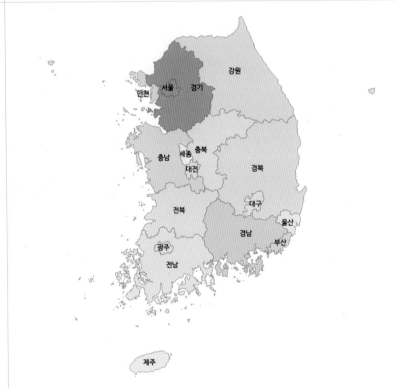 그림 6.53 2015년 시도별 편의점 수[3] 전국 시도별 영역에 편의점 수 크기에 따라 색을 다르게 표현했다. 색의 진하기를 기준으로 서울과 경기 지역에 편의점 수가 다른 지역에 비해 많다는 것을 알 수 있다.

---

3 KOSIS (통계청, 전국사업체조사, 시도 · 산업 · 사업체구분별 사업체수, 종사자수('06~))

히트 맵
Heat map

설명

지도 위 지점마다 데이터를 색으로 표현하는 시각화 차트 중 하나로, 데이터의 밀집된 정도를 표현하는 데 효과적이다. 일반적인 히트맵을 지도 위에 표현했다고도 볼 수 있다. 데이터를 표현하는 데 색을 활용한다는 점에서 단계 구분도와 유사해 보이나 단계구분도는 히트맵과 달리 행정구역상 지역별 영역에 데이터의 크기에 따라 색을 표현한다는 점에서 차이가 있다.

사례

그림 6.54 2008년 이후 미국 국립 기상청의 홍수 경보 현황[4]

2008년 이후 미국 전역을 대상으로 한 홍수 경보 현황을 히트맵으로 시각화했다. 밝은 푸른색으로 표현된 지역이 빈번하게 홍수 경보가 발생한 지역이며, 반대로 검정 색으로 표현된 지역은 홍수 경보가 발생하지 않은 지역이다. 중부에 위치한 강 유역에서 홍수 경보가 많이 발생했다는 것을 알 수 있다.

---

4 The Washington Post, 'Mapping America's wicked weather and deadly disasters', 2019.4.25, https://www.washingtonpost.com/graphics/2019/

등고선 지도
Contour map, Isarithmic map, Isochrone map, Isopleth map

설명

지도 위 데이터를 색으로 표현하는 시각화 유형 중 하나로 행정구역 등 지역의 고유한 영역은 무시하고, 동일한 수치 데이터 값을 갖는 지점을 선으로 연결해서 영역을 구분한다. 이때 각 영역은 수치 데이터 값의 범위를 갖게 되는데, 영역마다 색을 달리해서 데이터의 크기를 나타낸다. 지역 고유의 영역 경계를 무시하고 시각화한다는 면에서 단계구분도와 차이가 있으며, 동일한 수치 데이터 범위를 기준으로 영역이 만들어진다는 점에서 히트맵과 차이가 있다.

사례

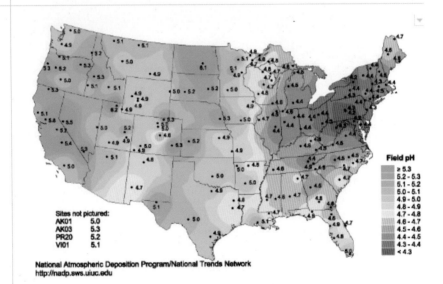

National Atmospheric Deposition Program/National Trends Network
http://nadp.sws.uiuc.edu

그림 6.55 1998년 현장 실험실에서 측정된 미국 수소 이온 농도(pH)[5]

미국 전역을 대상으로 한 수소 이온 농도 측정 결과를 시각화했다. 동일한 수준의 농도를 기록한 지점을 영역으로 구분하고 색을 칠했다. 붉은 계열의 색으로 표현된 영역은 수소 이온 농도가 낮은 영역을 의미하며, 반대로 초록색 계열의 색으로 표현된 영역이 농도가 높은 것을 의미한다.

---

national/mapping-disasters/

5 재인용 출처: Types of Maps, http://perezmaps.blogspot.com/2011/04/isopleth-maps.html

연결 지도
Connection map, Link map

설명	지도 위 특정 지점 간 직선 혹은 곡선을 그려 데이터 간의 관계를 보여줄 때 활용하는 지도 시각화다. 대표적으로 항공 경로 데이터를 시각화할 때 사용되곤 한다.
사례	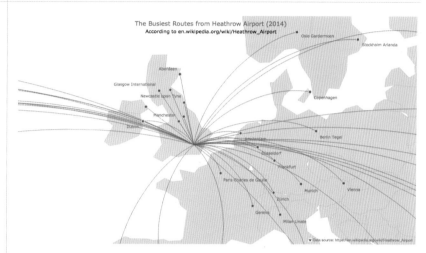 그림 6.56 영국 히드로 공항의 항공편 경로[6] 영국 히드로 공항을 출발하는 항공편의 경로를 지도 시각화로 표현했다. 지도 위에 표현된 모든 선은 히드로 공항을 출발해 도착하는 공항의 위치로 이어진다. 히드로 공항을 출발하는 비행기가 어디로 가는지, 얼마나 멀리까지 가는지 등을 시각화로 파악할 수 있다.

---

6 Anychart, 'Busiest Routes From Heathrow Airport', http://bit.ly/3764blo

이동 경로 지도
Route map

설명	지도 위 다수의 지점 간 직선 혹은 곡선을 그려, 이동 경로를 표현할 때 활용하는 지도 시각화다. 연결 지도가 두 지점 간 관계를 표현하는 반면, 이동 경로 지도는 여러 지점 간의 연결을 표현한다.
사례	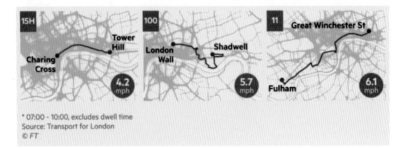 그림 6.57 런던에서 가장 느린 버스 이동 경로(아침 시간대 평균 관측 속도)[7] 런던에서 아침 시간대 지점 간 버스 이동 경로를 시각화한 지도다. 두 개의 지점 사이를 직선으로 연결하지 않고, 버스가 이동하는 지점마다 경로에 따라 시각화했다.

---

7 Financial Times, 'Air pollution: Why London struggles to breathe', 2018. 08. 21, https://on.ft.com/2NA7oBS

흐름 지도
Flow map

설명	지도 위 특정 지점 간 직선 혹은 곡선을 그려 데이터 간의 관계를 보여줄 때 활용하는 지도 시각화다. 수치형 데이터의 크기에 따라서 선의 굵기를 다르게 표현한다. 한편, 시각적 형태로 볼 때 생키 다이어그램을 지도 위에 표현한 것으로도 이해할 수 있다.
사례	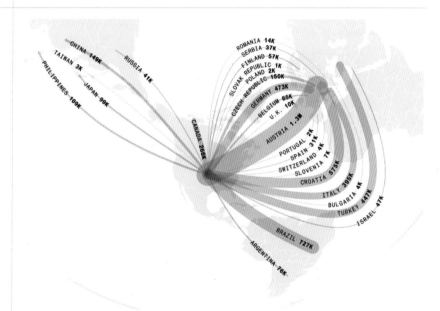

그림 6.58 2017년 미국으로 수입되는 권총 등의 화기(ATF)[8]

2017년 한 해 동안 미국으로 수입되는 권총 등의 화기 현황을 시각화했나. 화기의 출처 국가로부터 미국으로 곡선이 연결돼 있으며, 화기의 규모가 클수록 선의 굵기를 두껍게 표현했다. 호주로부터 수입되는 화기가 가장 많은 것을 알 수 있다.

---

8 Bloomberg, 'How Foreign Guns Invaded the U.S.', 2018. 11. 27, https://bloom.bg/2NwZARi

카토그램
Cartogram

설명

지도의 영역이 행정구역의 경계로 구분된 일반적인 지도가 아니라 특정한 데이터 수치 값을 기준으로 지역별 면적을 왜곡해서 그리는 지도를 의미한다. 일반적인 지도의 행정구역별 면적은 무시되고 데이터의 크기에 따라 면적을 크고 작게 표현한다. 데이터를 단계구분도로 표현할 경우, 지역의 고유한 면적 크기에 따라 데이터 해석상 오류가 발생할 수 있는 문제가 있는데 이를 극복하기 위한 방법으로 활용한다.

사례

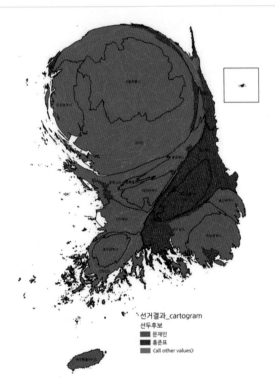

그림 6.59 제19대 대선 시군구별 최다 득표자 수[9]

일반 지도의 지역별 면적 크기를 제19대 대선 시군구별 최다 득표자 수 기준으로 표현한 카토그램이다. 최다 득표자 수가 클수록 면적을 크도록 왜곡해서 표현한다. 서울, 경기, 인천 지역 면적이 팽창하고, 강원 지역 면적이 축소된 것을 볼 수 있다. 선두 후보를 의미하는 색의 분포로 볼 때 강원, 대구, 경북 등의 지역을 제외한 대부분의 지역에서 문재인 후보가 홍준표 후보에 앞선다는 것을 알 수 있다.

돌링 카토그램
Dorling Cartogram, Dorling map

설명 기본적인 카토그램을 변형한 형태로, 데이터 수치 값에 따라 지역의 영역 모양 대신 원의 크기를 다르게 해서 표현한다. 원의 위치는 고유한 지역의 위치를 기준으로 하되 표현 형태에 따라 임의로 조정될 수 있다. 데이터 수치 값의 크기에 따라 원의 색을 달리 표현하기도 한다.

사례

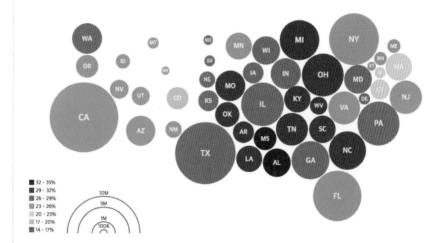

그림 6.60 미국 주별 비만 인구수 현황[10]

미국 주의 고유한 영역 모양 대신 비만 인구수의 크기에 따라 원의 크기를 달리해서 표현한 돌링 카토그램이다. 원의 배치는 고유한 주의 위치를 기준으로 하되 원이 밀집되는 경우 약간의 변형이 이뤄진다. 원의 크기와 색을 기준으로 데이터의 크기를 파악할 수 있다. 위 사례는 비만 인구수로 원의 크기를 표현하고, 비만 인구 비율을 기준으로 원의 색을 다르게 표현했다.

---

9 조상규, '카토그램으로 다시 보는 '진짜' 19대 대선지도', 슬로우뉴스(2017. 05. 18), https://slownews.kr/63722

10 2010 Stanford Visualization Group, 'Protovis – Dorling Cartograms', http://bit.ly/38e2xy7

타일 격자 지도
Tile Grid map, Grid map, Equal−area cartogram

설명

카도그램이 지역의 행정구역상 영역을 무시하고 데이터 수치 값에 따라 면적의 크기를 달리했다면 타일 격자 지도는 모든 지역의 크기를 정사각형 타일 모양으로 고정하고, 대신 데이터 수치 값에 따라 색을 다르게 해서 표현한다. 정사각형 타일 모양별로 지역을 배치하는데, 지역 고유의 위치는 일부 임의로 변경될 수 있다.

사례

그림 6.61 서울시 자치구별 중국음식점 수 현황(2015)[11]

서울시 자치구별 중국음식점의 수를 타일 격자 지도로 시각화했다. 25개 자치구를 모두 같은 크기의 정사각형으로 그리고, 중국음식점 수가 많을수록 짙은 파란색으로 표현되도록 색을 활용했다. 지도 중앙의 곡선은 한강을 표현하는 것으로, 이에 따라 그 주변 지역의 경우 정사각형이 아닌 약간 변형된 형태를 띤다.

---

11 뉴스젤리 '서울음식점 흥망성쇠 50년', http://legacydaisy.newsjel.ly/visual/foodseoul/visualize